If you do not know where you are going

just go

이 책은 2011년 출간 전 2년 간의 인터뷰를 토대로 집필된 것이라
해당 인물의 소속이나 정보는 현재 기준으로 달라질 수 있습니다.

미대 나와서 무얼 할까 2

2012년 1월 25일 초판 발행 **O** 2021년 2월 26일 5쇄 발행 **O 지은이** 박정준 **O 펴낸이** 안미르 **O 주간** 문지숙
편집 고재귀 민구홍 **O 디자인** 안마노 **O 커뮤니케이션** 김나영 **O 영업관리** 황아리 **O 인쇄·제책** 스크린그래픽
펴낸곳 (주)안그라픽스 우10881 경기도 파주시 회동길 125-15 **O 전화** 031.955.7766(편집) 031.955.7755(고객서비스)
팩스 031.955.7744 **O 이메일** agdesign@ag.co.kr **O 웹사이트** www.agbook.co.kr **O 등록번호** 제2-236(1975.7.7)

인터뷰 내용 중 일부는 지은이의 기억에 의존한 것이 있음을 밝힙니다.
출처가 분명한 경우는 *를 붙이고 출처를 표기했습니다.

이 책의 국립중앙도서관 출판예정도서목록(CIP)은 서지정보유통지원시스템 홈페이지(seoji.nl.go.kr)와
국가자료공동목록시스템(nl.go.kr/kolisnet)에서 이용하실 수 있습니다.
CIP제어번호: CIP2012000183

ISBN 978.89.7059.620.4 (03600)

미대 나와서 무얼 할까

2

박정준 지음

안그라픽스

차례

동양화가

도예가

천사여,
약한 것 그것은 죄다

사진작가

시각디자이너

미술작품보존전문가

패션디자이너

무대디자이너

아트스토리텔러

미술대학교수

웹디자인디렉터

애니메이션제작자

영화미술감독

패션 디자이너

우영미

형과 색은
마름질로
오와 열이 되고

삯 없는 누빔은
삶을 담아내는 천 개의 천

어둠 속에서 파도가 친다

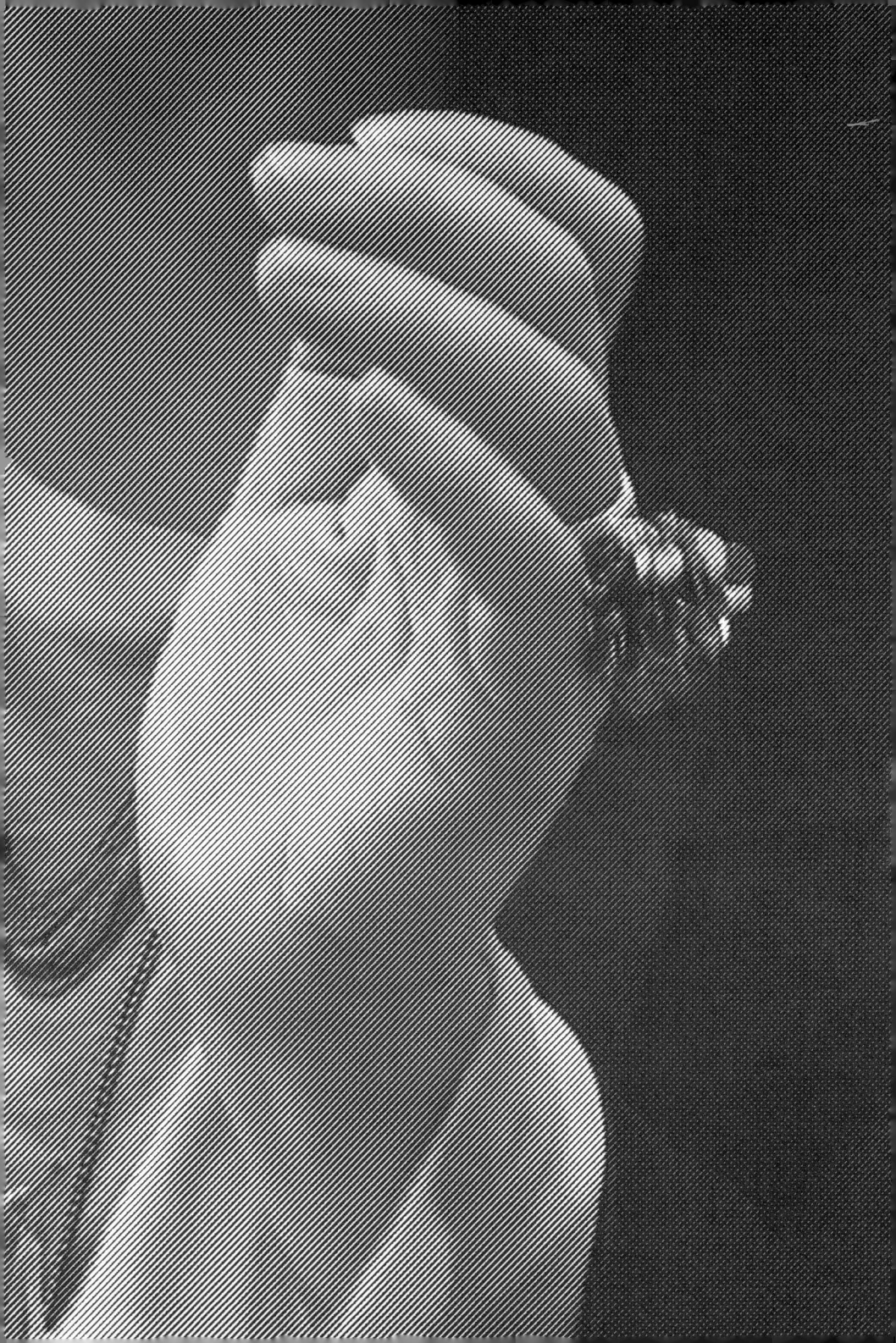

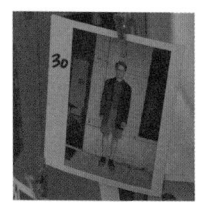

정체성을
찾아가는 디자인

여기까지 오면서 뵌 직원 분들이 한결같이 밝고 친절하셔서 대단히 인상적이었습니다.
아무래도 대표님 영향이 크겠죠?(웃음)

그랬나요?(웃음) 우리 직원들이 참 착하죠.

아마 패션디자이너가 어떤 직업인지 모르는 분은 없을 것 같은데요. 그래서
정의보다는 특색이랄까요? 미술의 다른 영역과 구별되는 패션디자인만의 특징이라면
무엇이 있을까요?

패션디자인은 순수예술도 아니고 그렇다고 100퍼센트 커머셜commercial한 것도 아니고
보면 아마 양다리를 걸치고 있다고 봐야겠지요.(웃음) 파리의 한 프레스press가 이런
얘기를 한 적이 있어요. 반 고흐Vincent V. Gogh 같은 순수예술가가 죽은 후에라도
인정 받는다면 좋은 아티스트라고 할 수 있지만, 패션디자이너는 살던 그 시대
사람들로부터 인정받지 않으면 아무런 소용이 없다고 말이죠. 저는 이 말에 공감해요.
패션디자이너는 동시대 사람들을 멋지게 만드는 것이죠. 그런데 그들이 나를
싫어한다면 순식간에 디자이너로서의 가치는 사라져버리게 돼요.

'복고풍'이란 패션 형태 때문에 시대를 초월한 장르가 패션이 아닐까 했는데,
꼭 그런 것만은 아니었군요. 시대를 읽어내지 못하면 도태되는 어떤 절박함 같은 것이
느껴집니다. 그럼 대표님께서는 어떤 연유로 패션디자이너가 되셨나요? 나는 이걸
꼭 해야겠다고 느낀 운명적인 순간 같은 것이 있으셨나요?

아뇨, 그런 운명적인 순간은 없었어요. 다만 어릴 때 약간의 허영심이 저에게 있었던 것
같긴 해요.(웃음) 어린 여자 아이가 펼치는 상상의 나래는 사실 뻔한데요, 그때의 저는
막연히 패션디자이너란 굉장히 멋있는 직업이 아닐까 상상했던 것 같아요. 물론
지금은 멋진 모습만 있는 것이 아니란 걸 잘 알지만, 돌이켜보면 패션에 대한
어떤 환상이 디자이너를 하게 하지 않았을까 싶네요.

환상의 힘이네요. 그리고 보면 소설가 박민규 씨가 그랬던가요? "인생을 모두 알게 되면,
인생을 살아갈 힘을 잃게 된다." 늘 생각과 다른 것이 현실이고 보면 환상 없이는
어떤 선택도 하기 힘들겠다는 생각을 합니다. 그런데 왜 남성복이었나요? 여성으로서
남성복 디자이너는 낯선 느낌인데요.

글쎄요. 남자는 남성복을, 여자는 여성복을 디자인해야 한다고 보진 않아요.
왜 여자가 남성복을 만드냐고 묻는다면……. 일단 '내가 입을 옷이 아니라는 점에
대한 해방감'이랄까요. 내가 입을 수 없는 옷을 만들기 때문에 객관적이고 명료한
작업을 할 수 있거든요. 디자이너에게 가장 큰 걸림돌은 자신이에요. 나 자신은
환경과 시간에 따라 변화할 수밖에 없어요. 내가 입고 싶은 옷만 만든다면 정작
내 옷을 입을 사람에 대한 배려는 덜하게 되는 거죠. 사실 남자가 남성복을 만들면
스스로를 벗어나기가 쉽지 않은 것 같아요. 디자이너가 자기를 극복하는 건 너무나
어려운 일이거든요. 남에게 매력적으로 나를 보이기 위한 것이 옷이라면 옷으로
여성으로서 어필할 수 있는 이상적인 남성상을 이끌어낼 수 있기 때문에 그 점에
있어서는 별다른 한계가 없다고 봐도 좋아요. 때론 너무 필요에 의해 움직이면 이상은
사라지기 쉽거든요. 사실 세상의 여자들이 원하는 남성상에는 공통분모가 있어요.
그런데 남자가 디자인한 남성복은 어떤 면에선 여자가 바라는 남성상과는 차이가

있거든요. (웃음) 남성 디자이너의 여성 컬렉션이 여성성의 극한을 보다 확실하게
보여주는 것도 아마 그런 이유겠죠.

남성복은 여성복과는 달리 디테일에서 표현의 한계가 많을 것 같습니다. 전체적으로
솔리드옴므Solidhomme가 미니멀한 느낌이긴 하지만, 표현에 대한 대표님의 생각은
어떠신지 궁금합니다.

저희는 전체적으로 깨끗하지만 깨지기 쉬운 부분을 가진 옷을 만들려고 노력하고
있어요. 말씀대로 남성은 여성에 비해 선택의 폭도 좁고 제약이 많은 것이 사실이에요.
보통 생각과는 달리 남성의 몸은 여성보다 훨씬 섬세해요. 여성의 몸은 눈에 보이는
큰 굴곡이 있지만 남자는 달라요. 그 굴곡이 여성보다 훨씬 작고 미묘하죠. 그래서
라펠lapel[1]이 1센티미터만 달라져도, 바지의 폭이 1센티미터만 줄어도 뉘앙스가
달라지죠. 사실 남성복 디자인을 한다는 것은 모노드라마를 하는데 손발을 묶어놓고
표정만으로 연기하라는 것과 비슷해요. 그래서 오히려 남성복이 더 섬세함을 필요로
한다고 생각해요.

현재의 트렌드와 '우영미다움' 사이에서 느끼는 고민이 있지 않을까요? 이 둘 그 사이의
조율, 또는 저울질에서 대표님의 선택은 어떤지요? 나는 이런 고집을 좀 부리고 싶은데
회사를 생각해 어쩔 수 없는 선택을 해야 한다거나 하는……. (웃음) 이상과 현실,
실제 현장에서의 선택이 궁금합니다.

맞아요. (웃음) 그 갈등이 저를 평생 갉아 먹는 것 같아요. 그럴 때는 이렇게 생각해요.
일단 내가 오트쿠튀르haute couture[2] 디자이너가 아니고 순수예술을 하는 사람이어서

---

1 남성 재킷의 V자 모양으로 접힌 옷깃.

2 프랑스어로 haute는 '고급의' 의미로 명사로는 '상류사회'를 뜻하기도 하며, couture는 재봉, 의상실을
   지칭한다. 본래의 뜻으로 오트쿠튀르는 고급 여성전문 의상점을 의미한다. 그러나 현재 오트쿠튀르는
   직접적인 의상 판매 보다는 트렌드를 결정지을 만한 디자인의 디테일과 소재의 활용 그리고 패션이 예술로
   계승되는 정신을 선보이는 무대를 의미한다.

내가 그리고 싶은 대로 그리면서 사는 사람이 있으면 좋고 아니어도 상관없는 강단으로 작업을 한다면 얼마나 좋을까 하고. 그렇지만 저희는 어떤 프로덕트라는 대량 생산 과정을 거치게 되잖아요. 그런 만큼 어느 정도 소비자와 조율을 하지 않을 수 없어요. 적절한 조율이라고 해야 하나? 음, 여전히 그 점이 너무 고통스러운 순간이고, 일하면서 가장 날카로운 지점이죠. 이익만 좇는 영합인지, 배려로서의 타협인지 괴로운 선택을 해야 하는 순간이기도 합니다.

결국 어떤 선택이든 이윤을 무시할 수 없다는 느낌이네요.
이윤보다는 적절한 균형을 찾아야 한다고 봐요. 예를 들면 저희가 1년에 100여 개의 스타일을 생산하는데요. 내부 품평을 거치다 보면 우리 스태프들이 "아니 되옵니다. 절대로 아니 되옵니다."라거나 "고집을 꺾어라."와 같은 현실 인식을 바탕으로 얘기를 해요.(웃음) 그러면 저는 "알았어. 그렇지만 이건 꼭 하자." 이렇게 말해요. 왜냐면 우리는 소비자를 앞서서 이끌어내야 하는 의무도 있잖아요. 패션은 변해야 하고 변화의 선두는 디자이너의 자리기도 해요. 그래서 "이건 무조건 킵keep!" 하고 독재를 부리는 건데, 그러면 또 "그렇게 되면 우리는 전부 다 손가락을 빱니다."라고 스태프들이 그러지요.(웃음)
　　그래서 아이템이 100가지가 있으면 30퍼센트 정도만 고집대로 하려고 해요. 70퍼센트의 비중은 소비자의 기호를 반영하는 거죠. 대량 생산을 하는 디자이너로서 소비자를 무시하고 하고 싶은 대로 한다면 내 만족이야 되겠지만, 결국 옷은 소비자가 입어 줄 때 가치가 있거든요. 소비자가 외면한다면 그건 좋은 패션이 아니에요. 그렇게 버려진 옷은 태워야 해요. 실제로 저희도 해마다 많은 옷을 태우고 있고요.

아, 그런 건 저 같은 사람들 주시면 좋을 텐데요.(웃음)
(웃음) 그럴 수밖에 없어요. 저희는 1년에 정기적으로 옷을 태우고 있는데 그 또한 어쩔 수 없는 과정이죠.

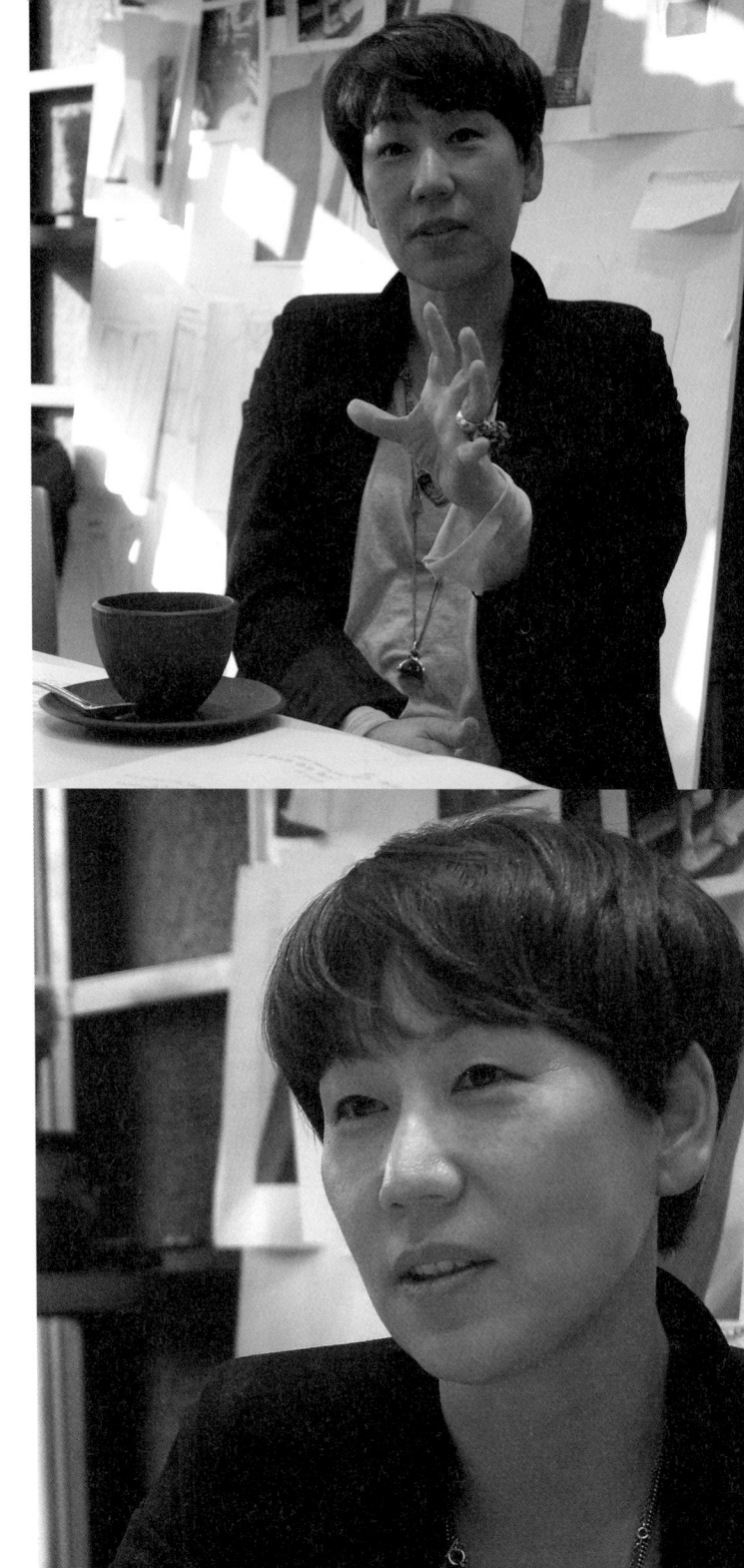

그냥 버려도 될 텐데 굳이 태우시는 건 브랜드 가치를 위해서일까요?

그런 면이 있기도 하죠. 소비자에게 외면 받은 옷은 1차적으로 저희 직원이나
지인들에게 나눠주기도 하지만 거기서도 버림 받은 옷들은 태울 수밖에 없죠. 어쨌든
그건 걸레로도 못써요. 그땐 디자이너로서 마음이 많이 아프죠. 내가 환경오염의
주범이구나. 내 고집 때문에 소비자가 원치 않는 걸 만들었고 결과적으로 그들의
선택을 받지 못해 환경오염을 만드는 주범이 돼버렸구나 하고 생각하는 거죠. 그래서
옷을 태울 때는 일부러 내려가서 봐요. 일종의 자기반성의 시간인 거죠.

패션 관련 뉴스를 보면서 늘 궁금한 점이 있었습니다. 시즌 전에 보면 올가을 유행할
패션은 무엇이 될 거라고 전망들을 내놓잖아요. 일기 예보도 아닌데 미래 소비자의
트렌드를 어떻게 알게 되는 걸까 궁금했습니다. 점술가가 아니라면 어떤 시스템이
있을 것 같은데요.

패션에서 트렌드는 위에서 아래로 흐르는 것이라고 봤을 때 맨 먼저 트렌드의 시작을
알리는 것은 해마다 발표하는 컬렉션이에요. 세계적으로 권위 있는 컬렉션이라고 하면
파리와 밀라노, 뉴욕까지 셋을 꼽을 수 있을 텐데 보통 6개월에 한 번씩 열리지요.
전 세계 대표 디자이너들이 각자 자기의 새로운 컬렉션을 발표하는 그곳에서
그해의 트렌드가 결정돼요. 가만히 보고 있으면 스펀지가 물을 빨아들이듯이
자연스럽게 정해지는 보편적인 방향이 생기게 되는 걸 알 수 있습니다. 스커트가
길어졌다가 짧아졌다가, 바지가 넓어졌다 좁아졌다 하는 그런 공통분모가
생기게 되거든요. 그런 것들을 사람들은 '메가트렌드megatrend'라고 불러요.
그걸 분석해서 전체적인 흐름을 이야기하는 게 그해의 유행 전망이 되는 거고요.

패션의 트렌드는 위에서 아래로 흐른다는 말씀이 인상적입니다. 지금까지 많은
직원들과 일을 해 오셨는데 출신 학교들 간의 어떤 특징적인 부분들이 있는지
궁금합니다. 더불어 추천해주고 싶은 대학교나 교육기관이 있다면 소개해주시지요.
사실 포트폴리오만 보고 직원을 뽑기 때문에 어떤 학교를 나왔는지 정확히 알진
못해요. 그리고 저희는 신입을 뽑기보다는, 어느 정도 커리어가 있는 친구를
데려와요. 그렇기 때문에 지금하신 질문에는 제가 대답하기가 어렵네요.

포트폴리오는 어떤 점을 중심으로 보게 되시나요? 작품을 직접 들고 올 수도
있을 것 같은데요.
그런 친구도 있긴 해요. 포트폴리오는 성향을 확인하는 정도라고 보시면 될 것
같습니다. 예를 들어서 저랑 반대되는 성향을 지니고 있는 친구가 들어오면 작업에
혼선이 생겨요. 결국 모든 결정은 저를 통해 이루어지기 때문에 제가 싫어하는
스타일을 추구하는 사람과는 공동 작업을 할 수가 없어요. 그래서 저랑 바라보는
방향이 같은지 코드가 비슷한지를 많이 살펴보죠.

포트폴리오를 제출할 때 주의했으면 하는 점이 있다면 말씀해주시죠.
정석定石에서 항상 말하듯이 자신만의 개성이 돋보이는 포트폴리오가 결국 환영받아요.
이것저것 눈에 띄는 것들만 짜깁기한 포트폴리오보다는 처음부터 끝까지 스타일의
일관성이 보이는 경우가 더욱 좋겠죠.

다양한 직업을 살펴보는 인터뷰이다 보니 연봉이 궁금하지 않을 수 없습니다.
신입 디자이너가 되면 어느 정도 수준에서 연봉이 결정되는지, 또 어떤 환경에서
근무하게 되는지 궁금합니다.
저희 회사에 들어오는 신입 디자이너의 경우는 한국에서 공부를 했거나 아님
해외에서 공부를 했거나와 상관없이 경력이 없으면 우선 인턴십으로 근무해요.
이 과정이 길게는 1년, 짧게는 6개월 정도인데 그중에 능력이 뛰어난 사람을

정식으로 고용하는 거죠. 그런데 1년 이상 인턴을 했는데도 취업이 안 되는 경우가 있어요. 왜냐면 실제 회사에서는 패션디자이너를 그렇게 많이 필요로 하지는 않거든요. 하지만 의류 회사는 패션디자이너뿐만 아니라 다양한 사람들이 일하는 공간이기도 하죠. 소재디자이너, 컬러리스트, 스타일리스트, VMD$^{visual\ merchandiser}$라고 부르는 비주얼디자이너에 액세서리 디자이너까지 많은 사람들이 필요하죠. 또 모델리스트^{modelist}3도 필요해요. 흔히 의류 회사라면 패션디자이너만 생각하는데 이렇게 다양한 영역이 있어요.

그럼 현재 솔리드옴므에는 몇 분 정도의 디자이너가 있나요?
지금까지 말한 디자이너를 모두 포함하면 열다섯 명 정도 되는 것 같네요.

굉장히 많은 편이죠?
네, 하나의 브랜드에 속해 있다는 것을 생각하면 많은 편이죠.

인턴의 초임은 차비와 식비 정도의 보수라고 알고 있는데 그럼 정식 계약이
된 후는 어떤가요?
인턴의 보수는 월급의 개념은 아니니까요. 그렇게 해서 나중에 정식 계약을 하면 초임은 1,900만 원 정도? 제가 알기론 그래요. 다른 대기업에 비하면 훨씬 열악한 편이죠. 그리고 근무 여건은 음······.(웃음) 뭐랄까, 우리 일이라는 게 특유의 분위기란 것이 있어요. 그래서 대부분 8시 전에 퇴근을 잘 안 하죠.

---

3 고객을 직접 상대하지 않고 디자이너(불어로 쿠튀리에)를 위해 오리지널 디자인을 고안하거나 작품, 즉 모델을
  만드는 사람. 모델리스트는 디자이너가 고안한 디자인 대로 충실히 실제 작품의 견본을 만든다.

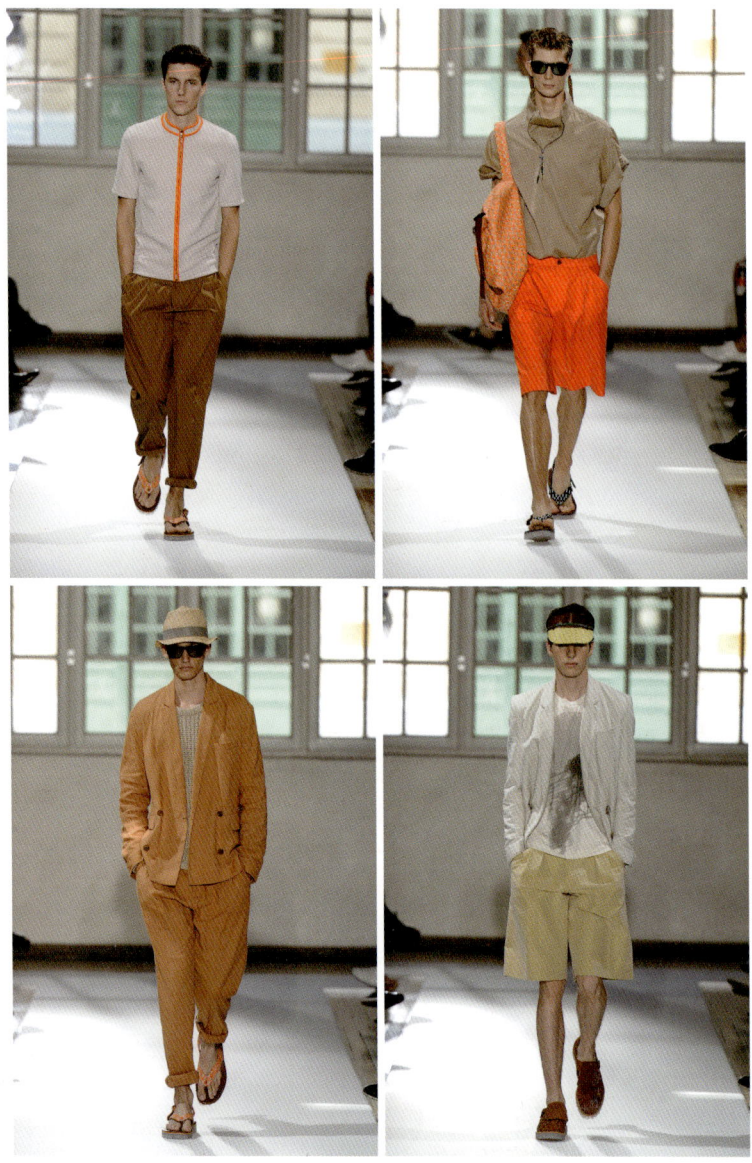

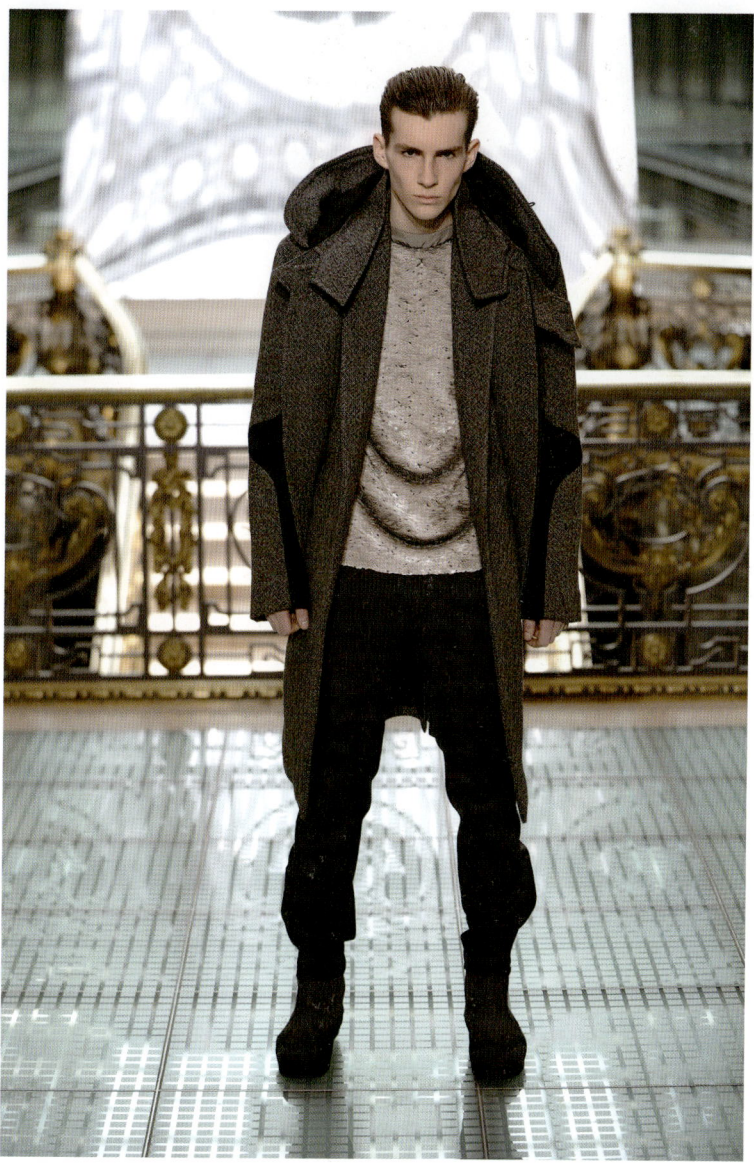

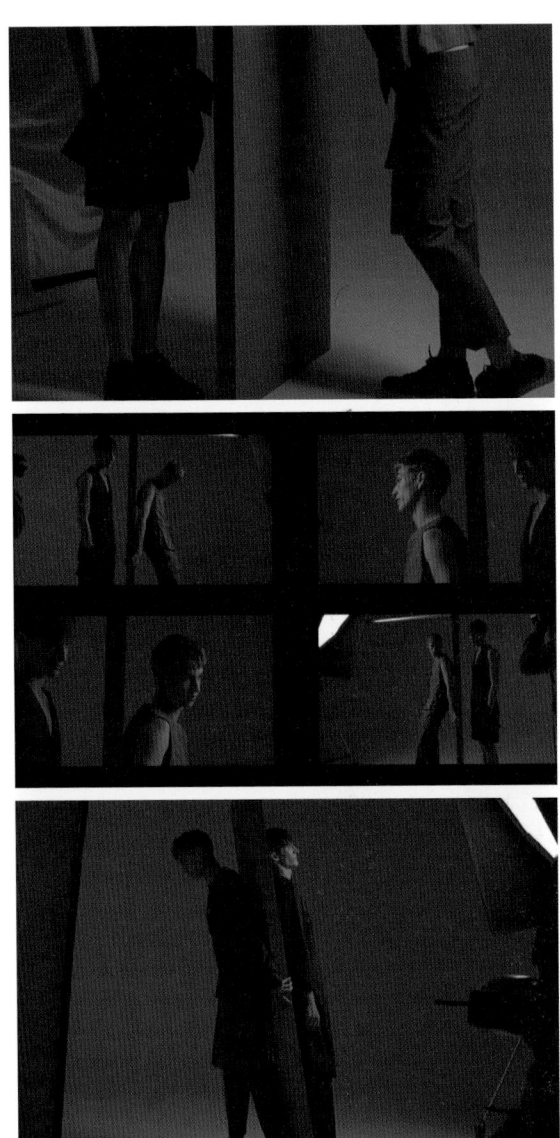

파리 플래그십 스토어

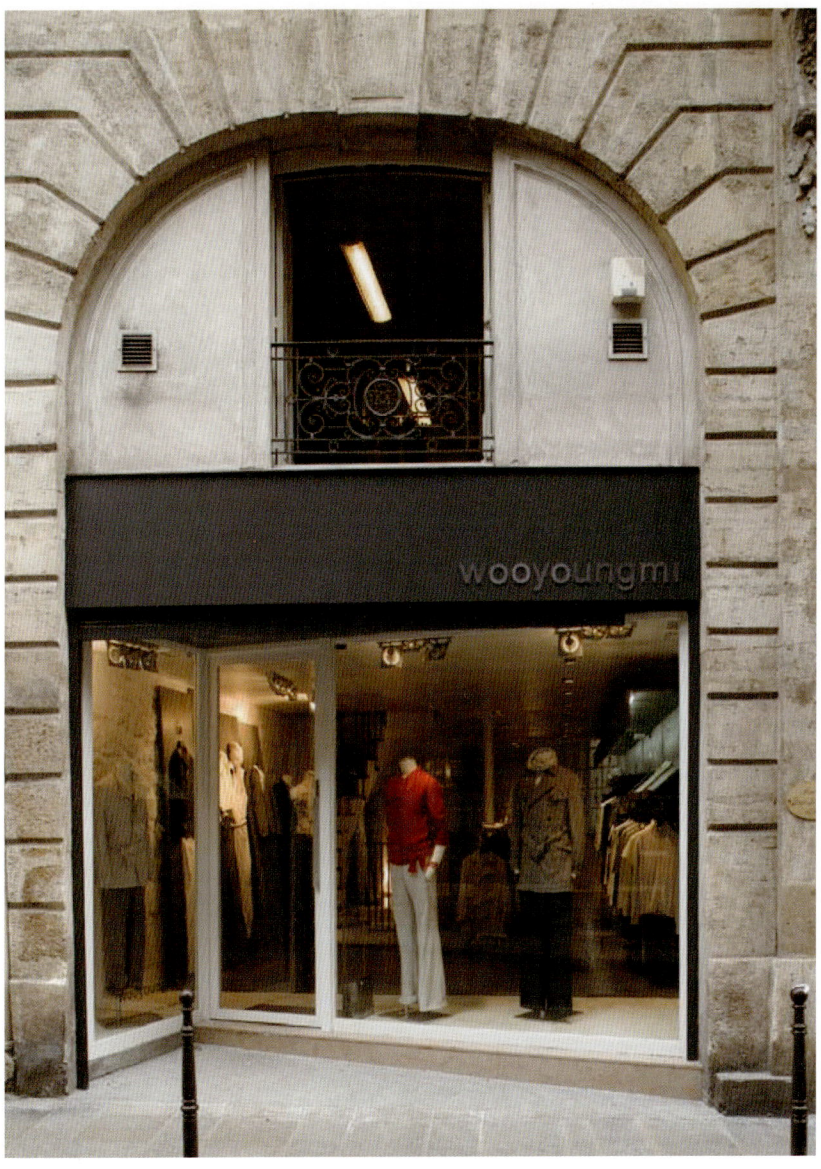

그럼 일요일엔 쉴까요?(웃음)

네, 주말에는 쉬어요. 사무직은 아니기 때문에 문서 작업같은 건 별로
없어요. 대신 생각을 계속해야 하기 때문에 집에 있어도 마음은 편치 않죠.(웃음)
어쨌든 우리 일이라는 것이 머릿속으로 계속 고민해야 하는 것이기 때문에 자리에
앉아만 있다고 되는 건 아니거든요. 그런 만큼 성과물이 중요해요.

그러면 디자이너의 직급이라고 할까요? 직책 또는 직급은 어떻게 될까요?

그런 뒤에 한 5, 6년간 경력이 쌓이면 이후부터는 연차가 중요해져요. 몇 년의 경력이
있느냐에 따라 대부분 그 경력만큼 일을 하게 되거든요. 6년에서 7년차가 되면 팀의
리더, 팀장이 돼요. 그 이후에 10년 이상이 되면 실장이 되고 디자인실 전체를
모두 관리하는 거죠. 거기서 더 나아가면 크리에이티브디렉터나 아트디렉터로서
기획실 이사라는 직함을 갖고 일하게 돼요.

솔리드옴므가 아닌 다른 패션업계에서의 직급별 연봉 수준은 어느 정도나 될까요?

디자이너라는 직업이 초봉은 굉장히 약하지만 사실 그 다음부터는 다른 부서에
비해서 계속 점프를 해요. 지금 팀장이나 실장 정도면 연봉 1억 원 정도가 되는데요,
숙녀복의 경우 더 많이 받기도 하죠. 그리고 그 이상으로 업계에서 잘 나가는 실장이나
팀장들은 연봉 1억 원은 보통이고 2억 원 이상을 받는 사람도 있다고 알고 있어요.
그런데 물론 거기까지 가는 사람은 굉장히 소수죠.

사전 설문에서 패션 전공 학생들과 내셔널 브랜드national brand4에 관한 얘기를 많이
나눴는데요. 개인의 이름을 걸고 하는 브랜드가 아니어서일까요? 프라이빗 브랜드
private brand에 대한 무분별한 카피에 대해 분분한 의견들이 있었습니다. 실제로
저가 브랜드의 경우엔 서로 닮아 있기도 하고요.

그러고 보니 인터넷에 '솔리드옴므 스타일'이란 식의 사이트가 굉장히 많더군요.(웃음)
백화점에 저희와 같이 입점해 있는 브랜드 중에도 사실 비슷한 옷을 만들고 있는
회사가 의외로 많이 있어요. 심지어 디자인실에서 샘플로 저희 제품을 산다는 말도
있고요.(웃음) 이런 사실은 소비자 분들의 고발을 통해 많이 알게 됐는데요.
솔리드옴므에서 이 옷을 얼마에 주고 샀는데 왜 똑같은 디자인이 다른 브랜드에서는
싸게 팔리고 있느냐는 고발이죠. 그래서 변호사를 고용해서 법률팀을 구성해
디자인을 보호하는 노력을 하는 중이에요.

프랑스 미술계에는 이런 말이 있다고 합니다. "카미유 코로 Camille Corot는 평생
2,000여 점을 그렸지만, 그 가운데 5,000여 점은 미국에 있다." 그만큼 위작이
많다는 뜻이겠죠. 코로가 그랬듯이 카피가 많다는 건 분명 솔리드옴므의 인기를
반증하는 것이기도 하지만, 그간 공들인 노고를 생각하면 얼마나 힘 빠지는
일일까 걱정스럽기도 합니다.
네, 힘 빠지는 일이죠. 그렇지만 지적재산권을 등록하기에는 1년에 생산하는
스타일이 너무 많아 현실적으로 쉬운 일이 아니에요. 그렇다 보니 번번이 이런 일들이
생기고 악용되고 있죠. 특히 대기업의 내셔널 브랜드에서 그래요. 문제가 일단 생겨서
따지면 그냥 미안하다는 답이 전부예요. 컬렉션을 하는 디자이너라면 그런 위험은
늘 노출되어 있어요. 저희 같은 경우에도 파리에서 컬렉션을 하는 다음날이면
인터넷에 다 올라오니까요. 그리고 우리나라에는 패션에 관한 지적재산관련법이
아직 발달되지 않은 것도 문제 중 하나죠.

---

4 미국 마케팅협회(AMA)의 정의에 의하면, '통상 넓은 지역에 걸쳐 그 적용을 확보하고 있는 제조업자
   혹은 생산자의 브랜드'를 뜻한다. 일반적으로 제조업자 브랜드라고 말하며, 유통(판매)업자의 브랜드인
   프라이빗 브랜드(Private Brand)에 대응되는 용어이다.

일단 사건이 터지고 나면 그냥 미안하다고 말한다는 게 언뜻 이해가 가지 않는데요.
일부 내셔널 브랜드는 기본적으로 도덕심이 없어요. 부끄럽게 생각하지 않는 것
같아요. 우리 내셔널 브랜드들은 그렇게 성장해왔기 때문에 오히려 카피를 해서
잘 팔리는 상품의 디자이너들이 유능한 것으로 대우 받기도 해요. 물론 사람 팔은
두 개고, 볼륨이란 것이 뻔하기 때문에 기본적인 틀은 비슷할 수밖에 없어요.
하지만 영향을 참고해 새로운 창조를 이끌어내는 것과 카피는 다르죠.
이런 재창조의 과정이 없다는 건 확실히 문제예요.

　　그런데 법적으로 해결하는 건 참 오랜 시간이 필요해요. 그 시간에 한 시즌이
끝나기 때문에 이런 점이 악용되는 거죠. 패션협회에서 '카피폴리스제도'를
운영하고 있지만 솜방망이 처벌이라 '미안하다. 앞으론 그러지 않겠다.'는 식으로
끝나버리는 것이 현실이에요.

그럼에도 최근 내셔널 브랜드는 점점 힘을 잃어가고 있다는 얘기를 하더군요.
국내 트렌드세터trendsetter5가 열광하는 해외 디자이너들과 비교해 본다면 한국
디자이너의 입지는 취약하기 그지없습니다. 세계 속 한국 디자이너의 위상에 대해
아쉬운 점이 있다면 말씀해주시지요.
많죠.(웃음) 한국은 일단 컬렉션을 발표하는 크리에이티브 디자이너가 별로 없었어요.
그간 양성을 해오지 못했기도 하지만 지금까지 내셔널 브랜드 중심으로 기업화된
브랜드에만 주목했기 때문이기도 하죠. 아이덴티티identity가 있는 유럽의 오래된
브랜드들처럼 되기에는 아직 시간이 너무 짧은 점도 있고요. 한복에서 양복으로 바뀐
것이 이제 50년 정도 된 셈이니까요. 하지만 이제는 크리에이티브한 작업을 할 때라고
봐요. 가능한 시대가 점점 오고 있고요.

5　유행을 선도하는 사람. 의식주와 관련해 각종 유행을 창조, 수호, 대중화하는 사람 혹은 기업을 뜻함.

그러고 보면 한국에서는 유명한 패션디자이너지만 정작 해외에서는 잘 알려져 있지
않은 분들도 있다는 이야기를 들었습니다. 반면에 대표님께서는 국내뿐만이 아니라
해외에서도 널리 알려진 디자이너이신데요, 해외 진출을 통해 바라시는 점이 있다면?
저는 한국을 대표하는 인터내셔널 브랜드가 되고자 하는 분명한 목표가 있어요.
그렇기 때문에 회사 대표로서 회사의 이익보다는 우리 브랜드를 알리는 것이
더 중요하다고 보고 있어요. 그런 면에서 경영자로서의 성적은 빵점이죠.(웃음)
돈을 버는 것이 목적이었다면 아마 브랜드를 여러 개 만들어 분화시키는 식으로
기업화를 했겠죠. 그래서 때로는 바이어나 업계 분들이 저더러 정말 답답한
사람이라고도 해요.(웃음)

2012 봄·여름 컬렉션 패션쇼 준비 모습

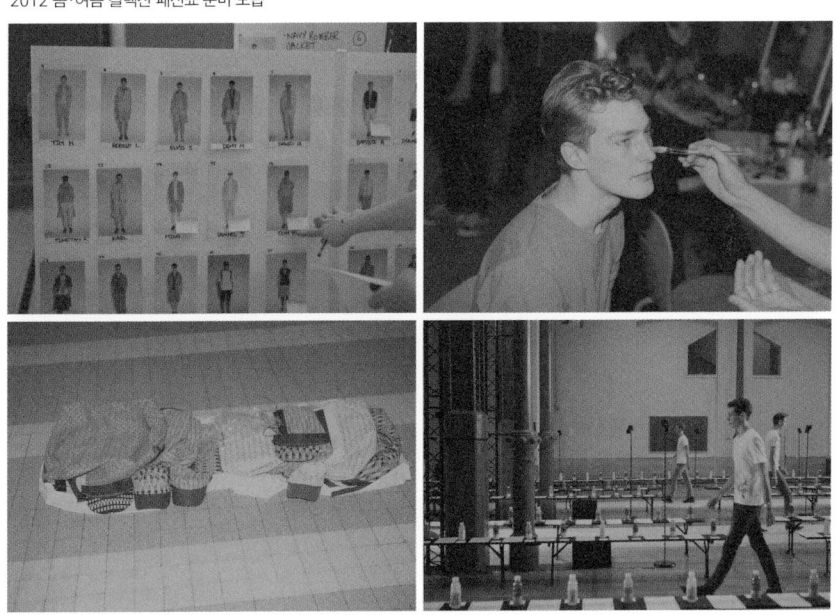

아쉽게도 아직까지 한국의 브랜드가 글로벌 브랜드가 된 적은 한 번도 없었어요. 그래서 대부분의 사람들은 모두 안 될 거라고 말해요. 제가 처음 파리에 갔을 때 그래서 모두들 반대했죠. 그런데 저는 가능하다고 생각했어요. 회사가 내는 모든 이익을 컬렉션과 매장 홍보에 다시 쏟아붓고 있는 것도 그런 이유예요. 그런데 아직 전례가 없다 보니 많은 분들이 브랜드의 가치에 대해 이해하지 못하고 있는 것 같아요. 하지만 저는 가능하다고 보고 있고 또 거의 고지에 다다랐다고 생각하고 있어요.

미지의 초행길이었던 만큼 해외 진출의 어려운 점도 많았을 것 같네요.
아직 한국의 패션 인프라는 유럽에 비해 아주 열악한 편이에요. 어쨌든 패션의 선진국은 유럽이고, 거기에 들어가서 싸워야 하기 때문에 사실 애로 사항이 너무나 많아요. 프랑스 백화점에 입점할 때도 장애가 많았죠. 우리가 단독 매장을 열려고 했을 때 디올Dior에서 자신들 매장 확장을 이유로 막기도 했어요. 특히 유럽의 빅 하우스들과 쇼에서 이겨야 할 때가 힘들어요. 순서 배정도 불리할 수밖에 없는데, 한번은 디올이 자기들 마음대로 순서를 바꿨어요. 파리가 자신들의 홈베이스이니까 저희 순서를 빼앗아 가버렸죠. 저는 외국 디자이너이고, 상대적으로 진입을 시도하는 입장이라 어디에 하소연도 못 했어요. 항의를 해봐도 계란으로 바위 치기일 뿐이죠. 어쨌든 쇼를 할 때 좋은 시간을 배정 받으려고 굉장한 혈투를 벌이게 됩니다.

시간 배정이 바뀌었다는 건 좋은 시간이 따로 있다는 말씀인데요. 특별한 시간이 있나요?
네, 있어요. 하루에 일곱 개에서 여덟 개의 쇼가 있기 때문에 프레스와 바이어들이 많이 지칠 수밖에 없어요. 그래서 좋은 시간에 쇼를 진행해야만 많은 프레스와 바이어가 쇼를 보게 되거든요. 파리 컬렉션은 한국과 달라서 일반인은 출입이 불가능하고 프레스와 바이어밖에 들어오지 못해요. 그래서 프로페셔널한 그들의 평가에 따라서 그 시즌의 업, 다운이 결정되는지라 피를 말리는 경쟁을 벌이게 되거든요. 그렇기 때문에 좋은 시간대에 들어가는 것이 저희로서는 정말 중요해요. 앞뒤에 어떤 쇼가 있는지도 중요할 뿐더러 식사 시간에 따라서도 영향을 받습니다.

처음엔 한국 디자이너란 이유로 박해도 많이 받고 그랬죠. 한국이 어디 있느냐, 한국에도 패션이라는 것이 있냐고 물어볼 정도로 그들에게 우리는 무지의 상태였어요. 그만큼 다른 분야와 달리 패션계 만큼은 존재 가치가 없는 나라였거든요. 다행히 지금까지 악전고투해온 결과 이제 프레스들이 한국 디자이너 하면 우영미를 떠올리게 됐어요. 지금 우리가 아프리카에서 디자이너가 온다고 했을 때 아프리카 패션을 떠올리지 못하는 것처럼 그들에게 한국 패션도 마찬가지였습니다. 아직 100퍼센트 극복되지는 않았지만 멀지 않았다고 생각해요.

고지란 말씀을 하셨는데 어떤 지표가 있을까요?

글로벌로 브랜드화 하는 것이죠. 판매량, 인지도, 브랜드 위치, 백화점 입점 속도, 프레스 평가와 같은 계량화 할 수 있는 모든 것들로 알 수 있어요. 최근에는 저희가 밀라노, 파리 컬렉션을 통틀어 꼭 봐야 하는 브랜드 10선에 선정 되었어요. 그리고 파리에서는 중요한 네 명의 디자이너 중 하나로 뽑히기도 했고요. 이 모든 것들을 바탕으로 최근에 정리된 내용에 따르면 세계에서 바이어가 선호하는 브랜드 중 저희가 18위를 하기도 했어요. 앤 드뮐미스터Ann Demeulemeester랑 발망Balmain보다 앞선 순위죠.(웃음) 과거와 비교하면 저희로서는 굉장히 큰 성장이에요. 이제 서서히 파리에서 존재감 있는 디자이너로 자리 잡고 있다고 보고 있습니다.

문제점에 대해 여쭤봤는데요, 좀 더 큰 관점에서 한국 패션업계의 문제점이라고 할까요? 더 해주실 말씀은 없을까요?

아, 제가 지금 그 부분에 대해 말하면 폭탄 발언이 될 텐데요.(웃음)

"대중 예술은 가래 위에 덮인 생크림 같다." 미국의 한 평론가가 했던 지독한 표현입니다. 실제 대중 예술이 모두 그렇진 않지만, 이 말이 '달콤할 땐 주의하라.'는 경고의 의미라면, 아무것도 모르고 하얗게 덮인 것에만 열광하는 어린 친구들로서는 프로타주frottage6가 필요하진 않을까 해서 부탁드린 질문이었습니다.(웃음)

그럼, 선을 정하고 말씀 드려야겠네요.(웃음) 제가 생각하는 패션 산업 전반의 가장 큰 문제는 유통 시스템이에요. 이건 설명하기가 어려운 점이 있어요. 예를 들면 이런 거예요. 제가 프랑스에 있는 디자이너면 빨간색 바지만 1년에 딱 10개를 만들어요. 그래서 그 바지를 좋아하는 소비자 열 명만 만나면 행복하죠. 그런데 우리나라에서는 이런 일이 불가능해요. 최근에 스트리트에 매장이 생기긴 했지만 여전히 백화점에 들어가야만 소비자를 만날 수 있어요. 왜냐면 유럽처럼 내 옷을 사주는 바이어 층이 따로 없기 때문이죠. 이 점이 한국의 독특한 구조예요. 제가 아무리 유럽 바이어들한테 설명을 해도 납득을 못해요. 우리는 기본적으로 필터링 해주는 바이어가 없죠. 유통 라인이 독식되면서 다양한 스타일의 옷을 볼 수 없기도 하고요. 하지만 최근에는 조금씩 백화점식의 유통을 벗어나려는 움직임들이 있는 것 같아요. 아마 앞으로는 굉장히 많은 기회가 있을 거라고 기대해요.

말씀 감사합니다. 누구나 현재 시점에서 생각해보면 '그때 왜 그랬지.' 하고 후회하는 일들이 있잖아요. 저는 무척 많은 편인데요.(웃음) '나도 예전엔 저랬는데 이 친구들 역시 저러는구나.' 하고 생각이 드실 때는 없을까요?

있죠. 저는 좋은 디자이너란 서비스 정신이 있어야 된다고 생각해요. 일방적으로 멋을 위해서 "이건 참아야 한다. 무조건 입어." 이런 건 아닌 것 같아요.(웃음) 그런데 젊었을 때 그렇게 생각했어요. '이건 좀 불편하지만 촌스러운 것보다는 낫잖아.' 하고 말이죠.(웃음) 그런데 요즘 와서 생각하면 너무나 어리석은 오만이었고

---

6 초현실주의 회화에서 사용하던 문질러내기의 수법. '마찰시키다, 비비다, 어루만지다, 쓰다듬다'란 것이 본래의 의미이다.

만용이었다는 생각이 들어요. 지금은 오히려 나를 내려놓고 적절한 지점에서 소비자와 손을 잡을 수 있는 배려가 더 큰 용기라고 생각해요.

그럼 기술적인 면에서 '왜 이런 걸 모르는 거지?' 하고 답답하신 마음이 들 때는 언제이신가요?
회사 입장에서는 바로 현장에 투입할 인력이 필요한데, 대부분 대학을 졸업했음에도 처음부터 회사에서 가르쳐야 하는 경우가 있어요. 회사가 아니라 학원인 거죠. 실제로 그렇게 몇 년을 가르쳐요. 저희는 파리에도 디자인실이 있으니까, 외국 학생들을 채용하기도 하는데 학생 신분임에도 바로 콘셉트를 이해하고 어떤 그럴듯한 결과물을 가져오더라고요. 이 격차가 상당하다고 저는 느꼈어요.

좋아하는 브랜드나 디자이너가 있다면 이유와 함께 소개 부탁드립니다.
전 자기의 색깔을 가지고 있는 디자이너들은 다 좋아해요. 딱히 한 사람이 떠오르진 않지만 모든 패션디자이너는 존경할 만하다고 봐요.(웃음) 꼭 얘기해야 한다면 패션디자이너보다 건축하는 분들에게 더 큰 존경심이 들어요.

어떤 의미에서인가요?
건축이 사람을 담는 공간이듯이 옷도 그래요. 조형적인 측면에서 비슷한 점이 있다고 생각하고요. 그래서 장 누벨Jean Nouvel이나 렘 콜하스Remment Koolhaas를 좋아해요. 프랑스 국립도서관을 디자인한 도미니크 페로Dominique Perrault도 매력적인 분이죠.

그러고 보면 저 역시 프랭크 게리Frank Gehry가 만든 건축물을 보면서 바람 부는 날의 치맛단 같단 생각을 한 적이 있긴 하네요.(웃음) 그렇다면 질문을 살짝 바꿔서 패션계에 입문하실 때 영감을 준 디자이너가 있다면?
제가 패션계에 입문할 당시는 일본 디자이너들이 뉴 재패니즘New Japanism이란 흐름을 만들 정도로 파리 컬렉션에서 동양적인 영향력을 선보일 때였죠. 그 시대의

디자이너들에게서 영향을 받았던 것 같아요. 이세이 미야케三宅一生나 콤데가르송
Comme des Garcons이라든지 요지 야마모토山本曜司 같은 디자이너들이죠. 동양에서도
서양 복식을 훌륭하게 만들 수 있다는 좋은 예를 보여주었고 당시 저에게 많은
자극을 주었어요.

최근 젊은 디자이너에서는?
딱히 누구 한 명을 꼽을 수는 없지만, 대부분의 젊은 디자이너들 역시 자신만의
아이덴티티가 있기 때문에 인상적으로 지켜보고 있어요.

패션디자이너를 희망하는 학생들이라면 무엇을 중점적으로 공부해야 한다고
보시는지요? 또는 디자이너에게 미술 실력은 어느 정도의 비중을 갖는다고 보시나요?
역시 미적 감각에 대한 훈련이 먼저라고 봐요. 감각이 핵심이에요. 그림을
안 그려도 디자이너는 할 수 있어요. 세계적인 디자이너 중에는 그림을 못 그리는
디자이너도 많이 있거든요. 그림은 자기 생각을 표현하는 수단이잖아요. 이렇게
만들라는 정보를 디렉팅하기 위한 것이지 꼭 능수능란하게 그릴 필요는
없죠. 중요한 것은 감이에요. 예를 들어서 글씨를 읽고 쓸 줄 알아야 공부를
할 수 있는 것과 같아요. 단지 글씨 모양이 예쁘다고 해서 공부를 잘 하진 않는
것과 마찬가지죠.

| 압구정 솔리드옴므 사옥에서 |

우영미

성균관대학교 의상디자인과 졸업

(주)쏠리드 대표

1986   오사카 국제패션쇼 3위

1993-2001   패션쇼 뉴웨이브 컬렉션 참가

1998   브랜드 솔리드옴므 런칭

2001   한국패션협회 올해의 신인디자이너상

2002   브랜드 우영미 라인 런칭

2002   우영미 파리 컬렉션

2006   파리 우영미 매장 오픈

2008   제1회 코리아패션대상 대통령상

2009   일본 우영미 매장 오픈

2010   제10회 서울패션위크 헌정디자이너 10인 선정

파리 봉마르쉐백화점, 런던 셀프리지백화점, 모스크바 틈백화점, 홍콩 하베이니콜스백화점 및 세이부백화점,
유명 편집숍인 밀라노의 단토네, 런던의 베르티스이다 등 현재 전 세계 40여개 백화점과 편집숍에 입점

박금준

시각디자이너

아무리 가까이 있어도 어떤 먼 것*은

일상에서 채집했지만

실재가 불타던 자리

용접공의 불에 핀 자국은

창작과 모작이 서로의 칼집이 된 흔적

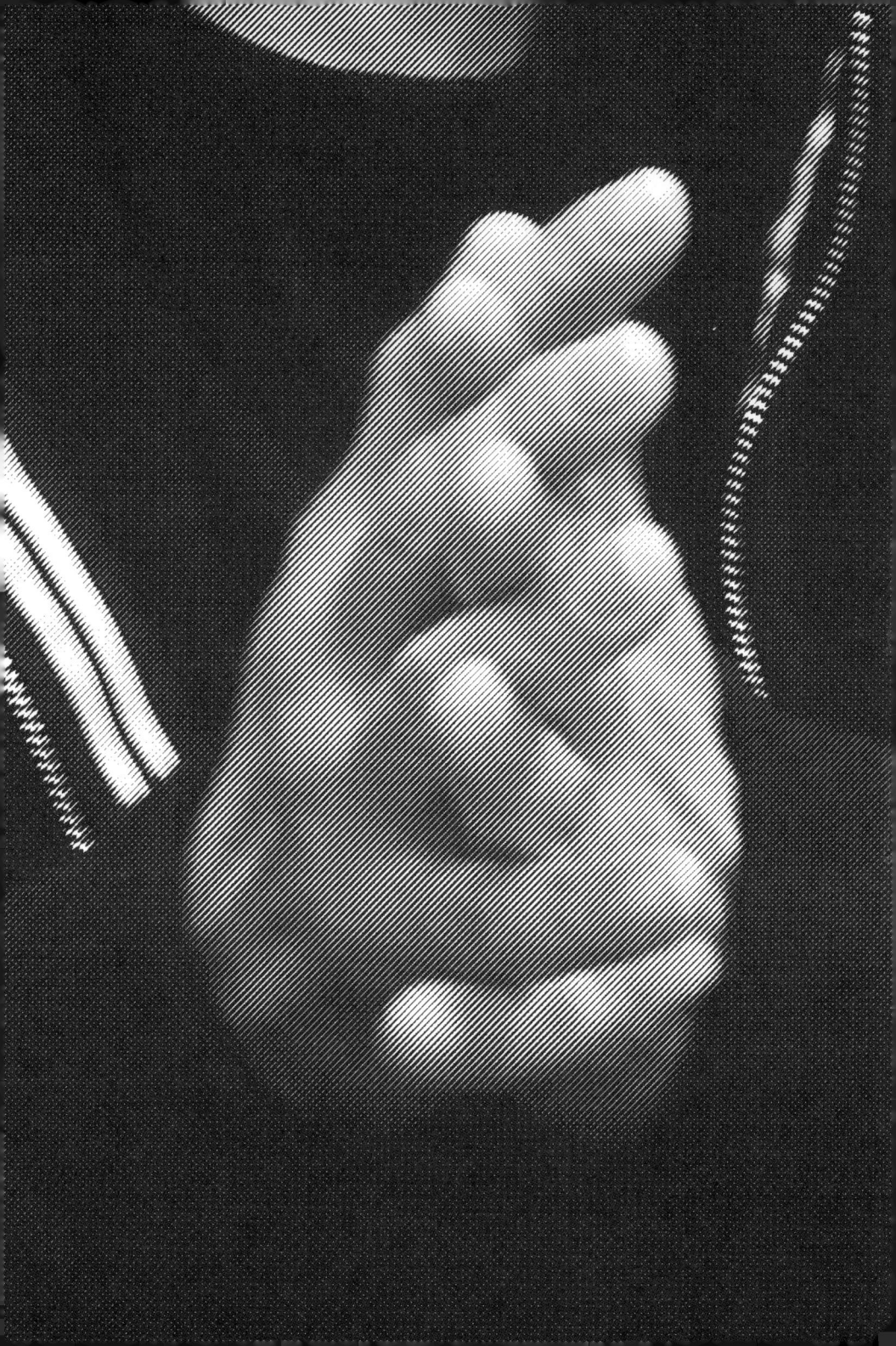

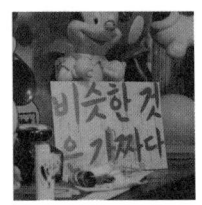

천천히 스스로를
닮아가는 디자인

회사에 넓은 마당이 있어서 놀랐습니다. 나무가 많아서 참 아늑한 느낌이 드는데요.
제가 유달리 나무를 좋아해요. 세련되고 매끈한 것과는 다르게 나무는 볼수록
정이 가고 마음을 편안하게 해주는 것 같습니다.

잠시 둘러봤지만 마당뿐 아니라 사무실 곳곳이 볼거리로 가득합니다. 아마 대표님께서
하고 계신 다양한 작업과 무관하지 않을 것 같은데, 주로 어떤 일을 하신다고
소개할 수 있을까요?
'601비상'은 젊고 열린 크리에이티브 집단을 지향합니다. 각종 기업 홍보나
디자인 서비스뿐만 아니라 자체 브랜드를 통한 출판과 포스터 작업, 예술 상품 개발,
교육적 역할과 장르운동을 자임㊙한 아트북 프로젝트를 진행하고 있습니다.
시각커뮤니케이션 디자인 전반에 관여하고 있다고 할 수 있죠.

짐작대로네요. 그중 아트북 프로젝트는 이미 너무나 유명해서 저도 관심 있게
본 적이 있습니다. 다양하게 진행하고 계신 이 모든 일을 하나의 직함으로
엮을 수 있을까요?

기존의 '그래픽 디자인'이라는 용어가 기술적으로 현재의 실천 영역을 충분히
담아내지 못하면서 이를 대체할 용어로 명명한 것이 '시각커뮤니케이션 디자인'이에요.
물론 여기에 더해 여러 정의가 가능하겠지만 가장 핵심은 커뮤니케이션이라고 봅니다.
소통, 조화, 어울림의 근간을 해석하고 대응하는 디자인 행위자라고 할 수 있겠지요.

아무래도 아직까지는 시각커뮤니케이션 디자인이라는 개념이 일반화되진 않은 듯한데,
이 영역에서 말하는 디자인의 본질은 남다를 것 같습니다.
어려운 질문인데요, 모든 디자인이 그렇겠지만 시각커뮤니케이션 디자인이란
'크리에이티브와 커뮤니케이션의 만남'이라 할 수 있어요. 세상에 발언하고 이를 통해
세상과 이어지는 하나의 메시지랄까요. 그런데 우리가 시각커뮤니케이션 디자인이라고
부를 수 있는 수많은 이미지나 행위 가운데 사실 속은 없고 껍데기만 있는 것이
많아요. 우리 디자인의 가장 큰 문제도 여기에 있다고 봅니다. '어떤 철학을 담고
있는가?' 하고 질문할 때 거창한 걸 말하는 게 아니거든요. 디자인에 중심을 잡고
있는 의식이 필요하다는 것이죠. 유행이 일면 그 유행을 쉽게 따라가는 습성, 새로운
것은 고민하지 않고 효과에만 집착하는 태도, 또 그것을 쉽게 용서하는 자세로는
디자인이 생명을 가질 수 없어요. 그러니 주인을 잃고 쉽게 사라져버리고 우리
것이라고 할 만한 게 많지 않은 것이죠.

유행은 클라이언트와 디자이너 간의 최대공약수라고 할 수 있지 않을까요? 요구에
순응하고 유행에 민감한 것이 디자이너의 고충이라고 생각했는데, 말씀하신 점은
순수예술과 많이 닮아 보입니다.
일반적으로 넓은 의미의 예술에 디자인이 포함된다고 합니다. 또 포스트모더니즘
이후 디자인과 예술의 관계에 대한 논의는 더 이상 불필요하다는 얘기도 많이 하지요.
제도적, 관습적으로는 디자인과 예술의 경계가 존재하겠지만 크리에이터 입장에서
보자면 예술과 디자인은 따로 떼어놓고 생각할 문제가 아니라 필요에 의한 구분인 것
같습니다. 더구나 그 둘의 경계가 모호해지고 있는 지금 이 구분은 큰 의미가

없는 것 같고요. 예술과 디자인의 차이가 기능이라면 예술에도 기능이 있다고
볼 수 있고, 예술과 디자인의 차이가 클라이언트라면 아티스트도 대중을
클라이언트로 간주하고 작품 활동을 한다고 볼 수 있고, 예술과 디자인의 차이가
상업성이라면 예술도 상업화에서 자유로울 수 없는 시대가 되었으니 더 이상
양자 간의 구분이 쉽지 않습니다. 디자인이 예술에 포함될까, 예술이 디자인에
포함될까? 예술 작품을 차용한 디자인이 많이 나오는데 그렇다면 그것은 예술일까,
디자인일까? 오늘날 이런 질문들은 질문 자체에 오류가 있다고 생각합니다. 디자인을
예술적으로 승화시킴으로써 독창적이며 근거 있는 디자인을 요구한 폴 랜드Paul Rand는
"예술가와 디자이너 사이에는 차이가 없다. 둘 다 형태와 내용을 가지고 작업하는
사람일 뿐"이라고 했는데, 예술과 디자인의 구분과 관계보다는 작업마다 고유의
미학을 찾아야 하지 않을까 생각해요.

동감입니다. 결국 좋은 디자인은 '새로운 내적 필연' 정도로 요약할 수 있을 것 같습니다.
얼마나 나로부터 시작됐고 또 나와 닮아 있는가? 그런데 새로운 시도는 그 속성상
남의 것에 무임승차하고자 하는 유혹에 쉽게 노출되곤 합니다. 그러다 보니 유행이란
명목으로 어디서 본 듯한 작업들이 넘쳐나고 있고요. 이 부분에 대해서는 어떤 생각을
가지고 계신지 궁금합니다. 어떤 식이든 정돈이 필요하다는 생각도 드는데요.
제가 디자인을 공부하던 1980년대 한국의 디자인은 급격한 사회 변동 속에서
한국적인 정체성에 대한 고민이 싹트던 시기였어요. 1990년대 이후에는 세계화
바람과 함께 세계 속에서도 통할 수 있는 디자인 경쟁력을 시대로부터 강력히
요구받아 새로운 가치와 다양성을 추구하기 시작했고요. 오늘날 한국은 어떻습니까?
디지털 환경의 발달과 더불어 디자인의 대중화와 보편화 현상이 뚜렷해졌지요. 다양한
국제 행사와 문화 콘텐츠, 공공디자인 확산은 디자인에 대한 사회 전반의 인식을
높였습니다. 디자인의 산업을 넘어 문화가 된 지 이미 오래입니다. 물론 말씀하신
것처럼 폐해도 있지만 어찌되었든 디자인은 끊임없이 진화해온 셈입니다. 정돈이
필요하다면 결국 우리 사회가 하리라 봅니다. 그 속에서 의식 있는 디자이너의 몫은

더 중요해지겠고요. 대중은 언제나 옳진 않지만 대개 옳거든요. 이 속에서 끊임없이
자정작용이 이루어지리라 생각합니다.

어떤 면에서는 의식 있는 클라이언트와 함께 창조적인 디자이너의 역량이 중요하다는
생각도 듭니다. 둘의 이상적인 관계라면 어떤 모양일까요?
제 경험으로는 디자인 회사가 클라이언트로부터 의뢰 받은 일을 할 때는
상하 관계보다는 협력하는 파트너의 관계일 때 가장 이상적입니다. 이런 관계가
가능하기 위해서는 클라이언트의 유연한 태도와 사고가 상당히 중요하죠. 철저히
관계 지향적이 아니라 목표 지향적인 관계이기에 그렇습니다. 그러나 디자이너가
잊지 말아야 할 것이 하나 있어요. 기본적으로 클라이언트는 현명하다는 겁니다.
그들은 자신의 문제와 방향을 누구보다 더 잘 알고 있지 않습니까?

클라이언트를 전적으로 믿어야 한다는 말씀으로 들리기도 합니다.
디자이너의 식견과 클라이언트의 요구 사이의 접점을 말한 겁니다. 제가 제일기획에
있을 때 클라이언트 중 하나가 삼성전자였어요. 오후 미팅에서 디자인 기획안을
설명하니 클라이언트 쪽에서 만족한다는 말을 합니다. 그런데 그날 저녁 집에 와서
곰곰이 생각해보니 아무래도 이건 아닌 것 같단 말이죠. 그래서 다음 날 또 다른
시안을 들고 찾아갔습니다. 대개 이 경우 두 가지 반응이 나와요. "이미 보고
올렸는데 뭘 그리 귀찮게 그래."라든가, 아니면 반대로 새로운 시도 자체에 호의적인
분들이 계시죠. 저는 일이 완전히 끝나기 전까지는 언제든지 더 나은 것을 제안할 수
있다고 생각해요. 일종의 자기만족일 수도 있겠지만……. 오래전 얘긴데 이런 적도
있었어요. 호텔의 브로슈어를 하나 만들어야 했는데, 작업이 완성되고 난 다음
출장 때문에 자리를 비웠습니다. 그런데 그사이에 추가로 제작한 패키지가
브로슈어와 어울리지 않았어요. 제 자존심도 있고 해서 그 제작물을 다시 만들어서
보냈어요. 그랬더니 담당자가 "옛날 게 더 좋은데." 하더군요. (일동 웃음) 디자인을
하다 보면 돈 1,000-2,000만 원을 그냥 날려버리는 그런 경우가 왕왕 있습니다.

하지만 번복하는 걸 결코 부끄러워하진 않아요. 그건 좋은 디자인을 완성하기 위한 과정 중 하나인 거죠. 그런 과정까지가 다 디자인의 영역에 속해 있으니까요.

제 입장에서 1,000-2,000만 원이라면 고민이 많을 액수로 보이는데요.
저 또한 고민이 많죠.(웃음) 제가 쓰는 한지 중에 한 장에 12만 원 하는 종이도 있어요. 한국 닥으로 전통 한지를 뜨면 보통 한 장에 6-7만 원이고, 거기에 옻칠까지 하면 12만 원 수준이에요. 100장만 인쇄해도 1,000만 원은 금방이죠. 그런데 결과가 만족스럽지 않아 그걸 모두 버려야 할 때도 있어요. 그런데 저만 그럴까요? 수많은 예술가나 자존심 있는 디자이너라면 충분히 그럴 것 같아요.
　　작업이라고 하는 것엔 소통의 측면도 있고 디자이너가 추구하는 가치의 측면도 있을 텐데요, 디자이너 스스로 결과물에 부족함을 느낀다면 계속해서 새로운 시도를 할 수 있겠죠. (예전 작업물을 꺼내 보이며) 치열하게 몰두했던 이 작업물을 한번 보시죠. 당시 2,000부 정도 인쇄했어요. 마감 일주일 동안 밤샘하고 인쇄 현장에서 감리를 보다가 쓰러질 뻔했어요. 그랬더니 인쇄소 사장님이 나머지는 알아서 하겠다고 해서 믿고 사무실에 들어와 잠을 잤어요. 그런데 그날 밤 12시쯤 인쇄물을 가지고 왔는데 정말 난감하더군요. 마음에 들지 않았던 거죠. 그래서 새벽 1시에 스태프들을 다 소집했어요. 사진 촬영하는 사람부터 글 쓰는 사람, 이미지 작업하는 사람까지 모조리 불러 모아 "이 책으로는 독자들과 호흡할 수 없으니 다시 만들자."고 했죠. 행사가 내일이라 눈앞이 캄캄했지만 그 선택이 옳았다고 지금도 생각합니다.

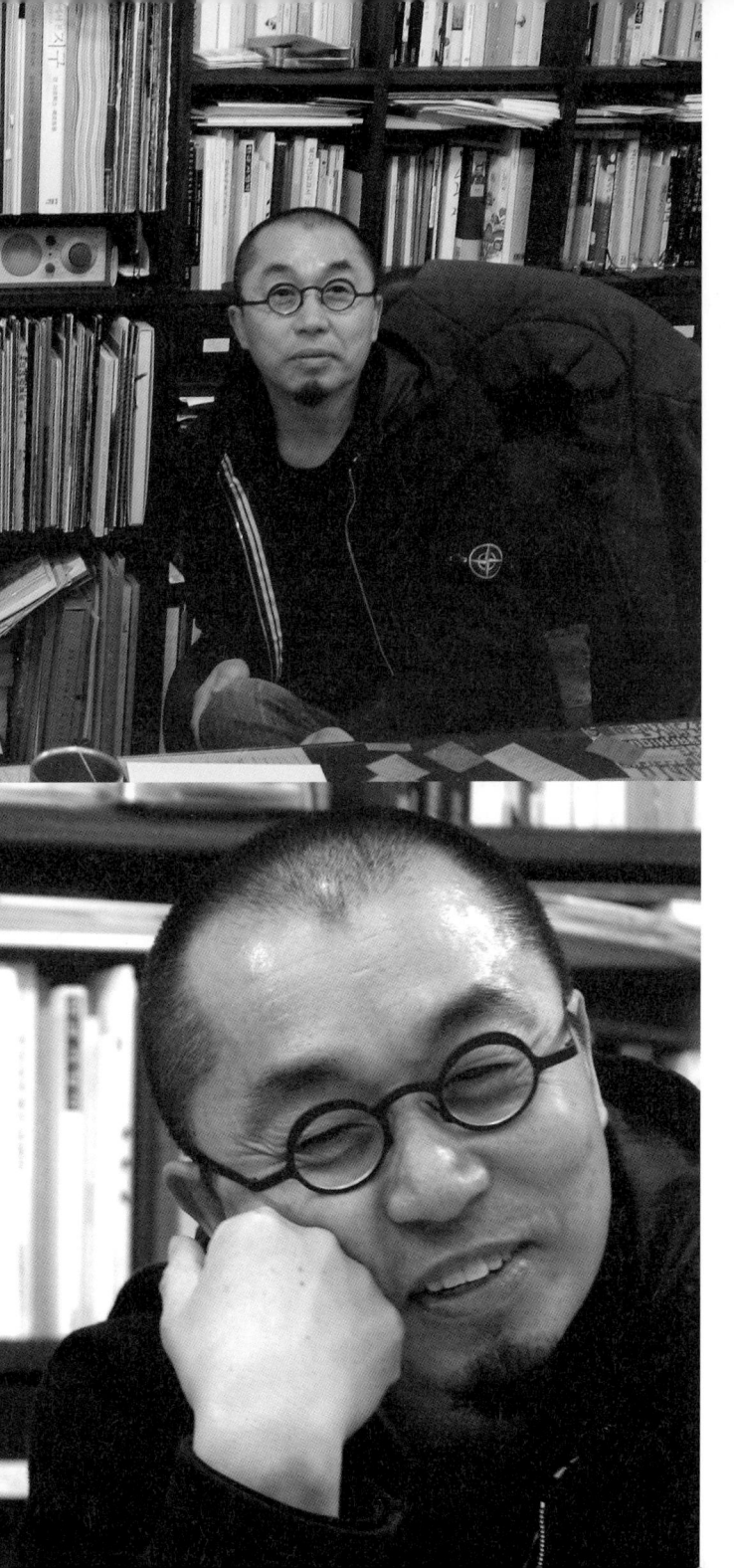

인터뷰 중 자주하게 되는 질문이 커뮤니케이션에 관해서입니다. 대화의 기술이랄까요? 분명 작업을 하다 보면 클라이언트와 의견 차이가 발생하는 순간이 있을 거라고 생각됩니다. 그런 경우 의뢰 작업의 특성상 클라이언트의 미적 기호가 기준일 수 밖에 없겠지만 전문가의 입장에서 답답할 때는 없으셨나요?

대화의 기술이란 사실 특별한 건 없어요. '내가 당신 입장에서 충분히 고민했다.'라는 진정성과 그들이 원하는 만큼의 퀄리티를 보여주는 것. 제가 작업하면서 항상 염두에 두는 게 '좋은 디자인이 결국 최고의 비즈니스'라는 것이거든요. 어찌되었든 디자이너로서 클라이언트를 설득할 가치가 있는 디자인을 내놓는 것이 최선인 거죠.

그럼에도 생각의 차이와 가격 문제는 좀 심각해요. 가격 문제에서 경쟁 프레젠테이션 얘기를 안 할 수 없는데, 이 시스템이 바이러스가 많아요. 사전에 이미 특정 업체와 협의가 돼 있는데 그걸 은폐하고 진행하는 경우가 있죠. 가장 큰 바이러스는 가격이죠. 우리 측에서 최적 수준이라고 맞춘 가격과 클라이언트가 제시하는 가격이 협의가 안 되는 경우가 있어요.

몇 년 전, 몇 개의 업체가 프레젠테이션을 했는데 우리가 가장 높은 점수를 얻어 1차 협의 대상이 됐습니다. 다 됐다고 생각했는데 문제가 생겼죠. 견적을 6억 원으로 제시했는데 클라이언트가 제시한 가격과 2억 정도 차이가 나는 거예요. 클라이언트는 도무지 이 가격은 힘드니 4억에 맞춰줄 수 없겠냐고 하더군요. 저희는 프로젝트에 관여하는 직원들의 급여명세서를 보여주며 그 금액은 힘들다고 했어요. 1인당 어떤 일을 얼마나 해야 하는지, 거기에 맞춰 지급해야 하는 임금은 얼마인지 솔직히 공개했어요. 그래야 부당한 거래가 아니라는 것을 증명할 수 있겠다는 판단에서 말이죠. 그런데 결국 2위 업체와 진행하더군요. 그 업체가 부른 금액이 우리보다 2억이 낮았어요.

두 번째는 '새로움'에 관한 기준 차이예요. 클라이언트 입장에서 "이번 프로젝트에서 정말 혁신적인 걸 원하니 작업해줄 수 있겠냐."고 요청해오면 우리대로 혁신적인 작업물을 제안하죠. 그런데 '혁신' '새로움'에 대한 해석이 서로 다른 거예요. 제가 생각하기엔 클라이언트가 이런 고민을 했다면 최소한 이 정도는

보여줘야겠다는 생각으로 작업해서 가져가면 클라이언트는 수용할 수 없다고
해버리는 겁니다.(웃음) 클라이언트와 지속적인 관계를 맺어온 입장이라면 그들의
생각을 읽을 수 있겠지요. 하지만 오리엔테이션을 통해서 몇 개 업체에 제안서를
요청하는 경우 클라이언트가 원하는 것을 미뤄 짐작하거나 학습해야 하죠.
이럴 땐 클라이언트가 기대한 혁신의 수준이 저희 제작물과 굉장한 차이가 날 때가
있어요. 언젠가 술자리에서 그 말을 했더니 누가 이런 얘길 하더라고요. "요구하는
수준의 특별함이지 당신 눈높이의 특별함이 아니다. 결코 특별함에 맞는 수준을
말하는 것이 아니다."라고요. 그러니까 요구하는 수준의 특별함과 우리 눈높이의
특별함, 그 차이가 굉장히 클 수 있다는 거였어요. 이건 어떻게 풀어야 할지 여전히
참 난감한 문제 같아요.

앞서 가격에 대해 말씀을 해주셨는데요. 6억 원이라고 한다면 인쇄비를
포함한 것이겠죠?
아니요. 포함하지 않은 것입니다. 장기적인 프로젝트로 디자인과
일부 관리 비용이 포함된 겁니다.

그럼 순수한 디자인 단가는 어떻게 정해지는지 궁금합니다. 경우와 규모가 다르기
때문에 평균값을 책정하기가 쉽지 않겠지만 그래도 내본다면?
10년 전쯤에 '국내 시각디자인 요율料率 표준화에 관한 연구'에 참여한 적이 있어요.
디자인 산업의 활성화를 위해서는 가격의 합리적 기준이 있어야 된다는 공론이
있었거든요. 창조 활동이 기업 경쟁력의 원천이 되는 지식기반 사회에서 디자인
업계의 발전과 정당한 지위 향상이 필요하다는 인식의 출발이었고, 관련 인프라를
구축하자는 의미가 있었어요. 그런데 디자인 용역에는 맨파워manpower가 큰 비중을
차지하는데다 자격, 경력 등 다양한 변인變因들이 작용하고 있었죠. 또 '갑'과 '을'의
견해차가 크기도 합니다. 이 연구는 국내외 여러 사례를 통해 디자인료 산정 기준과
모형을 제안했지만 매개변수가 광범위한 상황에서 통합 시각디자인 표준요율의

산출은 한계성이 있다는 걸 시인할 수밖에 없었습니다. 적절한 가격이란 참 어려운 문제예요. 나름 적절한 가격표를 가지고 있는 클라이언트도 여럿 있지만 말이죠.

어쩌다 다른 회사의 디자인 가격을 알게 될 때가 있는데 '저 회사는 어떻게 함께 일하는 구성원들을 먹여 살릴 수 있지?' 하는 의문이 들어요. (일동 웃음) 디자인 단가가 높다는 우리 회사도 실제로는 살림이 빠듯한데, 더 가격이 낮은 곳은 어떻게 그 회사를 꾸려갈까? 그렇다면 지금 우리가 일하고 있는 시스템이 뭔가 잘못된 건 아닌가? 이런 경우 아무리 자문해봐도 답이 안 나와요.(웃음)

또 일부 교수들이 디자인 단가를 대폭 낮춰 공급하는 경우도 있는데 학생들의 노동력을 이용하거나 개인적인 작업이다 보니 디자인 회사와 달리 복잡한 시스템이 필요 없는 거죠. 결과적으로 창조 행위에 대한 가치 기준의 혼란은 물론 디자인 산업에 영향을 미치겠지요.

그리고 기업에서도 보통 경쟁 프레젠테이션을 요구할 때 외부에 공표하는 가장 일반적인 목적은 자신들이 원하는 최적의 대안을 만들어 오는 거라고 하죠. 하지만 그 이면에는 경쟁을 통해 가격을 낮추려는 목적도 있거든요.

창의력은 계량화하기 힘든 부분인 만큼 어려운 문제네요.
예전에 한 자동차 회사에서 잘 알려진 디자인 회사 다섯 군데를 불러서 프레젠테이션을 하려고 했어요. 그런데 다섯 회사가 모두 여기에 뛰어들어 경쟁 프레젠테이션을 한다는 건 자존심 문제도 있고 큰 낭비였죠. 그래서 업체끼리 협의해 이것은 무리가 있는 프레젠테이션이니 리스크를 줄일 수 있는 조금 더 현명한 판단을 했으면 좋겠다는 공식 문서를 보냈어요. 그랬더니 다른 업체를 빼고 우리에게 연락이 왔습니다. 만약 우리가 프로젝트를 진행하면 가격은 어느 정도에 맞출 수 있냐고 물어보더군요. 그래서 다른 업체들과 조율해 이 정도 가격이면 다섯 군데 어디랑 해도 퀄리티에 문제가 없을 거라고 답을 줬죠. 그랬더니 실제로 시행한 곳은 그 다섯 군데가 아닌 전혀 다른 회사였어요. 업체 간 크리에이티브^{creative}나 가격의 차이도 분명 있겠지만 무분별하게 경쟁 시안을 요구하거나 바람직하지 않은 방법으로 가격을 낮추는 경향이 있다는 겁니다. 미국의 디자인 전문회사는 리젝션비가 50-70퍼센트 사이에 이른다고 해요. 그 때문에라도 함부로 여기저기서 경쟁 시안을 찾지 않는다는 얘기죠.

회사마다 수준이나 개성에 분명한 차이가 있는데도 그걸 합리적으로 이해시킬 만한 기준이 없다보니 도매금으로 하향평준화되고 있단 말씀이군요.
그렇습니다. A라는 업체의 디자인 가격이 100원이고 B라는 업체는 90원, C라는 업체는 80원이라고 했을 때 가격을 담합해 85원에 맞추자고 하는 건 어렵습니다. 프로젝트에 따라서 어떤 건 아주 제대로 된 가격을 지불하고 진행해야 하는데도, 클라이언트 입장에서 예산이 그렇게 책정이 안 된 경우가 의외로 있어요. 또 그룹별로 A그룹, B그룹, C그룹에 차등을 줘서 나중에 가격을 매긴다는 것도 넌센스고, 결국은 상황에 따라 할 수 밖에 없는 겁니다. 어떤 회사든지 기본적인 디자인 단가에 관한 기준은 가지고 있을 겁니다. 프로젝트에 따라서 예산이 부족하다고 하면 조금 양해하기도 하고, 예산이 넉넉하면 좀 더 좋은 결과물을 만들기 위해 단가를 높일 수도 있어요. 예를 들어 더 좋은 종이를 쓴다거나, 더 좋은 작가를 섭외한다든가 말이죠.

화제를 바꿔서 대표님께서 직접 디자인하고 있는 작업들에 관한 구체적인 이야기를 듣고 싶습니다. '601비상' 하면 아트북 프로젝트를 빼놓을 수 없을 텐데요.
601비상을 설립하면서 우리만이 할 수 있는 독자적인 브랜드가 뭘까 고민하다가 아트북 출판을 하게 되었죠. 디자이너로서의 정체성과 주체성에 대한 고민을 늘 하는데, 이 프로젝트는 순전히 우리가 클라이언트가 된 일종의 자가 발전 프로젝트인 셈이에요. 나중에 아트북 공모전을 하게 되었고요. 사실 아트북 프로젝트 진행이 그렇게 힘든 줄은 몰랐습니다.(웃음) 다른 공모전처럼 많은 사람이 참여하게끔 홍보하고 시상식하고 끝내면 되는 일을 너무 어렵게 하고 있으니까요. 저는 이 프로젝트가 아트북 장르 운동으로 확대되고

산업으로 연결되면 좋겠다는 마음으로 시작했고, 이 과정에서 교육적인 역할도
할 수 있길 바랐어요. 그래서 수상자 모두의 사진을 찍고 인터뷰를 하면서
텍스트를 만들고 그 결과물을 책으로 내놓았지요. 아트북을 담는 그릇까지도
새로운 실험을 해야겠다 싶어 아트북 프로젝트 수상집 또한 아트북으로
접근했습니다. 이 프로젝트 도록, 포스터 등이 해외 디자인상을 연거푸 수상하며
이제는 국내외에 많이 알려져 뿌듯합니다.

실은 인터뷰 시작 전에 대표님 사무실에 들어와 맨 먼저 눈에 띈 게 저 엽서입니다.
'비슷한 것은 가짜다.'
아, 연암 박지원 선생의 책 제목을 아티스트 이진경 선생이 특유의 정겨운 글씨로 만든
작품이에요. 1층에 캘리그래피아티스트 석용진 선생이 써주신 초심불망初心不忘[1]과
함께 회사의 창립 메시지와 맞닿아 있는 내용이죠. 1998년 회사를 세우면서 다짐한
게 있습니다. 다들 하는 대로, 그저 하던 대로만, 할 수 있는 것만, 하기 좋은 것만
한다는 것은 디자이너로서 안이한 타협 아닐까? 우리가 해온 것보다 앞으로
해야 할 것, 누구나 할 수 있는 것이 아니라 누구도 해본 적 없는 것, 그야말로
'새것' '다른 것'을 해보자는 마음이었죠. 물론 색다른 시도에 그치는 것이 아니라
그러면서도 잘해보자는 거죠.(웃음) 저를 항상 담금질하는 말입니다.

작은 토막에 유들거리는 느낌으로 적힌 글씨인데도 문구는 송곳과도 같네요.
하지만 저대로라면 저를 포함해 그림으로 밥 먹는 사람 중엔 숟가락 놔야 하는 사람이
많겠는데요.(웃음)
(웃음) 저도 늘 마음의 중심에 두고 있지만 쉽지 않은 얘기입니다.

---

1 초심을 잊지 않다.

365 & 36.5 캘린더 5년간 재활용한 달력. 2005-2009

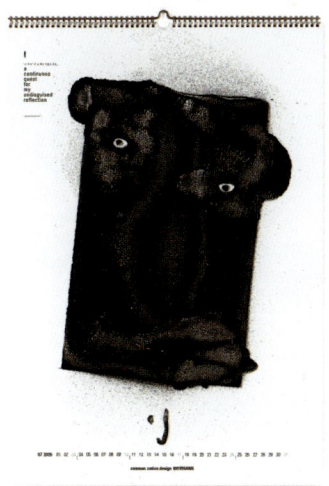

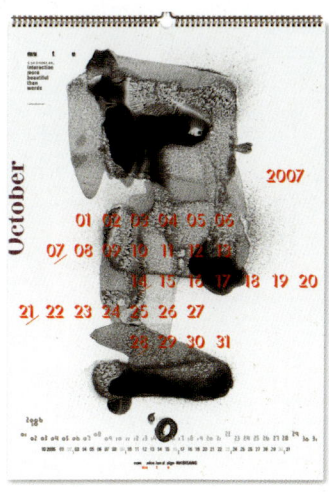

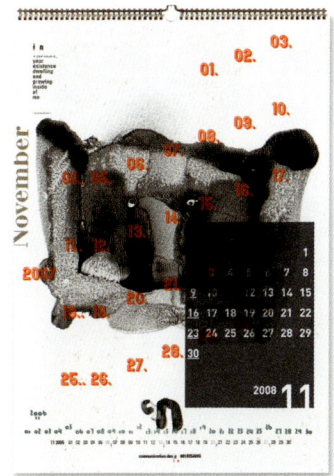

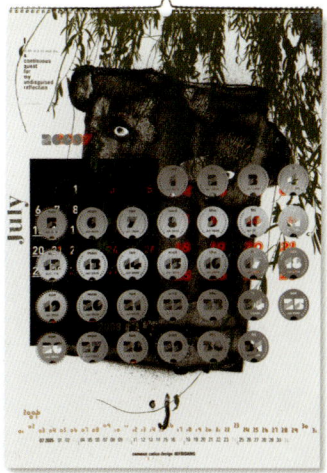

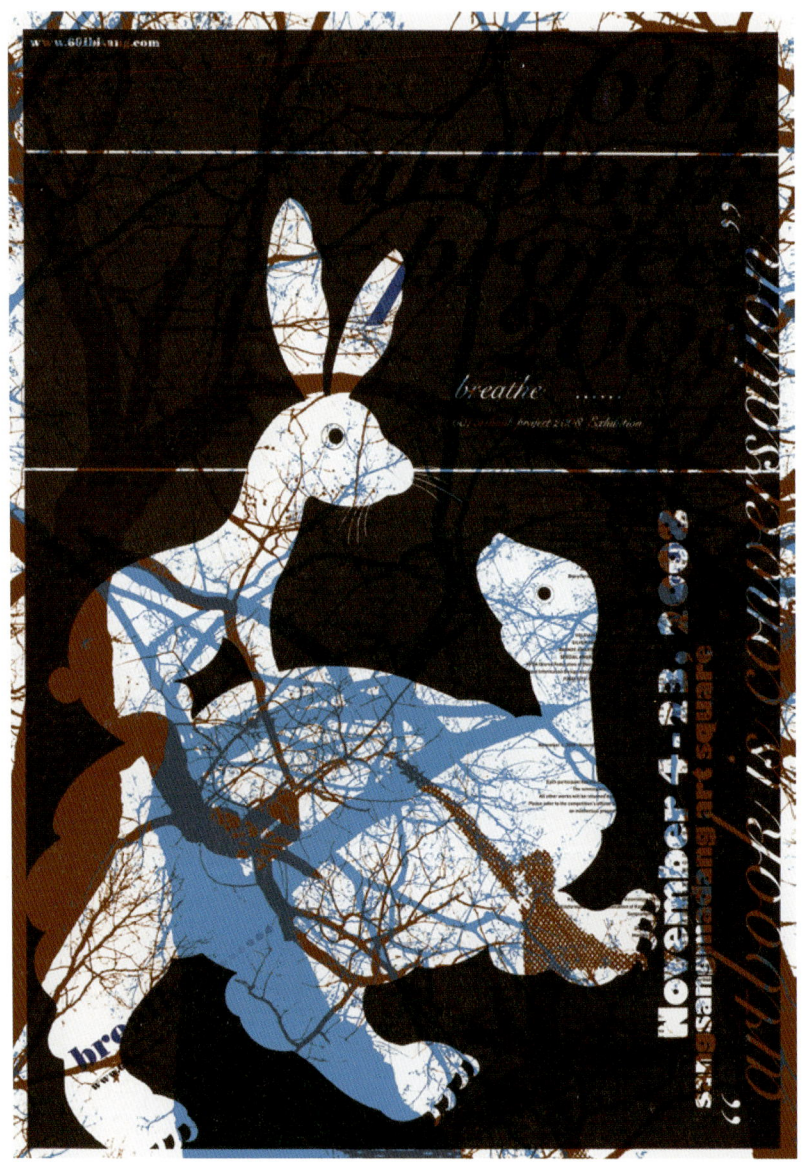

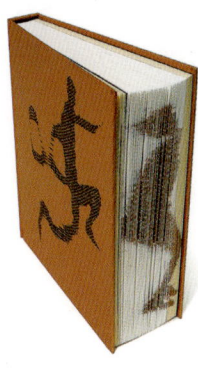

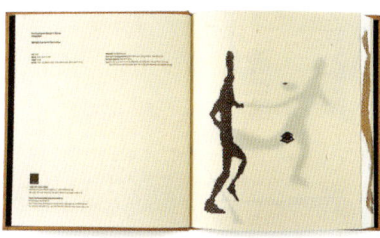

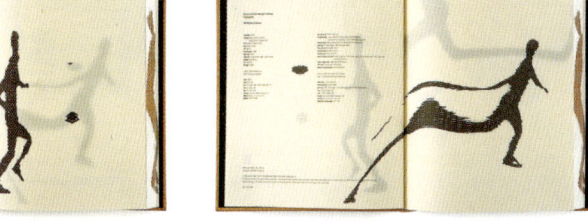

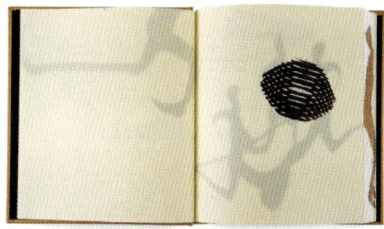

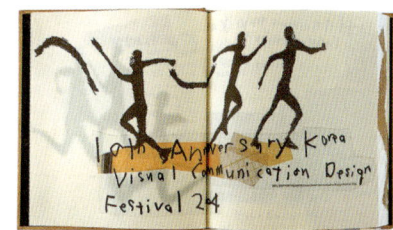

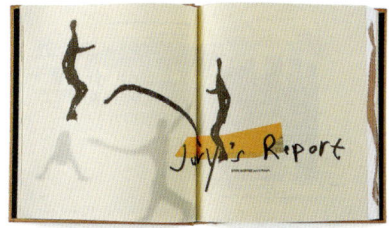

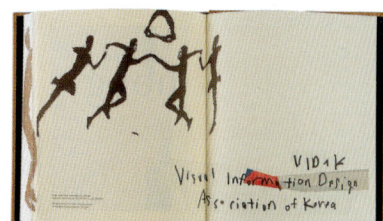

'최초의 인간에게 배꼽이 있었을까?'라는 마틴 가드너Martin Gardner의 질문이 있습니다.
논리적으로 본다면 없어야겠지만, 그래서 미켈란젤로가 〈천지창조〉를 그릴 때
고민이 많았다고 하죠.(웃음) 모든 계통에는 그 시작이 되는 뿌리가 있는 것처럼,
누구나 일정 부분 타인의 흉내를 내는 시작이 존재할 수밖에 없다는 시각이 있습니다.
시작은 미약하지만 창대한 끝을 위해 '비슷한 것'에서 출발하는 모방은 자연스러운
일이란 입장도 있는데요.

글쎄요. 물론 저도 그래픽 디자인 역사에 나오는 작품들의 궤적을 좋아보기도 했죠.
브루노 무나리Bruno Munari나 앞에서 말씀드린 폴 랜드의 작품만 보다가 그들의 정신과
철학을 읽어내고는 부끄러움을 느끼기도 했고요. 그러나 창조는 끝없는 실험과
투쟁의 산물이고, 결국 자신의 정체성에서 얻어지는 거라는 생각이 들어요.
그리고 그것은 내 삶의 일부분이었을 때 가장 자연스럽게 내 작업으로 스며드는
것 같아요. 어느 순간 내 주변의 아주 작은 것들이 친숙하게 다가오더군요. 거리에
버려진 사소한 쓰레기 하나에서, 산에 오르다 문득 쳐다본 산길의 나뭇가지에서
얘깃거리들을 발견하고부터는 일상이 아주 소중해졌지요. 뒤에 보이는 서랍 안에는
그런 지저분한(웃음) 것들로 가득 차 있지요. 해외에서 수집한 나무활자에서부터
산에서 주운 뿌리나 어느 골목에서 주워온 흔적들이죠. 나는 거기에 내 것이 있다고
생각해요. 지금은 그런 주변이 내 중심이 되어버렸고요. 이제는 다른 사람들의 표현을
보기보다는 내 생각을 정리하고 거기서부터 디자인을 풀어나가게 되죠. 디자인을
하다가 막힐 때면 그래픽 디자인의 결과물보다는 예술가들의 작품을 통해 영감을
얻는다든지 인문학 서적이나 시집을 통해서 실마리를 찾기도 해요.

우리 주변은 우리를 닮아 있다는 말씀이군요.
담겨 있기도 하고요. 아무리 사소하고 흔한 것에도 우리 생각이나 정신, 역사 같은
것이 담겨 있어요. 우리는 우리 주변의 흔한 어떤 것들과 자연스럽게 닮아 있지요.

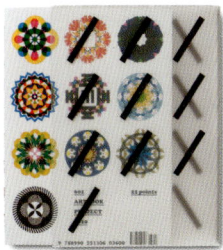
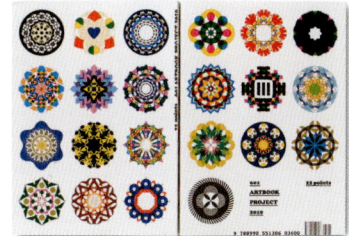

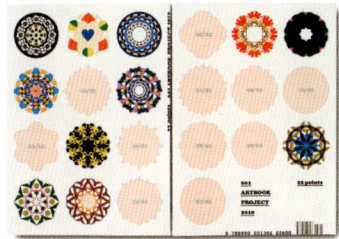
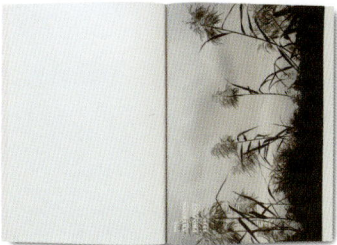

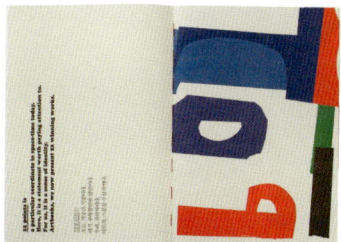
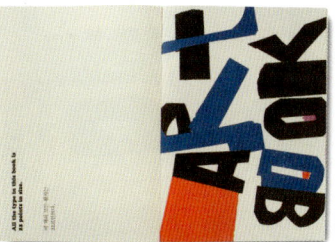

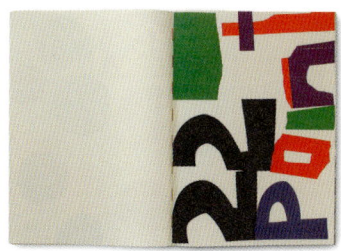
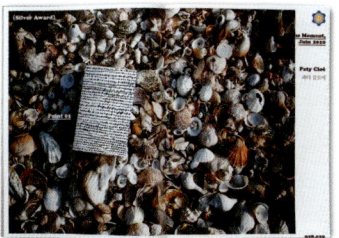

그러고 보면 흔히 알고 있는 아리스토텔레스의 '모방은 창조의 어머니다.'라는 말은 남의 작업을 모방하라는 말이 아니라 '우리 삶의 모습'을 모방하라는 의미라고 하던데요, 그런 면에서 대표님의 말씀과 닿아 있는 것 같습니다.

주변의 부끄럽고 아쉬운 것들도 결국 우리예요. 은폐한다고 해서 사라지는 게 아니지요. 외면하고 싶고, 달아나고 싶고, 거부하고 싶은 우리 삶의 모습도 응시할 줄 알아야 한다고 봅니다. 오래 바라보면 바로 볼 수 있고 새롭게 볼 수도 있습니다.

모방이 창조의 어머니면 서로 일촌인 셈인데요.(웃음) 너무 가까운 사이라고 생각해서일까요? 모방을 학습의 당연한 과정으로 생각하는 경향이 있습니다. 반면에 도움보다 폐해가 더 많다는 입장도 있고요. 이 경우 모방이 당장은 나이브한 상태에서 시작된다 하더라도 창작자로서의 깜냥의 싹을 태워버리는 것일 텐데요. 어떻게 보시나요? 창조와 모방과의 관계.

우리가 디자인을 통해서 이미지나 메시지는 읽어낼 수 있을지는 모르지만 그 작가의 정신이나 철학, 또는 시대적인 상황을 읽어내기란 쉽지 않지요. 그런 면을 생각해볼 때 남의 작업을 참고하기보다 주변을 관찰하고 시각화시키는 과정을 반복하면서 생각을 정리하는 편이 더 옳다고 생각해요. 물론 당장은 어눌하고 허술하겠죠. 그런데 거듭해 과정을 반복해가면 결국 자신만의 힘을 기를 수 있고, 그 힘을 바탕으로 오롯한 자신만의 길을 찾을 수 있다고 봐요.

  우리가 잘 알고 있는 길을 걷는다고 한번 생각해봐요. 그 길은 너무나 익숙해서 내가 걷고 있다는 인식마저 못하죠. 그런데 그런 익숙한 공간에서도 뭔가를 발견해낼 수 있거든요. 그래서 창작은 거듭되는 발견의 연속인 거예요. 마치 탐험과 같죠. 진정한 새로움은 없을지 몰라도 그것을 찾아가는 과정은 늘 새로워요. 그것이 창조적인 행위고 값진 것이지요. 저는 모방으로부터의 출발이 바람직한지 잘 모르겠어요. 획일화된 입시와 교육으로 상상력이 메말라가고 점점 스스로 생각하는 힘이 퇴화되면서 젖게 되는 타성이 아닐까 싶어요.

독일의 극작가 브레히트 Bertolt Brecht는 관객 스스로 생각하게끔 만들기 위해 극을 낯설게 만드는 소격효과 疏隔效果, estrangement effect 2란 것을 보여줬습니다. 일부러 연극 무대의 막을 걷고 무대 뒤로 퇴장하는 장면이나 분장하는 장면 등 날것 그대로의 모습을 관객에게 보여주었는데요. 마찬가지로 디자인이 단지 새롭기만 해서는 충분하지 않으리라 봅니다. 분명한 의도와 목표점이 새로움 안에 깃들어 있어야 할 텐데요.

물론이죠. 창의적인 것, 단지 새로운 것만으로는 부족할 겁니다. 새로운 것에 더해 작업이 원래 요구받은 충분한 기능을 할 수 있는지 설득력 있는 형식을 갖추고 있는지를 봐야겠지요. 디자인은 소통이라는 원론적인 이야기로 다시 돌아가 보자면, 수용자의 마음을 사로잡을 수 있는 명쾌한 메시지와 콘셉트 설정이 우선되어야 합니다. 그리고 '왜'에 대한 끊임없는 자문과의 싸움이죠. 왜? 누구를 위해서? 이러한 것들이 새로움을 견인한다고 생각합니다.

'창의력을 위해서는 어떤 태도가 필요한가?'라는 물음에 일단 주위에 있는 것들을 새롭게 보는 훈련이 출발이라고 답해주신 것 같습니다. 그렇다면 그 이후의 가치 기준으로는 무엇이 있을까요?

그것을 자신만의 것으로 흡수하고, 소화하고, 확장시키는 능력이라고 봅니다. 상상과 아이디어는 모든 창조의 원천이죠. 하지만 이게 곧 크리에이티브는 아닙니다. 하나의 크리에이티브가 완성되기 위해서는 논리와 전략, 톤 앤 매너 tone & manner 3를 결정하는 수많은 요소들이 필요합니다. 상상과 아이디어, 감성, 논리들을 어떻게 요리하면 좋을까요? 물 잘 먹은 스펀지가 숨을 쉬듯 흠뻑 들이마신 것을 다시 길게 내뿜고, 또 텅 빈 상태가 되어 엄청난 흡인력으로 새로운 물을 들이마시는 디자인 행위를

---

2 독일의 표현주의 희곡작가 베르톨트 브레히트가 주창한 개념으로 관객의 배우에 대한 몰입을 의도적으로 방해함으로써 작품에 대한 제3의 시선을 견지하게끔 하는 것.

3 색감과 방법이나 기법을 뜻하는 말로 전체적으로 풍기는 느낌을 말한다.

저는 좋아합니다. 단 여기에서 한번 들이마셨다 내뿜는 물에는 어떤 '맛'이
첨가되어야 한다는 전제가 뒤따르죠. '나'라는 스펀지를 거쳐야만 나올 수 있는 것,
그것이 나만의 독특한 '맛'이지요.

'나만의 독특한 맛'이라는 재미있는 표현을 해주셨는데요. 좀 더 풀어서 설명해주시죠.
대학 졸업전시회에 가보면 마치 한 사람의 개인전에 초대받은 느낌을 받아요.
학생 개개인의 생각을 키워서 그것이 개성 있는 표현으로 연결되어야 할 텐데
아이데이션ideation 과정에서 가르치는 사람의 입김이 강하게 들어가는 거죠. 개별적인

601 비상 내부 모습

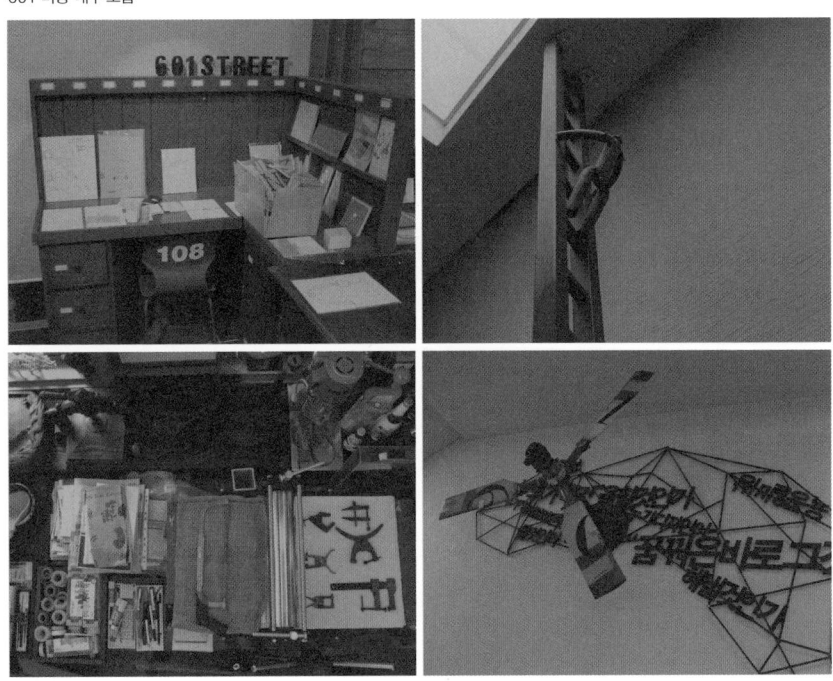

지도 과정에서는 몰랐는데 한데 모아놓고 보니 심각할 정도로 획일화된 스타일이 눈에 보이는 거예요. 그러다가 또 한동안은 디자인 교육에서 다양한 결과물과 탐구에 대한 노력이 많아지는 듯 보였어요. 그런데 다시 또 최근 몇 년 사이 외국의 어떤 특정 학교, 어떤 스타일로 특성화되는 현상이 심각해 보입니다. 여러 대학에서 포스터와 도록을 받다보면 우리의 이런 잘못된 디자인 교육의 단면이 고스란히 드러나게 되는데 생각보다 정말 심각해요. 개인이건, 학교건, 회사건 스타일은 곧 그들의 정체성으로 이해되기도 하는데 문제 해결의 본질과 방법의 다양성, 깊이 있는 탐구와 개성 있는 접근보다는 표현 방법에만 빠져있다면 곤란하겠지요.

자기만의 맛이란 자기만의 색을 말하고 이건 명확한 자기만의 이미지일 수 있는데, 이를 바탕으로 한 꾸준한 자기계발은 시각커뮤니케이션 디자이너를 꿈꾸고, 시각커뮤니케이션 디자이너로 활동하는 사람들에게는 반드시 필요한 일이에요. 저는 컴퓨터에 '사용당한다'는 표현을 가끔 하는데, 똑같은 표현 방법이나 다른 사람의 흉내가 아닌 개개인의 특성에 맞는 언어로 접근하고 실험해야 한다고 생각합니다.

그렇다면 시각커뮤니케이션 디자이너를 꿈꾼다면 어떤 공부에 집중해야 할까요?
디자이너에게는 기본적 제도 교육뿐만 아니라 사람과 사회, 문화를 아우를 수 있는 디자인 의식과 다양한 경험, 상상력을 확장시킬 수 있는 능력이 필요합니다. 툴tool은 표현을 위한 수단이지 결코 궁극적인 가치를 실현하는 것이 아닙니다. 잘 알다시피 디자인 학습은 단순히 감각과 조형성의 문제가 아니에요. 디자인이 인문학을 바탕으로 하고 사회·문화현상에 깊이 관여하는 것은 이제 시대적 역할이죠. 외국의 대학에는 학부 과정에 건축학과가 없는 곳이 여럿 있더라고요. 여러 학부 과정의 전문 지식과 소양을 쌓은 다음 대학원 과정에서 건축을 공부하게 하자는 생각일 겁니다. 학문 간 교류와 응용은 물론 다양한 시각에서 나오는 독특한 발상이 시너지가 되지 않을까요? 제가 대학에서 강의할 때도 시각디자인과가 아닌 다른 전공 학생들의 작업에서 신선한 에너지를 목격하곤 했어요. 컴퓨터에서 벗어나 서로 다른 문화들, 서로 대립되는 것을 관찰하고 고민하면서 틀과 표피적인 디자인에 집착하지 않는 자세를 기르는 공부를 해야 한다고 봐요.

'컴퓨터에 사용당하지 말라.'는 말씀이 인상적입니다. 컴퓨터 밖에 있는 것들에 고개를 돌리라는 말씀이신 것 같은데요.

사과가 수북이 담긴 바구니에서 사과 이외의 것을 꺼낼 수는 없지요. 따라서 열린 눈과 다양한 관점, 사회문화적인 이해가 필요하다는 말입니다. 살아 있는 디자인이란 우리 삶이 굳건히 뿌리내리고 있는 정치, 사회, 문화 속에서 더불어 잉태되고 자라는 것이어야 한다고 믿습니다.

디자이너로서 그런 단단한 뿌리를 형성할 수 있는 좋은 매체를 저는 책이라고 봐요. 저는 늘 텍스트의 중요성을 디자이너들에게 주지시킵니다. 대개 디자이너들이 텍스트에는 무관심한 경우가 많은데 이것은 아주 위험한 태도예요. 누구도 감히 부인할 수 없는 사실은 텍스트란 그 자체로 디자인이라는 겁니다. 디자이너는 텍스트를 중심에 두고 기획을 하는 거라고 봐요.

어떤 사명감마저 느껴지는데요. 그런 생각은 디자이너가 아닌 자연인으로서의 책에 대한 애정인가요?

책은 매우 형태적이고 물리적이죠. 손으로 쥐고 보는 책은 누군가의 손길이 닿아야 하고, 책을 보는 데 나름의 수고를 아끼지 말아야 합니다. 어떤 일정한 공간 안에서 시간을 들여 눈으로 읽어내고, 페이지를 넘기면서 어떤 내용이 펼쳐질까 매순간 호기심에 맞닥뜨리죠. 페이지 한 장 한 장이 프레임이자 시퀀스로 작용하게 되는데, 시각적으로 한정되는 것이 아니라 보는 사람 스스로 상상할 수 있는 여유를 마련해주기 때문에 책은 어떤 매체도 보여주지 못하는 독특한 경험을 제공합니다. 시각, 청각, 후각, 촉각뿐만 아니라 이 모든 것이 공감각적으로 유동하는 전면적인 관계랄까요? 책은 그런 것을 형성하죠. 모든 대중문화를 비판하는 건 아니지만 '1천만 관객 시대'라는 말은 사실 끔찍한 말이거든요. 거대한 공통의 환각 같은 것인데, 누구나 보니까 나도 봐야 한다는 그런 강박관념은 너무 소모적인 소비 감각이라고 생각합니다. 그에 비해 책은 정신적으로든, 물질적으로든 아주 건강한 매체라고 생각해요. 딕 히긴스Dick Higgins는 "책은 중간 매개체intermedia로서 예술의 모든 모드를 독특하고 새로운 방식으로 조합하고 있다."고 이야기하죠. 물론 디자이너로서 여전히 책은 예술의 총합체라고 봐요. 하지만 자연인으로서는 책에 대해 느끼는 감정이 조금씩 달라지고 있어요. 저도 처음에는 볼거리가 많은 책이 좋았어요. 다음에는 콘텐츠가 좋은 책, 지금은 보고만 있어도 기분 좋아지는 책이 좋습니다.

개인적으로 간단한 디자인을 해야 할 때면 늘 한글이 문제가 되곤 합니다. 물론 우리 한글이 정말 자랑스럽긴 해요. 월드베이스볼클래식이나 월드컵에서 우리 유니폼에 온통 영문으로 표기되어 있는 것을 보면 섭섭한 마음이 들기도 하니까요. 하지만 우리끼리 있을 땐 좀 다른데요. 한글만 들어가면 뭔가 촌스럽다는 생각들이 있거든요. 왜 우리 자동차 Sonata나 Equus에 한글로 '소나타' '에쿠스'라고 쓰면 끔찍해지는 걸까요? 만약 사대주의 같은 심인성心因性에 원인이 있는 게 아니라 적합한 글꼴이 없어서였다면 디자이너에게 그 혐의가 있다고 볼 수 있지 않을까요?
네, 제가 최근에 몇몇 친구들이 모인 자리에서 한글의 예술화 작업에 관한 얘기를 했더니 그 친구들이 참 반가워하더라고요. 한글 글꼴을 개발하는 사람이 있고, 캘리그래피를 통해서 한글의 지평을 확장시키는 사람도 있는데, 한글을 예술 소재로 탐구하는 사람은 별로 많지 않다는 생각이 들었습니다. 한글을 단순히 그래픽 모티브만으로 이용하는 것이 아니라 내용적 측면까지도 함께 살려서 예술적 작업으로 바라볼 수 있는 고민을 하는 거죠. 말씀과 달리 실제 현장에서는 한글의 위상이 많이 개선되고 있습니다. 예전처럼 디자이너들이 한글이 들어가면 뭔가 폼이 안 난다고 생각하거나, 사용하더라도 한글을 아주 적은 요소로 쓰는 현상은 많이 줄어든 것 같습니다. 바람직한 현상이지만 그럼에도 아직 미약하다는 생각이 듭니다.

2010년 12월 초에 홍콩에서 열린 디자인포아시아어워즈Design for Asia Awards에서 그랜드
어워드grand award를 수상한 일이 있습니다. 국내에는 많이 알려지지 않았지만, 전 세계
인구의 반이 살고 있는 아시아에서 지속가능한 디자인이 지니고 있는 가치를
인식시키기 위해 2003년을 시작으로 그 명맥을 공고히 하고 있는 시상식이에요.
전 세계 디자이너의 작품 중 성공적인 비즈니스를 이끌어내고 아시아 라이프스타일에
영향을 미친 작품들을 시상하는데, 여기에서 애플의 아이패드iPad와 날개 없는 선풍기
air multiplier를 개발한 다이슨Dyson 등과 함께 수상한 것이지요. 초대를 받고 저희
디자이너들이 시상식에 참석했습니다. 수상한 작품이 〈601 아트북 프로젝트 2008〉
포스터와 도록입니다. 혹시 보셨는지 모르겠지만, 포스터는 제가 주로 찍은
나무 이미지를 메인으로 자연과 인간의 소통과 어울림을 표현한 것인데요.
'아트북은 대화다.'라는 주제를 상징적으로 보여주었죠. 그리고 거기에 스넬Snell
이라는 영문 글꼴과 나무가 서로 어우러져 있는 듯 디자인한 것이 있는데요.
우연히도 저희 직원이 그 시상식에서 심사위원인 미셸 드 보어Michel de Boer와 이야기를
나누게 되었답니다. 그래서 우리 포스터의 어떤 점이 인상 깊었는지 물어보았는데,
파워풀한 디자인과 자연을 모티브로 아름다운 그래픽을 끌어냈다는 평가를 하더래요.
그런데 왜 한글을 메인으로 사용하지 않았는지 물었다더군요. 국제적으로 작품을
모집하고 출판하는 프로젝트여서 영문을 우선시했다고 대답했다지만,
큰 상을 받고도 참 부끄러워진 순간이었습니다. 미셸 드 보어는 네덜란드
디자이너인데, 한국을 여러 차례 방문해서인지 그에게 한글은 이미 아름다운
문자였던 것이지요. 특히 신신명조체를 지목해 너무나 조형적이고 아름답다고
했다더군요. 앞서 한글을 사용하면 촌스러운 느낌이 난다고 표현하셨는데,
자랑스러운 한글을 촌스럽지 않게 디자인하고 사용하는 것. 그것이 저를 포함한
디자이너들의 과제라고 봅니다.

그러고 보면 최근에 자주 보게 되는 한글로 된 캘리그래피도 대안이

될 수 있지 않을까요?

시작은 그랬죠. 그렇지만 캘리그래피의 무분별한 사용은 문제예요. 한글 캘리그래피
작업을 하는 사람들이 늘어난 것도 이유겠지만, 어느 순간부터 캘리그래피를
활용하는 광고나 디자인이 홍수를 이루다 보니 그 또한 시각공해처럼 보인단 말이죠.
몇 년 전부터 캘리그래퍼인 친구에게 이런 이야기를 했어요. "캘리그래피의 영역을
확장해라. 요즘의 무분별한 캘리그래피는 스스로 수명을 단축시킬 수 있다."고
말이죠. 각각의 고유성이나 차별화는 물론이고, 내용물과의 어떠한 미적 연관성 없이
단순히 캘리그래피를 위한 캘리그래피인 경우가 많다는 거지요. 이런 현상을
기업에서도 인지하기 시작했어요. 제가 대형 식품 회사를 자문한 적이 있는데, 새로운
캘리그래퍼를 소개해달라고 하더군요. 그 회사와 작업하고 있는 캘리그래퍼들이
최고의 작가들인데 왜 다른 사람을 찾느냐고 했더니 차별화된 접근을 하는 사람들이
있었으면 좋겠다고 하는 겁니다.

　　이런 현상의 밑바탕에는 한글을 깊이 있게 연구하지 않고, 단지 표현의 수단으로서
조형적 측면만을 너무 쉽게 이용하고 있다는 문제점이 자리합니다. 20-30년 전에
발매된 음반을 한번 떠올려보면 그 가수와 노래에 대한 이미지를 명확히 인식하고
작업한 인상적인 타이틀이 많았어요. 각각의 개성이 담겨 있는 거죠. 그런데 요즘은
개성 있는 솜씨들보다는 오직 붓에 의존해 너무 획일화되어가는 느낌입니다.
이것은 더 이상 살아 있는 디자인이라고 보기 어렵죠. 처음에는 감성적이고 차별적인
요소로 캘리그래피를 선호했는데, 이제는 모두 같아져버리니까 문제죠. 그렇다면
누군가가 나서서 캘리그래피의 저변을 확대하거나 새로운 시도들을 많이 했으면
좋겠다는 생각이 들어요. 그런 의미에서 미흡하나마 저 스스로도 한글을 통해
다양한 시도를 해야겠다는 마음을 먹은 겁니다.

최근 서울시의 디자인 육성책으로 도시의 모습이 많이 변했습니다. 빛이 있으면
그림자가 있기 마련인데요. 관*이 주도하는 디자인 정책에 대한 입장은 어떠신지요?
최근 어떤 일본 잡지의 편집장이 와서 "관이 주도하는 디자인에 대해서 어떻게
생각하는가? 이 시류에 편승하면 좋은 기회가 생기는 것 아닌가?"라고 묻기에
그런 일은 하고 싶지 않다고 말했어요. 지금의 행정 방향은 디자인이 오랜 시간을 두고
뿌리내리고 사람들과 도시가 디자인과 같이 호흡한다는 개념이 아니라 모든 걸
다 갈아치우겠다는 쪽으로 가고 있습니다. 왜 공유하지 못하고 일방적인 방향으로
끌고 가는 것인지 저는 그 부분에서 이해가 안 되는 거예요. 문제는 이 논리를 대개
정치적인 입장으로 접근하고 있다는 겁니다. 임기 안에 무언가를 이뤄야 하고, 그래야
평가 받고, 또 좋은 기회가 있다고 보는 정치인의 입장에서는 당연한 것이겠죠. 그런데
우리 문화에 대한 큰 생각이나 우리 삶의 질에 대한 성찰 없이 한 번에 밀어붙이는
방식이라면 저는 부정적입니다. 최근에는 조금 달라지고 있다는 이야기가 들리더군요.
현실 인식을 하고 있다는 것 같아서 다행이라고 보고 있습니다.

최근에 도시미관정비사업으로 간판 정리를 하고 있는데요, 기존의 간판이 지닌
미관상의 문제점을 개선하려는 취지는 알겠지만, 그 역시 모두 비슷해지고 있는 것
같습니다. 전체적인 간판의 질이 상향 평준화되기를 기대한 것일 텐데요, 뜻한 대로 일이
진행되어 도시의 미관 자체가 개선되었는지는 잘 모르겠습니다. 이런 예가 가능할지
모르겠지만 '다들 영생하겠다고 유전자를 조작해서 모두가 똑같은 유전자를 지니면
어떻게 될까?'라는 물음에 생물학자 최재천 선생님께서 하신 말씀이 기억납니다.
"누군가 죽기 때문에 내가 살 수 있는 거죠. 죽음이 삶을 허락하는 겁니다. 그러니
우리 모두가 죽지 않게 되는 날이 모두가 죽기 시작하는 날이 되는 겁니다."
잘 알다시피 간판은 단순히 홍보의 수단을 넘어 재질과 색, 글꼴 등으로 이루어진
총체적 조형물로 한 사회의 문화적 수준을 대변하는 지표지요. 그러나 지자체의
간판 재정비사업은 일률적이고 획일적인 것으로 대표적인 공공디자인 사례가
되었어요. 무질서한 도시 풍경을 바꿔보겠다는 야심은 똑같은 크기, 똑같은 서체와

디자인으로 개성 없는 거리를 만들었습니다. 철물점과 미장원이 똑같이 치장되어 표정 없이 따분해진 거지요. 일방적인 간판 정책이 아닌 다양한 아름다움과 개성을 포용하는 유연한 자세가 필요하고, 주변의 어울림과 배려가 전제되는 인식의 전환이 있어야겠지요. 도시 경쟁력이라는 명분에 디자인이 휘둘리지 않는 의식 있는 공공의 디자인이 되었으면 좋겠습니다.

물론 관이 주도하는 것에 장점도 있어요. 이제는 디자인이라는 것을 일반인도 쉽게 받아들일 수 있게 됐죠. 용어 자체가 쉬워지고, 디자인이 중요한 요소라는 것을 인식하게 하는 데는 관이 어느 정도 역할을 했다고 봅니다. 하지만 급격히 이루어진 그 과정 속에서 분명히 망각한 것이 있어요. 디자인은 궁극적으로 우리 문화와 역사 속에서 함께 공존하는 것이라, 해외 사례를 벤치마킹하더라도 우리의 현재 상황과 환경을 고려한 근본적인 연구가 선행되어야 하는 거죠. 그런데 좋은 게 있다고 하면 과거의 역사와 문화를 쉽게 쓸어버리는 신개발주의적인 성향이 강해서 그런지 갑작스러운 변화로 본디 우리 것의 흔적을 찾아보기 어려울 뿐만 아니라 함께 어우러지지 않는 어색한 모습도 종종 발견된다는 겁니다. 자신의 뿌리를 소중히 하는 데서 출발하는 유럽의 경우와 굳이 비교하지 않더라도 우리에게는 우리의 삶 속에 호흡하는 뿌리가 있게 마련인데요. 그걸 전면적으로 부정하고 무조건 새롭게 바꾸려고 하는 데서 기인한 것이 아닌가 하는 생각도 듭니다.

확실히 우리는 아버지 세대를 너무 쉽게 부정해버리는 건 아닌가 합니다. 물론 계승할 만한 것이 없다고 빈정거릴 수는 있겠지만, 우리가 우리의 것을 진정으로 보듬어본 적이 있었는지부터 돌아봐야 할 것 같습니다. 100년, 200년을 두고봐도 좋은 디자인이 불가능한 것만은 아닐 텐데 요즘 한창 지어지고 있는 육교나 다리의 디자인을 보면 그 무신경함에 화가 날 때가 많습니다. 지속 가능한 미래 디자인, 우리는 불가능할까요?

디자인은 그것을 보고 느끼는 사람들을 위한 것이며 대중과 호흡할 때 비로소 완성되는 것이죠. 공감대를 형성해가며 시민들과 함께 걸어가는 디자인 정책이 됐으면 좋겠다고 말씀드린 것도 그런 이유에서입니다.

디자인은 아주 예민한 생명체라서 급조해서는 안 된다는 거지요. 시대와 함께 천천히 만들어나가는 자세가 필요합니다. 그것이 곧 퇴적되어 미래가 되고 역사가 되는 것이니까요.

이와 함께 중요한 것은 미래의 디자인을 짊어질 디자인 교육에 대한 문제인데요, 디자인에 필요한 '기술적인' 부분을 배우는 것은 어찌 보면 디자이너의 눈과 생각을 지니는 것보다는 무척 쉬운 일입니다. 그런데 도구가 발달한다고 해서 디자인의 품질이 반드시 함께 향상되는 것은 아니지요. 네빌 브로디Neville Brody는 "우리는 기술에 집착하며 메시지를 망각하곤 한다. 우리는 무엇이든 할 수 있을 것이라 상상하고 소프트웨어는 그것을 믿도록 도와주지만, 그러나 우리는 '어떻게'를 뛰어넘어 다시 '무엇을' 그리고 '왜'를 생각해봐야 한다."고 했는데, 저는 이 말에 공감합니다. 디자이너의 정체성과 디자인 의식, 그것은 건강한 디자인 교육에서 비롯된다고 봅니다.

* 발터 베나민의 문구 중

박금준

홍익대학교 미술대학 시각디자인과 졸업
홍익대학교 광고홍보대학원 졸업
제일기획 아트디렉터, 홍익대학교 미술대학 시각디자인과 겸임교수 역임
국제그래픽연맹(AGI) 회원
현, 601비상 대표

뉴욕아트디렉터즈클럽(ADC) 금상(2005), 독일 레드닷어워드 최고상(Best of the Best) 3회 수상,
I.D.애뉴얼디자인리뷰 그래픽 부문 최고상(Best of Category), 타이완국제포스터어워드 금상(2009),
트르나바국제포스터트리엔날레 특별상(2009)
네덜란드 국립현대미술관, 덴마크 단스크플라캇박물관 등 세계 여러 미술관에 작품 소장

『캘린더는 문화다』『2note:시간.공간』『601 SPACE PROJECT』
『둘, 어우름』『601 아트북 프로젝트 2003-2010』 등을 기획, 출판

무대디자이너

유재헌

수명을 다한 형광등이 반짝일 때

그것은 개와 늑대의 시차를 관통하는 찰나

시간을 삼킨 공간은 환각의 스푸마토로

공간을 삼킨 시간은 불멸의 페르마타로

영혼과 육체 사이 불꽃으로 불러도 좋을

포스핀 phosphine

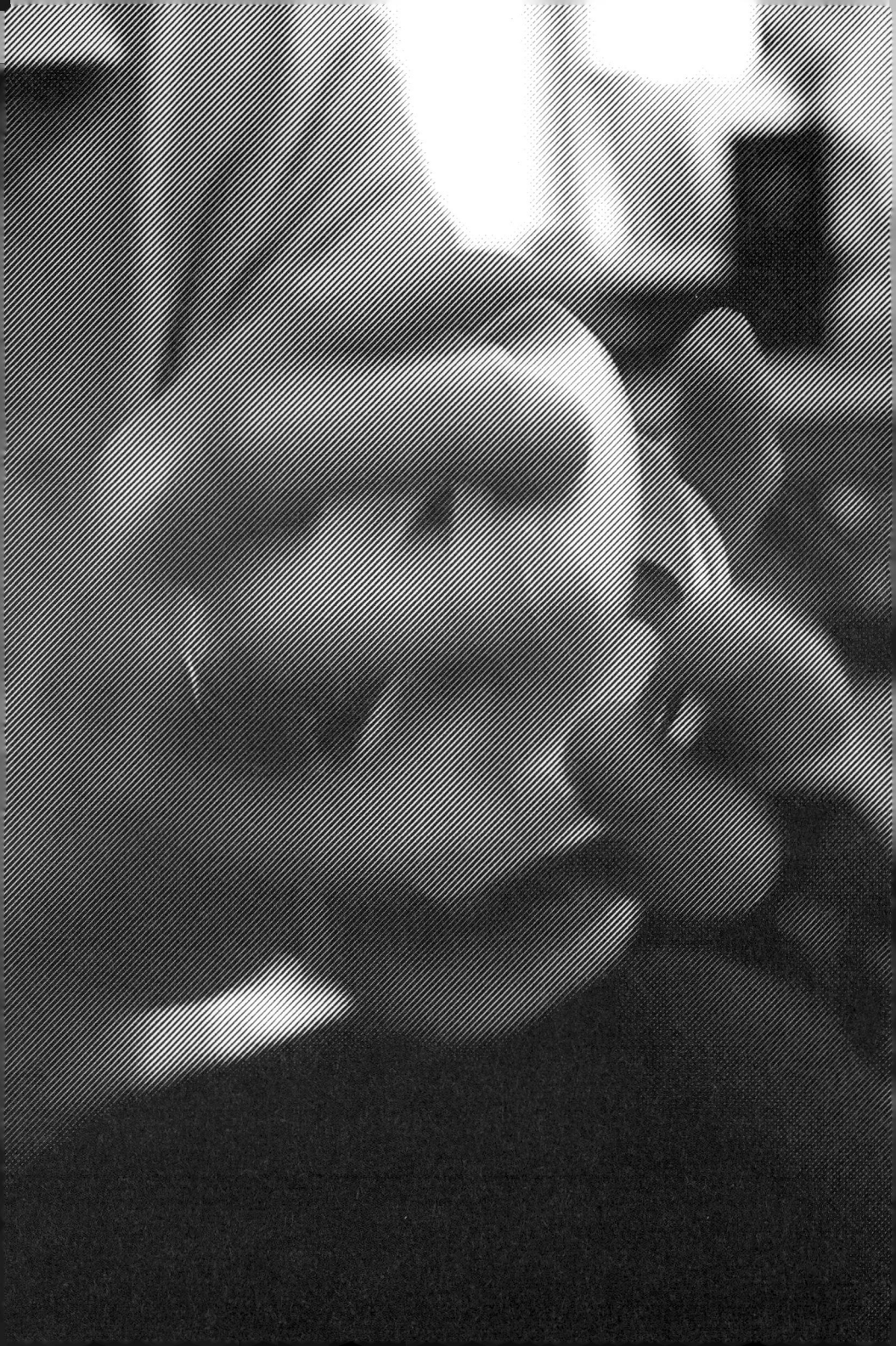

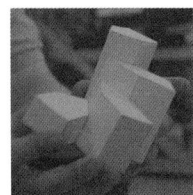

시간을 담는
공간 만들기

감독님께서는 국내 대부분의 공연 무대를 디자인하고 계신 것으로 알고 있습니다.
현재 1년에 몇 개 정도의 프로젝트를 진행하고 계시나요?
음……. 적게는 60개에서 많게는 80개 정도 하고 있어요.

1년에 그렇게 많은 작업을 진행하시나요? 그럼 거의 대부분의 공연 무대를
디자인하시는 셈이라고 볼 수 있겠네요?
(웃음) 아닙니다. 공연 무대라고 하면 흔히 생각하는 뮤지션의 공연만을 생각하시는데,
그 외에도 뮤지컬, 연극 등 크고 작은 공연이 많이 있어요.

우선 무대디자이너라는 직업부터 알아야 할 텐데요, 글자 그대로 '무대를 디자인하는
사람'이라는 설명만으로는 불충분할 것 같습니다. 정확히 어떤 일을 하고 계신지요?
보통은 무대디자이너라고 하는데요, 제가 하는 일은 무대디자인이라는
개념과 딱 맞지는 않아요. 공간 디자인 중에서 시간이 포함되는 개념으로
시노그래퍼scenographer라는 표현이 맞지 않을까 생각해요.

시노그래프scenograph라면 배경이란 뜻인데요.

음……. 좀 더 정확하게는 신scene에서 온 말이니 '상황'을 만드는 사람이라고
생각하시면 돼요. 상황은 이야기가 있다는 뜻이고요. 예전에 자주 쓰였던
세트디자이너나 무대디자이너라는 용어 자체가 현재 저 같은 사람들의 역할과는 맞지
않는 부분이 있거든요. 시노그래프는 광범위한 의미에서 공간이기도 하지만 좀 더
정확하게 말하자면, 순간의 목적에 맞는 '이야기를 담아낼 수 있는 공간'이라고 말할
수 있어요.

시간이 포함된 공간이라는 말씀은 키네틱 아트kinetic art[1]로 유명한 팅겔리Jean Tinguely의
사라지는 조각을 떠올리게 하는데요, 말씀하신 시노그래프의 시간은 어떤 의미일까요?
시간이 포함된다는 건 스토리가 있다는 거죠. 텍스트로 보자면 텍스트가 될 수도
있고요. 리얼 타임으로 본다면 이야기하는 공간 구성으로, 인터렉티브interactive
공간이라는 것이죠. 미술관의 작품이 극적인 '찰나'의 장면이라면 무대의 공간은
극적인 '연속'의 장면이라고 보면 될 것 같습니다.

그럼 이제부터 무대디자이너에서 시노그래퍼로 초점을 옮겨 질문 드리겠습니다.
어떤 계기로 시노그래퍼가 되셨나요? 이 일을 시작하신 계기를 알면 시노그래퍼로서의
필요조건을 알 수 있을 것 같은 생각이 듭니다.
원래 순수예술을 전공했어요. 졸업 후에는 현업에서 무대 일을 오래 하다가
나중에 무대디자인을 전공했어요. 어릴 때 미술도 좋아했지만 악기도 했었고
시도 좋아했는데요, 무대 일이 잘 맞겠다는 생각에 무대 제작 회사에서 일을
시작하게 됐죠.

---

1 작품 그 자체가 움직이거나 움직이는 부분을 넣은 예술작품.

회화를 전공하셨다면 무대 회사와는 큰 관련도 없어 보이는데 처음 일을
시작하셨을 때 자격에 대한 제약은 없으셨나요?

(웃음) 저는 굉장히 단순하게 생각했어요. 그런 건 포트폴리오 만들어서 직접
얘기해보면 되는 거라고 봤거든요. 사실 순수예술은 모든 미술과 맥이 닿아 있어요.
완전히 무관하진 않죠. 내가 관심이 있으니까 어느 정도 할 수 있다는 걸 보여주면
된다고 생각했어요.

회사 생활 이후 독립하신 셈인데 독립한 뒤 어려운 점은 없으셨나요?

여러 가지가 있지만, 그중 가장 크게 다가왔던 점은 커뮤니케이션에 관한 부분이에요.
여러 명이서 함께 일할 때는 권한과 책임이라는 것이 생기잖아요. 혼자 일하는
경우와는 다르니까요. 그런 것에 대해 많이 배웠죠. 처음 일을 시작했을 땐 내가
리더가 되면 내 생각대로 뭐든 만들 수 있을 거라고 생각했어요. 조직의 구성원들도
그렇게 따라줄 거라 믿었고요. 그런데 이 일은 팀원과 반드시 커뮤니케이션을
통해야만 결과에 이를 수 있어요. 그 점이 달라요. 그래서 지금은 상대가 아무리
어리고 또 경력이 짧다 해도 얘기하는 도중 말을 끊거나 일방적으로 지시하지
않게 됐어요.

제가 인터뷰 중에 말을 자꾸 끊고 있었는데요, 뜨끔 했습니다.(웃음)
스튜디오 외적으로는 어떨까요?

물론 처음 시작할 때는 당연히 힘들죠. 힘들어야 하고요. 그런데 그렇게 어려웠다가도
어느 순간부턴가 좋아지는 것 같은 낌새가 보이더니 갑자기 좋은 상황이 내 앞에
떡 하니 와 있어요. 갑자기 그렇게 돼버려요. 그러니 어느 순간까지는 인내심을 갖고
버텨야 한다고 봐요.

어느 정도의 시간이 필요할까요?

기간은 사람마다 다른 것 같습니다. 2, 3년 만에 디자이너 타이틀을 다는 사람이
있는가 하면, 15년을 해도 그렇지 못한 사람이 있어요. 처음 타이틀 달기가
참 어려워요. 우리끼리 하는 얘기지만 메이저 공연 무대라고 할 만한 곳이 네댓군데
정도 있어요. 거기서 자기 이름으로 공연 무대를 디자인하면 보통 인포맷informat
생겼다고 합니다. 그때까지는 참고 이겨내야죠. 그래서 독립해서 스튜디오를 차렸고,
남의 밥그릇을 책임져야 한다면 디자이너로서의 감각 못잖게 중요한 것이 뒷심입니다.
그래야 살아남을 수 있어요.

이제 본격적으로 뻔한 질문을 드리겠습니다.(웃음) 시노그래퍼의 매력은
어디에 있을까요?

상황이 단 한 번도 반복되지 않는다는 것. 프로젝트마다 항상 새로운 상황을
만들어야 되는 점에 있지 않을까요.

그건 매력이면서 동시에 고충이 될 수도 있을 것 같은데요?

무대 일은 프로젝트마다 전제가 있잖아요. 개인 작업을 하는 게 아닌 만큼
이 전제가 굉장히 중요합니다. 그리고 그 전제가 계속 긴장하게 만드는 것 같기도
하고요. 순수예술에서는 매번 비슷한 스타일을 고집해야만 살아남을 수 있잖아요.
그런 구조적인 문제에 염증을 느꼈기 때문에 이 일을 시작했고, 그래서 즐겁게
하고 있는 것 같아요.

실제 감독님의 작품을 보면 규모가 굉장합니다. 제작 과정도 복잡할 것 같은데요.

시작부터 끝까지 제가 모두 만드는 것은 아니잖아요. 과정을 '프리' '미드' '포스트'
이렇게 세 개 정도로 나눌 수 있을 것 같은데 우선 프리프로덕션pre-production에서 공연의
목적과 콘텐츠, 진행 상황을 정합니다. 딱히 정해진 용어는 아니겠지만 중간 단계인
미드프로덕션mid-production에서는 크리에이션creation팀들이 만들어 놓은 소프트웨어를

실현할 수 있도록 하드웨어적으로 작업하는 팀이 있어요. 예를 들어 조명디자이너가 디자인을 하지만 그걸 실행 하는 건 조명디자이너가 아니듯이, 디자인된 도면을 실제 오퍼레이팅operating하는 과정이 여기에 해당되죠. 그리고 마지막 포스트프로덕션 post-production에서는 만들어진 하드웨어가 실제 정확히 실행되는 과정을 포함해 이후에 진행되는 모든 과정이 진행된다고 생각하시면 될 것 같습니다.

그렇다면 감독님께서는 프리프로덕션을 총괄하신다고 봐야겠군요.
그렇죠. 프로덕션에서 미술과 관련된 디자인 영역에 속해 있죠. 하지만 역시 디자이너라는 호칭도 적합하진 않은 것 같아요. 예를 들어 영화 한 편에 많은 옷이 나오지만 디자이너가 그걸 모두 만드는 건 아니잖아요. 영화의 콘셉트에 맞는 '올바른 선택'도 제작 못지않게 중요합니다. 그런 의미에서 뭔가를 직접 만들어 낸다는 의미의 디자이너 개념과 함께 공연의 방향을 잡아주는 면에서는 역시 디렉터가 올바른 표현이라고 봐야겠습니다.

디자이너에서 시작해 지금의 디렉터까지 오랫동안 무대 작업을 해오셨는데요. 결국 많은 분들이 디렉터의 포지션을 꿈꾸리라 봅니다. 디자이너와 디렉터의 차이점은 뭘까요?
전 어렸을 때부터 제 자신이 굉장히 크리에이티브하다고 생각했어요.(웃음) 아마 순수예술이라는 것이 지극히 개인적인 작업이기 때문에 그런 작업에 익숙했던 것 같아요. 그래서 처음 일을 시작할 땐 (책임감 때문이었는지) 혼자 분주했고요. 하지만 요즘 생각으로는 제가 하는 일이 모두 크리에이티브할 필요는 없는 것 같아요. 능률과 목적을 정하고 스태프을 얼마나 잘 꾸려가느냐가 중요해요. 내가 크리에이티브하다고 해서 직접 나서서는 일이 진행되기 힘들어요. 그게 지금의 일들이 혼자 할 수 없는 것이기도 하겠지만 디렉터로서의 능력은 크리에이티브한 일이 전부가 아니란 거죠. 제가 크리에이션만 가지고 작업했을 때와 가장 많이 달라진 게 바로 이런 점이에요. 함께 일하는 사람들이 무엇을 잘 하는지를 정확히 이해하고 그들을 믿고 안배하고

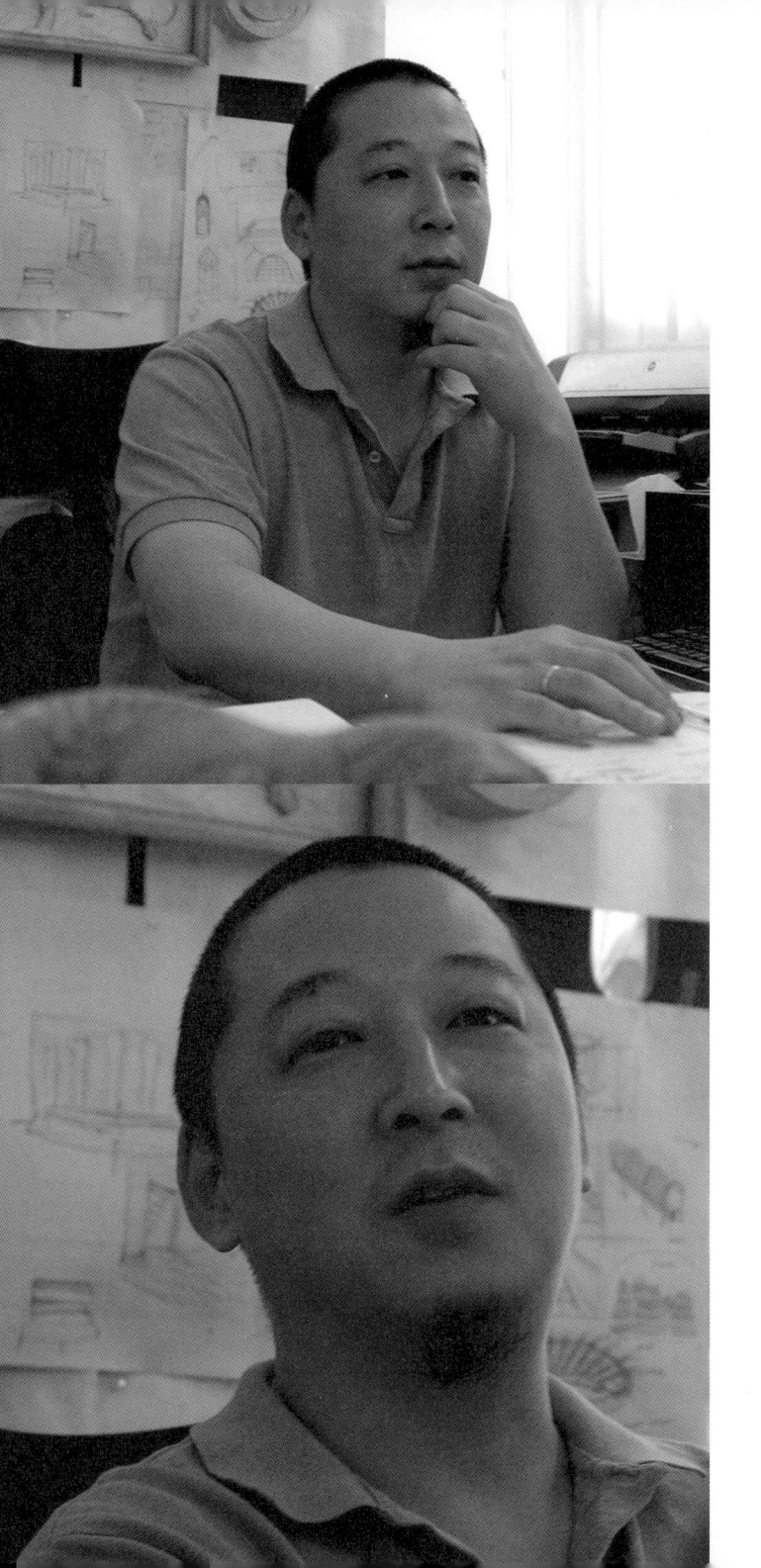

또 관계를 조율하는 능력이 더 중요해졌어요. 디렉터에게는 크리에이티브보다 전체 상황에 따라 적절한 판단을 할 수 있는 '이선異線에서의 안목'이 더 중요하다고 봐요.

동감입니다. 비슷한 경험을 한 적이 있어요. 디렉터라면 같이 고되게 일하더라도 전체를 생각할 힘을 꼭 남겨둬야 한다고 봅니다. 지나친 의욕 때문에 숲을 보지 못하는 경우가 있어요.(웃음) 그럼 디렉터로서 노하우가 있다면 부탁드립니다.

그러니까 능률성을 찾는다는 건데요. 프로젝트에 착수해서 작업을 하게 될 때 제가 디렉팅을 하건 크레이티브한 작업을 하건 결과적으로 시간을 벌어야 하는 것 같아요. 시간을 비축해 놓는 거죠. 그러려면 준비해야 할 데이터가 많아요. 쉬는 날에도 준비를 해야 되죠. 특별한 콘셉트가 정해져 있지 않아도 상관없어. 꼭 주제를 정한 다음 작업을 할 필요는 없는 것 같아요. 원인이 있고 결과가 있는 것이 인과관계잖아요. 그런데 먼저 결과가 있고 나중에 원인이 얼마든지 따라올 수도 있죠. 문제는 이미지의 효과예요. 결과(이미지)를 미리 구상해 놓으면 주제는 얼마든지 유연하게 바뀔 수 있거든요. 그게 노하우인 것 같아요.

앞서 말씀하신 '관계'에 관한 질문을 더 해보겠습니다. 의뢰를 받는 '을'의 입장에서 능률을 위한 작업 노하우가 있을 것 같은데요.

프로듀싱에서는 '갑'일 때도 있고 '을'일 때도 있어요. 양쪽 모두를 경험한다고 할 수 있을 텐데, 결국 대부분은 '을'이겠지만 뭔가 원하는 스타일이 있고 그것을 고집하고 싶다면 한 프로젝트가 끝날 때마다 조금씩 '갑'에 가까워지도록 노력하는 것이 맞는 것 같아요. 그래야 나중에 본인이 원하는 것을 하기가 더 쉬워지겠죠.

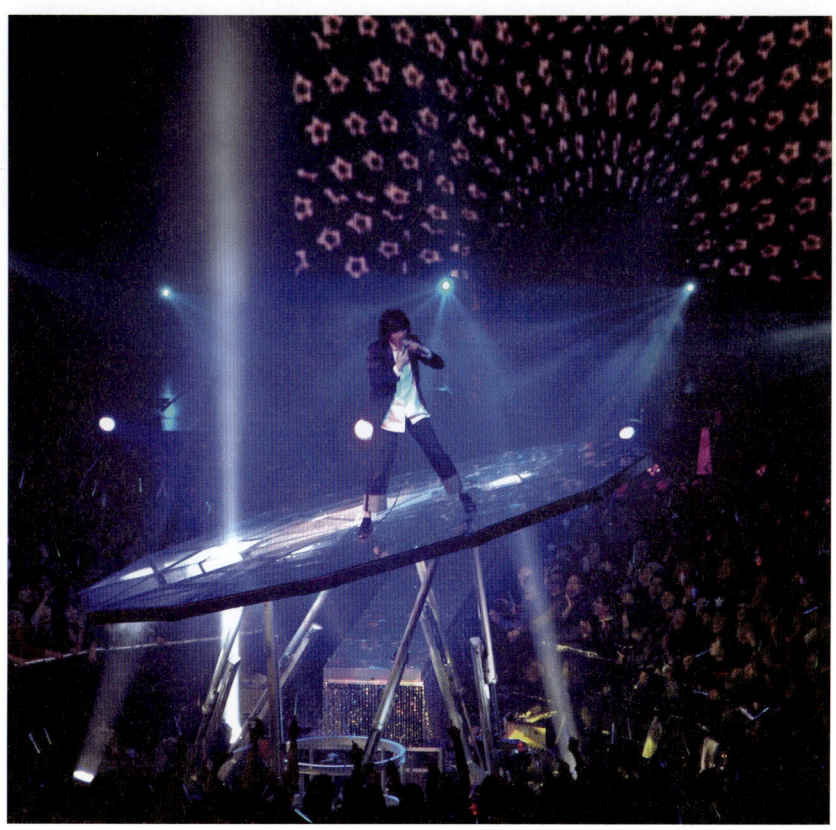

'작품은 만드는 것일 뿐 그것을 소유할 순 없다.'는 말이 기억납니다. 분명 순수예술과는 차이가 있는데요, 그런 면에서 디자이너는 돈줄을 쥐고 있는 '갑'의 오더order에 따라갈 수밖에 없으리라 봅니다. 창작자의 권한에 대한 바람은 없으신가요?

만약 의견 충돌이 있다면 그것을 푸는 것 또한 디자이너의 몫입니다. 남의 돈으로 만드는 만큼 의뢰자의 의견에 따르는 것이 당연하다기보다 자신의 분야에 정통하다면 비전문가를 설득해야 하는 것이 맞고, 그런 점 역시 자질이라고 봐야겠죠. 물론 설득이 쉽진 않아요. 그래서 브랜드가 필요합니다. 우리가 벤츠를 살 때 엔진을 검사해보고 꼼꼼히 뭔가를 살펴보고 사는 건 아니잖아요. 벤츠니까 사는 거죠. 신뢰할 수 있는 브랜드가 된다면 설득을 하는 데 보다 유리해질 거라고 봐요.

디자이너 출신 사업가들에게 늘 궁금한 것이 있습니다. 역시 사업이고 보면 실력 못지않게 마케팅도 중요하지 않을까 하는데 어떻게 보시는지요?

아직까진 마케팅을 해야 될 만큼 산업화되진 않은 것 같아요. 무대 선진국이랄 수 있는 미국 시장도 마찬가지예요. 여전히 입에서 입으로, 소문에서 소문으로 일을 하게 됩니다. 그래서 프로젝트를 맡기 위해 공격적으로 마케팅을 한 적은 거의 없는 것 같아요.

그렇지만 처음부터 입소문이 나진 않았을 텐데요.

그때는 포트폴리오가 필요하죠. 그래서 첫 프로젝트를 얼마나 잘하느냐가 굉장히 중요해요. 수익을 내지 못하더라도 모든 것을 쏟아 붓고 목숨을 걸어야 합니다. 물론 프로젝트를 진행할 때 애초의 목적이 수익 창출일 수도 있고 포트폴리오가 될 수도 있겠지만, 이 계통에서 오랜 생명을 담보하기 위해서는 첫 희생과 일단 인정을 받는 계기가 필요하다는 겁니다.

빅뱅 콘서트(위) 2011
뮤지컬 〈비트〉(아래) 2010

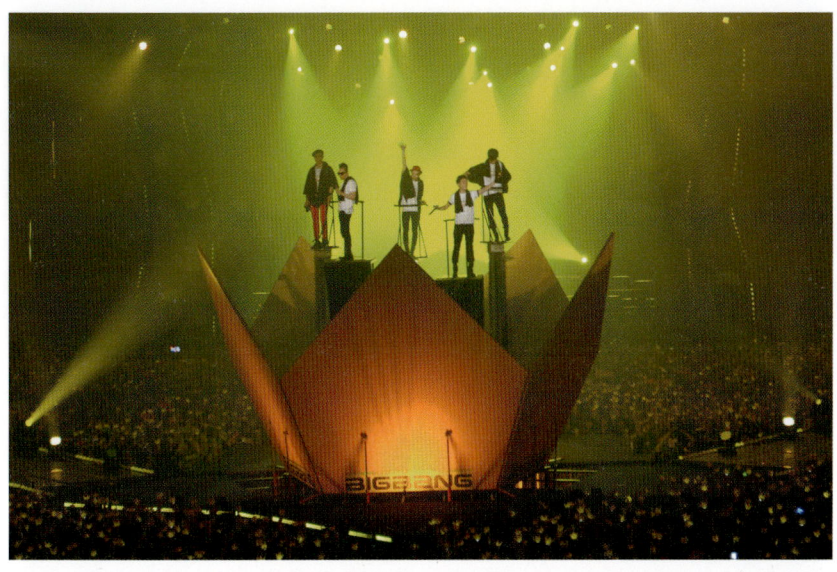

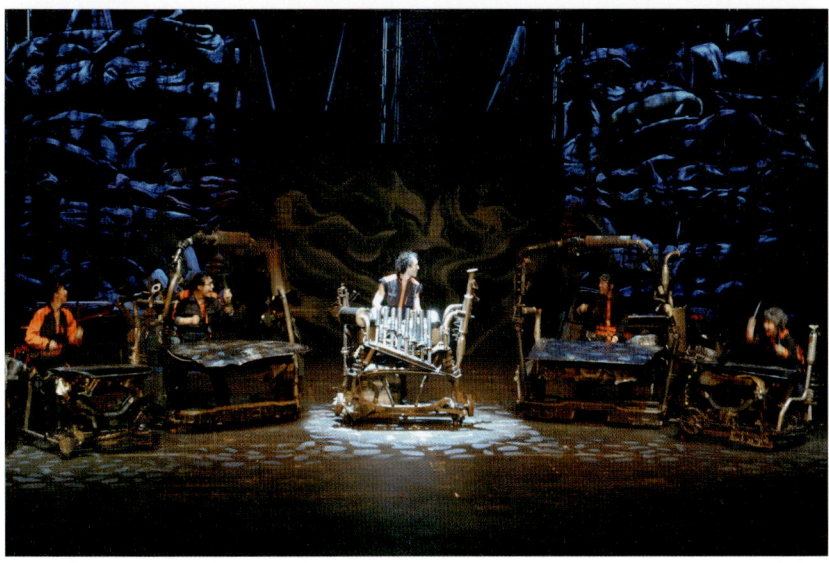

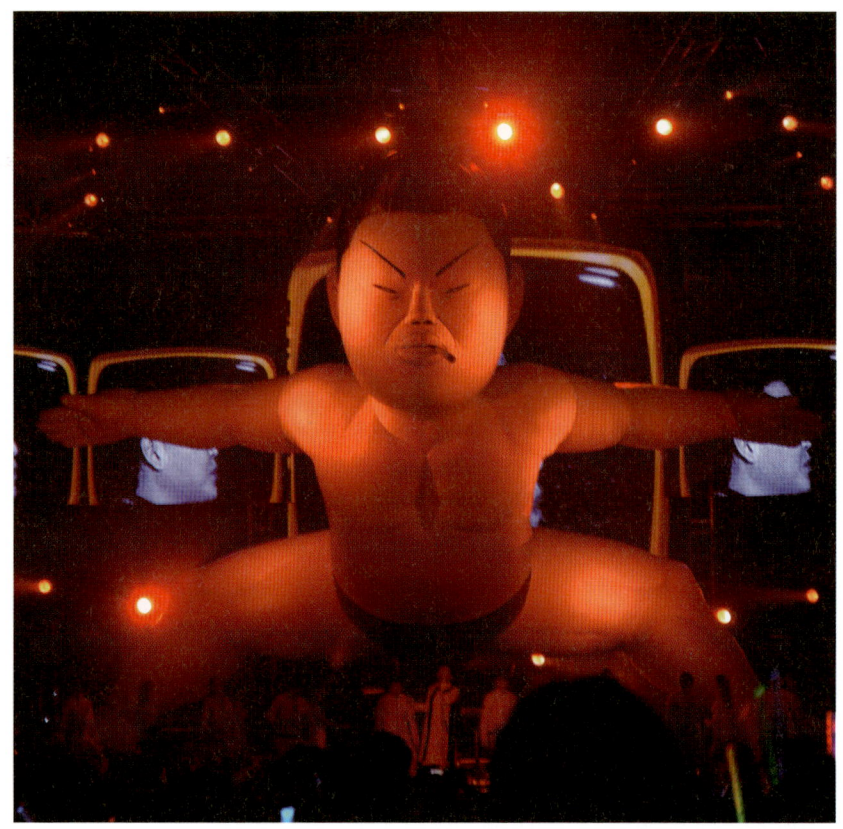

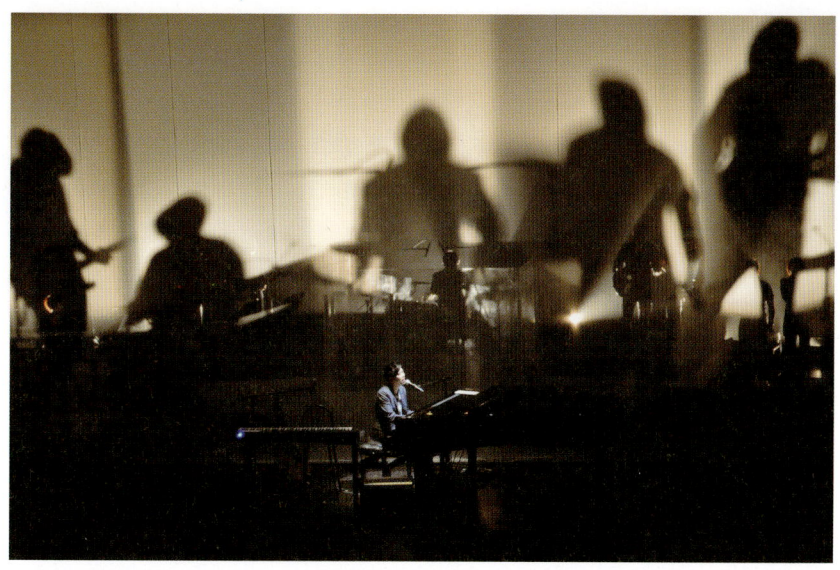

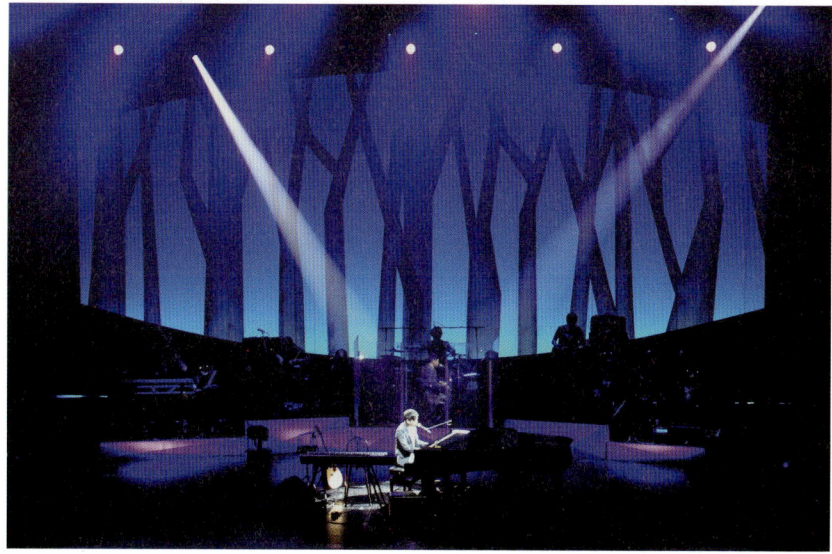

국내 공연 무대와 관련된 시스템이나 관례 등에 문제점은 없나요? 혹 있다면
대안도 함께 부탁드립니다.

이제는 본격적인 프로덕션 개념이 필요하다고 봅니다. 한국의 도제 방식 때문에
능률이 너무 떨어져 있어요. 일본이나 미국의 팀들과 일해보면 대단히 조직적이고
능률적이란 생각이 들죠. 현재로서는 그 친구들의 작업 방식에 관심을 가져야
한다고 봅니다.

각 프로세스별로 흩어져 있는 인력들을 시스템으로 묶어놓을 필요가 있다는
말씀으로 들립니다.

한 과정에서 다른 과정으로 일이 진행될 때 일의 내용을 서로 알아야 할 필요가
있다는 뜻이기도 합니다. 부분적으로 일이 진행되면서 생기는 배타성이 노하우란
이름으로 면죄부를 얻고 있어요. 게다가 최근엔 텍스트가 필요 없는 공연이 많아요.
(텍스트를 중심으로 한 언어 위주의 공연에서 벗어나) 한정된 지역이 아니라 전 세계 누구나 볼 수
있는 공연들이 많다는 거죠. 그런 만큼 더욱 소통이 절실한 때입니다. 그런데도
여전히 배타적인 도제 방식들로 서로 도면조차 안 보여줘요. 노하우라 이거죠.
하스바스 스튜디오HasBas Studio라고 있어요. 미국에 있는 최고 수준의 디자인 회사인데
이곳은 프로세스가 굉장히 체계화되어 있고 능률적이거든요. 그래서 어떤 공연의
결과만 볼 게 아니라 그것이 어떤 과정으로 만들어지는지에 관심을 갖는 것이
중요한 것 같아요. 그래야 면밀한 결과물을 만들 수 있는 것이죠.

이제 껄끄러운 질문들이 남았습니다.(웃음) 수입은 어느 정도 되시나요? 괜찮으시다면
처음 일을 시작할 때와 현재 상황을 구분해 말씀해주시면 좋겠습니다.

처음 일을 시작하는 사람이 어디서 무엇을 담당하느냐에 따라 다를 것 같은데,
정확하게는 모르겠지만 방송국 같은 경우에는 처음 들어가면 월 150만 원에서
200만 원 정도 받는 것 같아요. 크게 봤을 때 방송국, 디자인 스튜디오, 제작 회사,
이 셋일 텐데 제작 회사에서는, 정확하게는 잘 모르겠지만 200만 원에서 300만 원

정도 받지 않을까 합니다. 그런데 각 업체마다 역할이 다를 테니 일반적으로
얼마라고 말하긴 힘들어요. 저희도 기본급에 인센티브incentive를 더하는 방식으로
운영되고 있어요. 이런 일 자체가 성과급 없이 월급제로만 운영되는 것은 맞지
않다고 봐요. 실제로 인센티브제로 바뀌고 나서는 회사와 직원 모두 성과를
더 많이 내고 있습니다.

그럼 현재 스튜디오의 수입은 어떨까요? 경영자로서의 수입도 궁금합니다.
글쎄요, 현재로서는 따져봐야 알 것 같긴 한데 말씀드리기가 쉽지 않네요. 순익은
따져보질 않아서요. 연말이 지나봐야 결과를 알 수 있으니까요. 매출이 순익은
아니잖아요. 매출은 10억 원이 넘어요. 넘긴 하는데 순익은 얼마 정도 되는지
지나봐야지만 알 것 같습니다.(웃음)

어려운 질문에 답변 감사드립니다.(웃음) 감독님이 멘토로 삼으신 작가가 있다면
시작하는 친구들을 위해 소개해주시지요.
조지 타이핀George Tsypin이라는 작가가 있어요. 원래는 건축을 전공했는데 오페라 쪽
작업을 많이 했고 베니스비엔날레에서 전시도 했죠. 벤치마킹하고 싶은 분이에요.
얼마 전에는 에버랜드 같은 테마파크 디자인도 했더군요. 이분처럼 특별한 경계 없이
여러 분야를 넘나들 수 있으면 좋겠습니다. 제가 운영하고 있는 사이트에 자세한
내용이 있으니 참조하시면 좋겠습니다.

그렇다면 벤치마킹을 위해서는 어떤 과정이 필요하다고 보시는지요?
10년 안에 가능할지 20년, 30년이 걸릴지 모르겠지만, 나이와 상관없이 꿈꿀 수 있는
사람이라면 크리에이티브디렉터라는 직책을 주고, 그들이 그것을 실현시킬 수
있게 할 수 있는 탄탄한 프로덕션을 만들고 싶습니다. 그러기 위해서 1차적으로는
경험 많고 마음이 열린 다양한 조직원들로 구성된 프로덕션이 필요하고 2차적으로는
원석을 찾아낼 수 있는 심미안이 필요하겠죠. 우리는 보통 한 분야의 전문가가

되기 위해서 가장 예민한 감성과 상상력을 지니고 있을 연령대에 너무 많은 것을
포기해야만 합니다. 안타까운 현실이죠. 또한 전문가라는 타이틀을 달기 시작하는
순간부터 예상치 못한 함정에 빠지기 쉬운 상황들이 도사리고 있다는 것을
기억해야 해요.

마지막으로 시노그래퍼를 희망하는 분들에게 조언을 부탁드리면서
인터뷰를 마치겠습니다.

검색 사이트에서 키워드 몇 개 쳐보면 많은 정보들이 나오잖아요. 어떤 분들은 그렇게
알게 된 얕은 일부의 정보로 무대 일을 안다고 생각하는 것 같더군요. 문제는 거기에
있어요. 쉽게 접한 정보는 실제의 일각도 안 된다는 것이죠. 만약 A라는 공연에
관심이 있고 무대디자이너에 대해 알고 싶다면 웹사이트를 찾아 정보를 확인하고
실제 공연을 보는 것만으로는 부족해요. 분석이 필요하죠. 공연으로 보이는 세부적인
결과물들의 과정에 대해 능동적으로 생각해봐야 해요. 영화 보는 것을 좋아하는 것과
영화 만드는 것을 좋아하는 것은 커다란 차이가 있듯이 단순히 관심을 갖는 것
이상의 자세가 필요하다고 봅니다.

| 대학로 유잠스튜디오에서 |

유재헌

한국예술종합학교 연극원 무대미술과 전문사 과정 졸업
라이브디자인 연구회 회원
(주)유잠스튜디오 디렉터
www.youjam.net

2000 - 　빅뱅, 김동률, 비, 김장훈, 싸이, 소녀시대, 신승훈 등 다수의 뮤지션의 공연 진행
2000 　연극 〈Fando et Lis〉
2005, 2006, 2008 　부산국제 영화제
2009 　음악극 〈천변살롱〉, 무용 〈이상한 계절〉, 단편영화 〈삭제되었습니다〉
2010 　뮤지컬 〈비트〉 〈BIBAP〉, 김연아 아이스쇼 〈Festa on Ice〉, 이은결 〈The Illusion〉
2011 　뮤지컬 〈하이킥〉, BMW미니 〈Country Man〉 런칭
2012 　여수엑스포 주제관 〈상생의 샘〉, 연극 〈당나귀들〉

동양화가

도예가

사진작가

시각디자이너

미술작품보존전문가

만인을 위한 그리고
그 누구를 위한 것도 아닌

패션디자이너

무대디자이너

아트스토리텔러

미술대학교수

웹디자인디렉터

애니메이션제작자

영화미술감독

김 겸

미 술 작 품 보 존 전 문 가

"탕"

몇 겹의 보안을 지나

길고 차가운 복도 끝

작품을 찢고 나온 시간을 봉하고

태어난 원래의 순간으로 되돌리는

부활의 격발

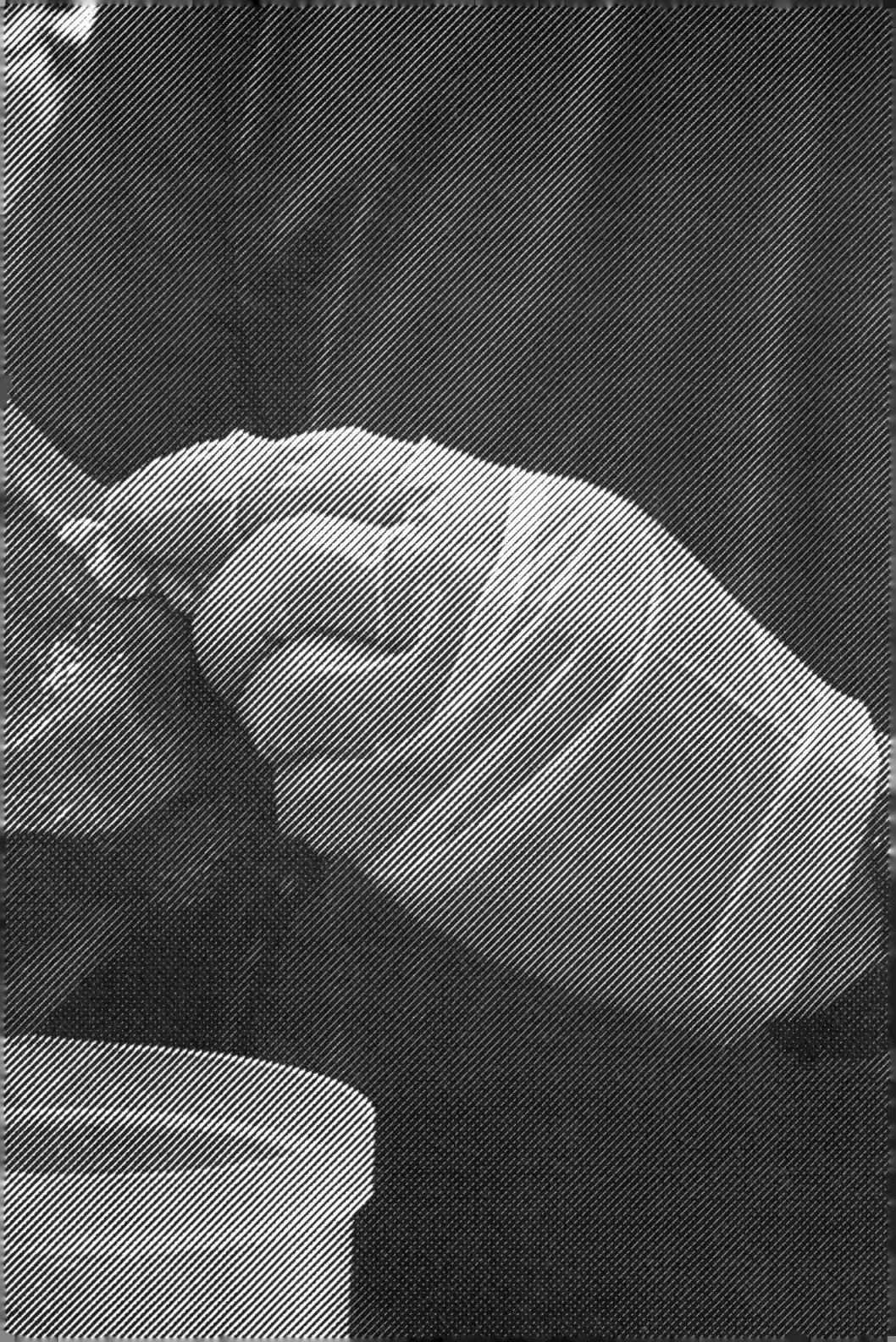

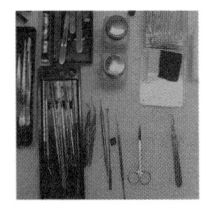

시간을
돌이키는 마술사

영화에서나 보던 장소에 오니 묘한 기분이 먼저 듭니다. 외화 〈CSI〉 시리즈에서 보던
약병과 기계 장비가 잔뜩 있네요.(웃음) 먼저 '미술품복원가'란 아직 대중들에게
생소한 직업이어서 그런지 다양한 이름으로 불리는 것 같습니다. 이렇게 불러도
되는 건가요?
보통 영어로 컨서버터conservator 혹은 리스토러restorer라고 하는데요, 아직 국내에서는
정확히 정해지진 않았어요. 영화 〈냉정과 열정사이〉에서 미술복원사라고 나왔나 봐요.
아마 '사'자가 붙으면 좀 더 그럴 듯해 보일까 해서 그랬는지 모르겠는데요.(웃음)
'미술작품보존전문가' 정도가 좋을 것 같습니다.

그럼 미술작품보존전문가(이하 보존전문가)를 소개해주신다면?
그러니까 문화재 같은 우리의 과거 유산을 후손에게 물려주려는 노력을 하지
않겠습니까. 남대문도 그렇고요. 그런데 그 대상이 미술 작품이에요. 미술 작품을
잘 보존해서 후세에게 보여주기 위한 것이죠. 우리가 현재 보고 있는 이중섭,
박수근 화백의 작품이나 〈모나리자〉 〈천지창조〉와 같은 작품들 모두는 언젠가는
소멸하게 돼 있습니다. 이것들이 100년, 1,000년이 지나더라도 현재 우리가 감상하는
것처럼 후세들에게 원래 모습 그대로 남기기 위해 하는 모든 일을 의미합니다.

건강하더라도 아프지 않도록 보살펴주고요. 아프면 치료를 해주고요. 그런 의미에서
의사와 비슷합니다. 실제 학업의 내용이나 과정, 공부하는 것들이 꽤 닮았어요.
단지 사람이 아닌 미술 작품을 대한다는 것이 다르지요.

보존전문가란 흔치 않은 직업입니다. 필연이었을까요? 직업을 선택하신
사연이 있다면 말씀 부탁드립니다.

저는 예술학을 전공하고 미술사 대학원을 나왔습니다. 사실 저희 아버지가 화가세요.
서양화가. 그래서 어렸을 때부터 예술이나 미술에 관련된 것을 많이 접했고, 피아노도
쳤습니다. 전공할 생각까지도 했죠.(웃음) 그래서 자연스럽게 예술과 관련된 일을
하리라 막연히 생각했어요. 그런데 피아니스트나 작가보다는 서포트하는 일이
제게 맞더군요. 창작하는 것에 재주가 없는 것 같기도 했지만 일단 제가 끌리지 않기도
했고. 그러던 중에 당시 호암미술관에 보존과학실이 있었는데 거기서 사람을
뽑는다는 공채가 나와서 시험을 보게 됐죠. 솔직히 복원가가 될 거라고 마음먹은
적은 없었어요. 어떤 일인지 정확히 몰랐기도 했고요. 지금도 잘 알려지지 않았으니
14-15년 전에는 더더군다나 지금보다 인식이 없었어요.

　　그때 보존을 정식으로 전공한 사람이 없어서 미술관에서는 미술 실기, 이론,
화학 전공자 중에서 공채를 냈고, 시험을 보고 운 좋게 붙었죠. 솔직히 처음에는
유화 복원을 하는 줄 알았는데, 들어가니까 조각 담당을 하라는 거예요.
용인에 부르델조각공원 만들 때가 제가 입사한 시기였는데요. 여러 조각 작품과
관련된 실무를 해야 했는데 당시 미술실의 다른 분들은 대부분 미술품이 아닌
문화재 복원하시는 분들이었어요. 그래서 영국에서 제임스 크워트라는 분을
모셔 왔어요. 그때 그분의 자료를 보면서 '저 사람처럼 돼야겠다.'는 생각을 하게
됐지요. 조각 보존 일은 대상 작품이 크고 야외에 있는 경우가 많기 때문에 일이
거칠어요. 유화는 가만히 앉아서 섬세하게 작업하는 반면 조각은 섬세한 작업도
있지만 밖에 나가서 정도 치고 돌도 깨고 또 들어와서 책도 보고 글도 써야 하지요.
밖에서 땀 흘리면서 해야 하는 직업인데 이상하게 제게는 그 점이 딱 맞았던 거죠.

선생님 역사는 곧 한국 복원, 보존의 역사이기도 하군요. 그럼 우리 미술품 보존 분야는
어떻게 시작되었나요?

문화재 보존은 1960년대 석굴암, 무령왕릉, 감은사 등으로부터 시작했습니다.
이와 별개로 미술품 보존으로만 국한지어 말씀드리면요, 미술품 보존은 1986년
국립현대미술관이 지금의 자리로 이전했는데 그 시기와 역사를 같이 합니다.
그 당시에는 일본에서 복원 실무 연수를 받고 오신 분들이 처음 일을 시작했어요.
초기에 미술 작품들은 일본 전문가들을 초청해서 기술 전수 차원에서 시작이
됐습니다. 그러다가 자체적으로 독립해서 우리의 프로그램을 갖게 된 시기가
2005년에 제가 입사하던 무렵이었죠. 뒤이어서 또 영국, 이탈리아 등지에서
보존전문가들이 한두 분씩 들어오기 시작해 지금의 위치에 오게 됐습니다.

영화나 텔레비전에서 보는 보존전문가는 대단히 전문적인 느낌이 듭니다. 화학에도
능해야 할 것 같고 역사적인 식견도 필요해 보이고요. 선생님께서는 어떤 공부를
해오셨는지요?

음……. IMF 때 당시 상황이 그렇듯 호암미술관에서 정리해고를 당하게 됐고요.
회사를 나온 뒤 이제 뭘 해야 하나 했죠. 이제 막 재미가 생겼는데 말이죠.
당시 호암에서 일을 할 때 일본에서 오신 마키노라는 복원 선생님을 만났어요.
언젠가 그분께서 더 공부하고 싶으면 나한테 오라고 하신 것도 기억나고 해서
무작정 일본으로 가 연구생 생활을 했죠. 그런데 막상 가보니 거기조차 제가 원하는
분야의 전문가가 없더군요. 공부를 하려고 보니 영어로 된 책을 봐야했고요.
그래서 '좋다, 이 책을 만든 사람한테 직접 가서 배우자.'라고 생각했죠. 그래서
영국의 드몬포드대학De Montford University에 진학하게 되었습니다.

　　영국에선 1년에 7,000만 원 정도의 학비가 필요했어요. 그래서 입학허가를
받고 난 뒤에 돈을 구해야 했죠. 지금은 없어졌습니다만, 삼성에서 '멤피스트'
제도라고 해서 예술, 문화와 관련된 공부를 하는 사람들에게 학비, 생활비,
연구비 등을 지급하는 장학제도가 있었어요. 지원이 파격적이었죠. 그래서 경쟁률도

굉장히 높았고요. 보존 예술 분야에서 한 사람을 뽑았는데 시험을 다섯 번이나
봐야 했어요. 그런데 정말 기적적으로 제가 된 거죠. 제가 6기인데 저 다음부터
이게 없어졌어요. 운이 좋았죠. 그래서 영국에서는 비교적 풍요롭게 생활할 수
있었습니다.(웃음)

드몬포드대학이 링컨대학교로 이름이 바뀌면서 링컨대학교 졸업장을 받았어요.
여기서 석사를 했고 그 사이 결혼도 했습니다. 그런데 막상 한국에 오니까 일이
없잖습니까. 그래서 맨 처음 한 일이 피아노를 판 거예요.(웃음) 이후 유학가기 전
한국에서 알던 선생님들한테 영업을 하기 시작했어요. 갤러리 같은 데서 사고로
부러지거나 한 작품들 가져다가 처리하는 일을 시작했죠. 그러던 중 외국
클라이언트들을 만나게 되면서 이브 클랭 Yves Klein과 도널드 저드 Donald Judd 같은
어마어마한 작가들의 작품들을 처리하게 됐어요. 제가 인상이 좋아 보였는지 단순히
이력만 보고 맡기긴 쉽지 않았을 텐데 말이죠.(웃음) 다행히 결과가 성공적이었고
이후 강의를 시작하면서 자리를 잡기 시작했지요.

실제로도 인상이 정말 좋으신 걸요.(웃음) 외국에서 계속 공부를 하셨는데,
그럼 한국에는 보존전문가가 되기 위한 과정은 없나요?
보존전문가가 되려면 학교 과정이 일반적이에요. 우리나라에선 건국대학교 대학원
회화보존 전공이 2006년 개설됐어요. 이게 유일합니다. 대부분의 보존학과는
미술품이 아닌 문화재 보존학과입니다. 박물관 유물 등을 다루는 거지요.
미술품 보존은 한서대학교와 경기대학교에서 회화 보존, 유화 보존을 부분적으로
다루긴 하지만 결국 주된 분야는 문화재에요. 그래서 해당 대학에서 회화 보존
과목은 개설될 때도 있고 또 안 될 때도 있습니다. 본격적으로 미술품 보존학과가
개설된 곳은 건국대학교 대학원 과정이 유일하다고 생각하시면 됩니다.

미술품 복원과 유물 복원의 구분이 있군요. 어떤 차이가 있나요?

복원이라고 하면 부러지거나 없어졌을 때를 생각하면 되는데요, 도자기나 유물 같은
500년 전 유물의 경우 오히려 완벽하면 이상하죠. 조금 찌그러져 있어야 유물 같겠죠.
하지만 미술품은 정반대로 조금이라도 흠이 있으면 안 됩니다. 미술 작품 본연의 색에
이상이 있거나 표면에 작은 흠집과 얼룩이 있는 '느낌'만 줘도 손상이거든요.

좀 전에 일반적인 과정이라는 표현을 쓰셨는데 그렇다면 다른 과정도 있나요?

학교를 다니지 않고도 방법은 있습니다. 이건 기능적인 부분이기 때문인데요,
국립현대미술관 보존실에서 1년에 한 번 인턴 과정과 두 번의 실무 연수 과정을
열어 놓고 있습니다. 실무 연수 과정은 두 달에서 석 달 정도 여기 와서 자비로
실무를 배우는 과정이에요. 사실 지금 저하고 함께 일하는 한 직원도 두 차례의
실무 연수 뒤 현장 능력을 인정받아 제 일을 돕고 있습니다.

유학을 결심한 친구들에게 추천할 학교나 또는 조언을 하신다면?

유학을 생각하시거나 또는 이 직업을 생각하신다면 정확한 자기 분야를 정해야
합니다. 유화나 한국화를 할지 아니면 저처럼 조각을 할지, 또 회화 내에서도 재료를
중심으로 한지로 할지 양지로 할지 등을 정해야 하죠. 조각 같은 경우에도 석조와
청동 등 그 선택의 폭을 좁혀가야 됩니다. 그런 뒤에 학교를 선택해야 해요. 왜냐하면
외국 학교들은 유화 보존, 건축, 조각 등의 학교로 나뉘어서 특화돼 있어요.
예를 들어 유화 보존 학교에 들어가서 조각 보존을 하려면 안 되겠죠. 그래서
과정의 내용을 정확히 알아야 합니다. 그리고 그런 학교들은 거의 평준화되어 있어서
명문이라고 하는 곳은 특별히 없어요. 각 학교들마다 강점으로 내세울 수 있는
분야들이 있거든요. 학교보다는 전공에 초점을 맞춰야 한다고 봅니다.

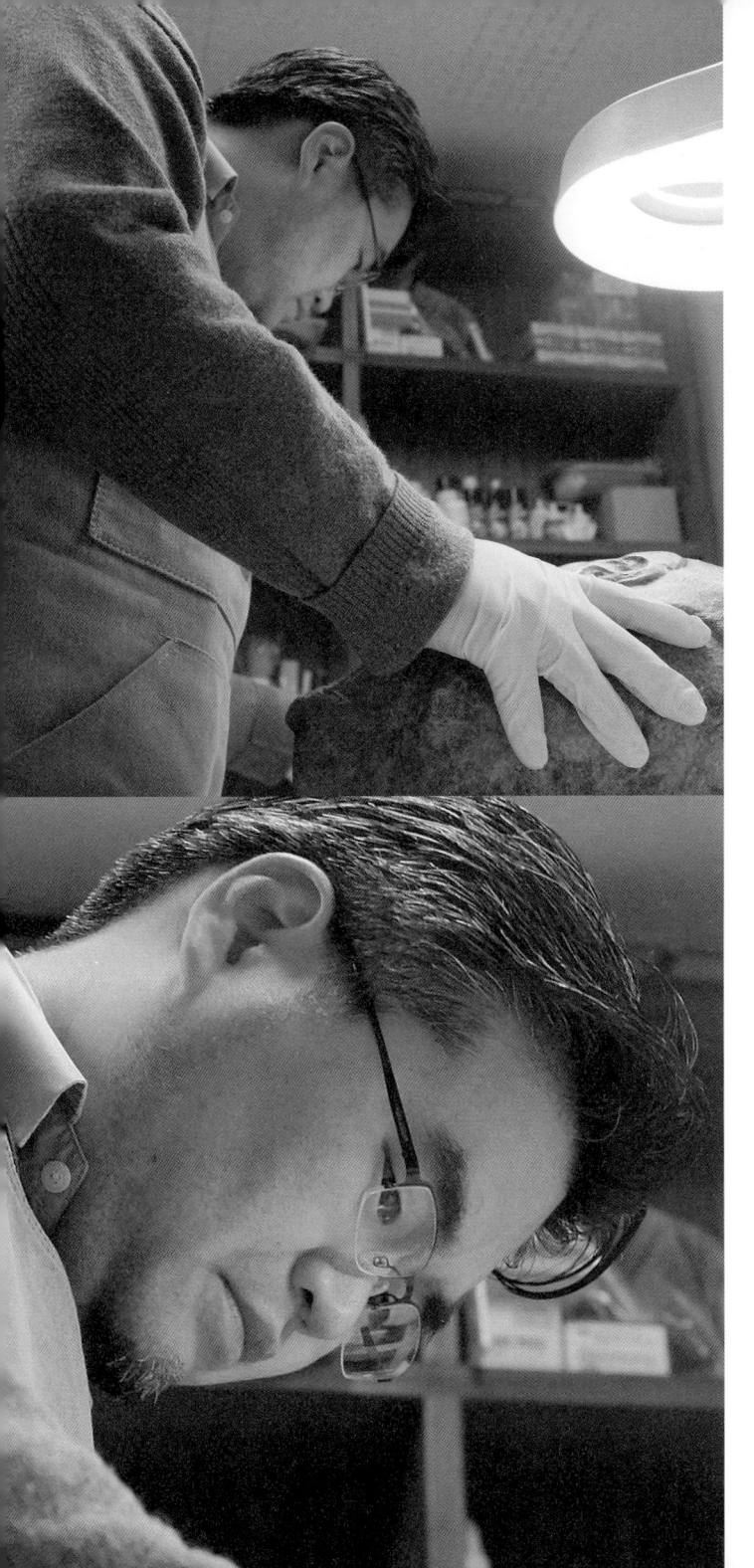

그럼 전공을 마친 뒤 취업형태에는 어떤 것들이 있을까요?

솔직히 우리나라에서는 취업하기가 힘듭니다. 여기 국립현대미술관, 삼성미술관
리움, 문화재종합병원 또는 개인수복연구소 정도가 있죠. 기타 문화재 보존 업체들
같은 데서 일을 할 수도 있고요. 그래서 제가 아는 친구는 자기가 직접 차렸어요. (웃음)
하지만 문화를 보존하는 꿈을 가진 분들이라면 세계적으로 통용 가능한 직업이기
때문에 취업은 어디서든 가능하리라고 봅니다. 영국에서는 졸업 후 취업률이
100퍼센트로 다들 어디서든 일을 하고 있어요.

그렇다면 보존전문가의 미래는 어떨까요? 근래 미술 시장의 호황과 함께 희망적이라고
봐도 좋을까요?

앞으로 미술작품들은 점차 늘어나게 되겠죠. 게다가 선진화가 될수록 문화에 관심도
많아지는 건 자연스러운 현상이고요. 실제로 국내에서도 보존전문가에 대한 관심의
폭이 증가하면서 체계적으로 공부하려는 사람도 꾸준히 늘어나고 있어요. 지금 있는
국립현대미술관의 관련 직원이 2005년에는 저까지 세 명이었는데 지금은
여덟 분이 됐어요. 앞으로 보존실 확장 계획도 있고요. 이런 상태라면 가까운
시일 안에 선진국 수준에 근접할 수 있을 거라고 생각합니다.

지난 15년간 많은 복원작업을 해오셨는데 어떤 복원 작업이 기억에 남으시나요?

제일 기억에 남는 건 2008년 광화문에 있는 이순신상을 작업할 때였어요.
이순신상은 처음 조각 보존을 해야겠다고 마음먹었던 13, 4년 전에 광화문을
지나다니면서 '나 언젠가 저거 할 거야.' 줄곧 생각해왔던 작품인데 실제로 하게
됐어요. 꿈이 이뤄진 만큼 가장 기억에 남지요.

아, 얼마 전 텔레비전에서 봤습니다.(웃음) 선생님께서 하신 거였군요. 어떻게
작업하셨는지 자세한 과정을 알 수 있을까요?

이순신 장군 같은 경우는 표면이 굉장히 많이 상해 있었어요. 청동 조각이
막 주물소에서 나오면 누르스름한 갈색의 청동질을 보여주지만 공기 중에 바로
산화되기 시작해서 무광택의 칙칙한 얼룩이 만들어 지게 됩니다. 이런 자연 부식
현상을 방지하고 원래의 아름다운 색을 내기 위해 여러 가지 화학약품을 금속 표면에
붓거나 발라서 강제 부식을 시키게 되는데요, 이걸 패티네이션^{patination}이라고 합니다.
그래서 동상의 초록색 페인트를 전부 벗겨 내고 이 패티네이션 처리를 했어요.
이 과정이 약 한 달 정도 진행이 되었는데요. 이 작업과 관련해 인터뷰를 하면
"청소하는 데 무슨 30일이나 걸립니까?" 하고 물어보시는 분들이 있는데 일반적인
청소는 시작하는 날 하루를 했어요. 나머지 29일 동안은 표면에 있는 각종 안료층을
제거했죠. 페인트도 햇볕 아래 있으니까 오래되면 벗겨지고 지저분해지게 됩니다.
그런 것들을 제거하고 이후 약품을 가해서 청동을 강제로 부식시키게 되죠.
그런 과정을 통해서 본연의 색을 찾아가는 겁니다.[1] 이순신상은 워낙 작품이
커요. 바로 앞에서 보면 정말 큽니다. 게다가 장군상의 모든 면적이 처리 대상이에요.
모든 면 하나하나에 붓으로 찍어 부식을 시켜야 되죠. 쇠가 부식이 되면 자연스럽게
고유의 색을 띠게 되는데, 나쁜 색이 나오는 건 녹슬었다고 표현하지만 적절한 온도에
적절한 약품으로 부식되면 오히려 청동 표면에 코팅 역할을 해주게 됩니다. 그런데
안타깝게도 그 기술을 가진 사람이 우리나라에는 저 혼자밖에 없어요. 혼자 작업하다
보니 그것 때문에 힘줄에 염증이 생겨 지금 왼팔을 잘 못 씁니다. 처음엔 가벼운
가방도 못 들 정도였는데 지금은 치료 받으면서 많이 나았어요. 팔 때문에 제대로
작업을 못해서 개인적으로 스트레스를 좀 받고 있죠.(웃음)

---

1 2010년 말 서울시는 이순신상의 구조적인 문제로 보강 공사를 진행했다. 2012년 현재 동상 표면은
   2008년과는 다른 방식으로 처리되어 있다.

김인신 영정 처리 전과 후

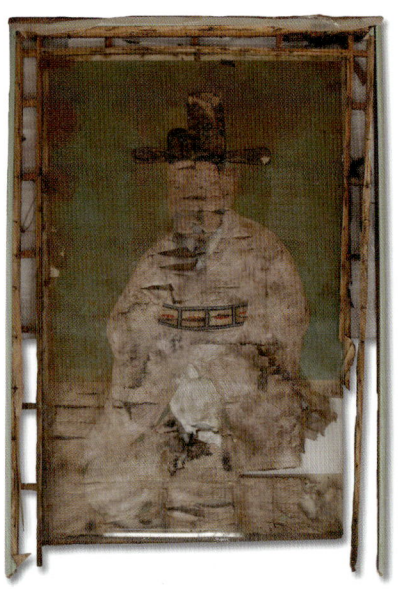
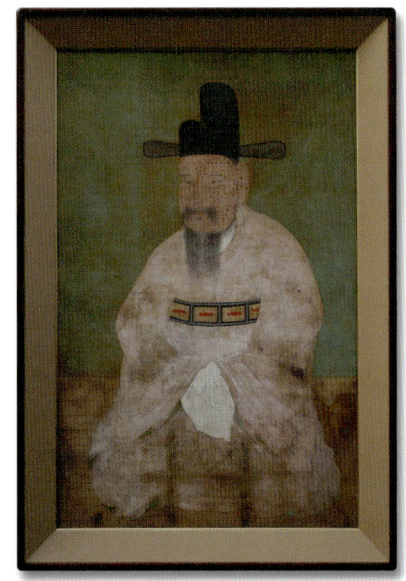

구본웅 〈나무〉 처리 전과 후(위)
김용주 그림 처리 전과 후(아래)

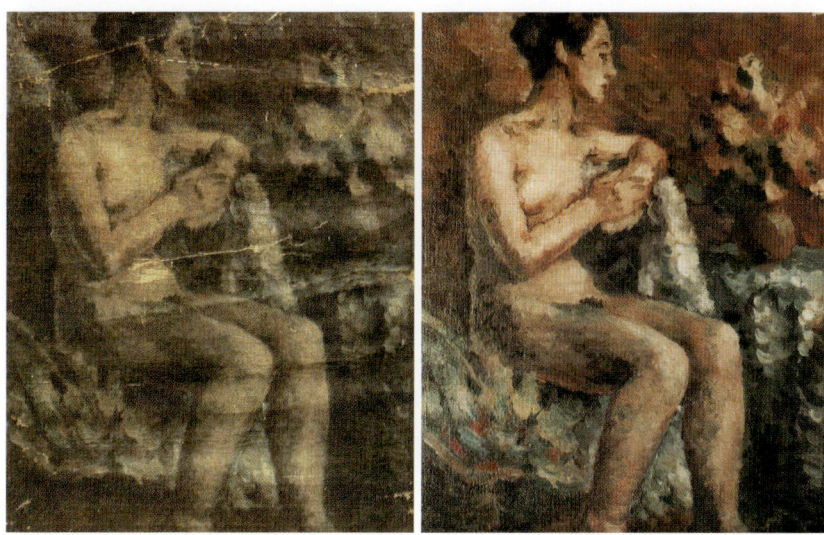

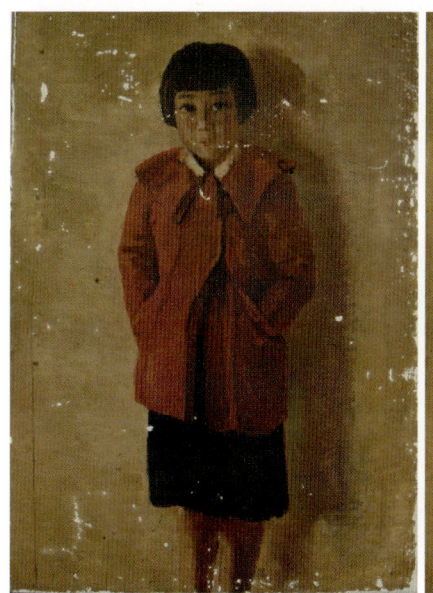
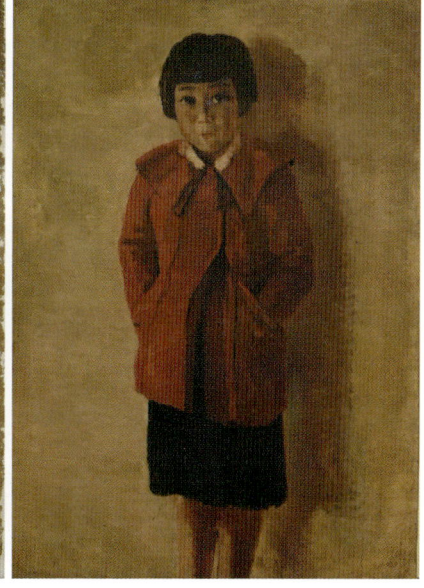

이순신상 처리 모습(위)
외벽 조형물 청소(아래)

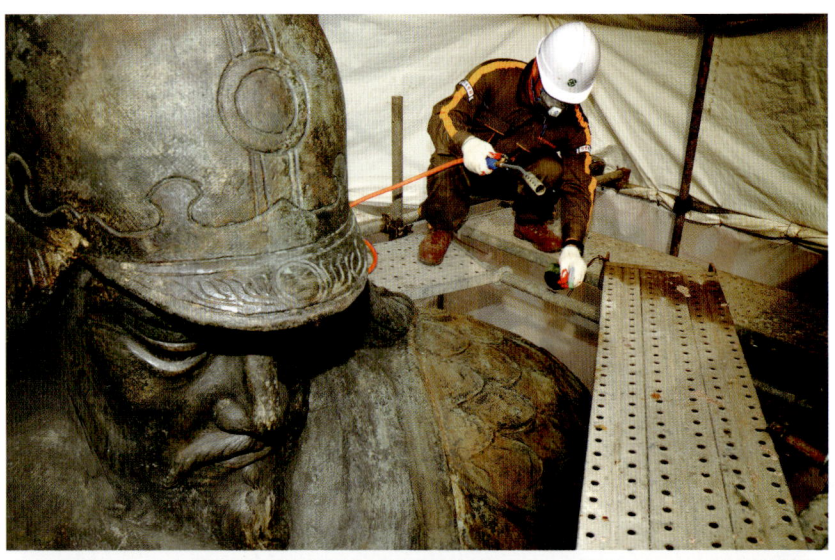

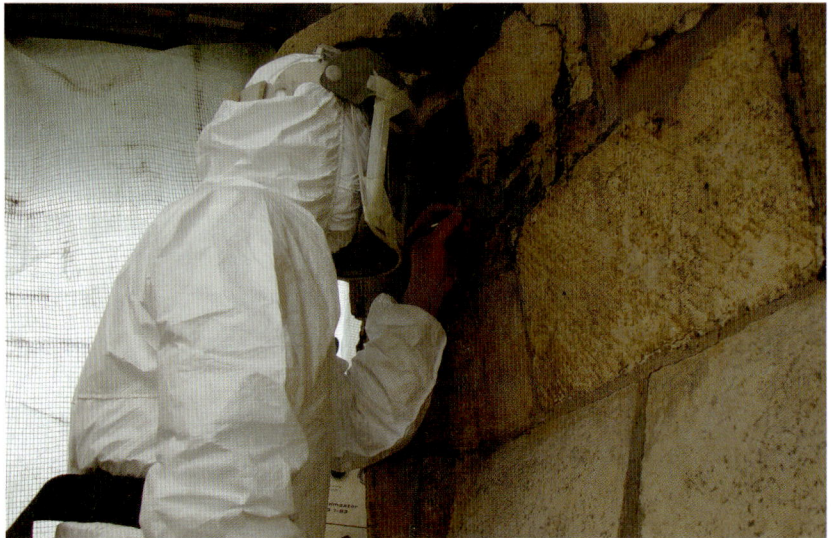

예전에 그림 가르칠 때 학생들한테 늘 하던 얘기가 있습니다. "그림은 예술이 아니라 스포츠다."(웃음) 말 그대로 얼마나 힘드셨을까요. 이 분야의 일선에 서 계신 분으로서 고충이 많을 것 같습니다. 그 밖에 다른 힘든 점이 있다면 말씀해주시죠.

새로운 재료, 새로운 기법, 새로운 약품이 끊임없이 개발되기 때문에 계속 공부해야 합니다. 예를 들어 외국에선 새로운 방법으로 작품을 제작하거나 복원할 때 사용하고 있는데, 우리만 3년 전 방법으로 계속 작업하면 안 되거든요. 끊임없이 공부해야 한다는 점이 힘들다고 할 수 있어요.

복원물도 역사적인 가치가 있는 고가의 작품이 많을 텐데 복원하면서 실수 같은 건 없으셨나요?

조각 복원에서 실수는 없습니다. 사실 실수가 없는 것이, 사람은 목숨을 잃으면 끝인데요. 복원 기술이라는 것이 해당 작품에 엄지 하나만 남아 있더라도 이것을 복원해야 한다고 결정이 나면 나머지 것들을 만들어 낼 정도의 기술이 있어야 하거든요. 그러니 실수로 망치는 일은 거의 없다고 봐도 됩니다. 하지만 아주 까다로운 작가들의 독특한 기법들 앞에서는 골치 아프죠. 예를 들어 이브 클랭의 작품은 그 특유의 '이브 클랭 블루'로 칠해져 있는데 손을 댈 수가 없어요. 손을 대면 칠판의 분필처럼 묻어나거든요. '이브 클랭 블루'를 칠한 조각 작품의 경우에는 유산지로 덮은 다음에 공중에 띄워놓고 그네처럼 매달아서 작업을 했었어요. 그리고 도널드 저드의 미니멀리즘 작품들은 조금이라도 흠이 있으면 안 되거든요. 그런데 그게 충격으로 많이 휘고 틀어졌어요. 그래서 그걸 해체한 뒤 두들겨서 펴는데 한번 휘어진 쇠를 평평하게 편다는 게…… 아마 금속 공예 하신 분들은 잘 아실 겁니다. 그게 어떻게 해도 망치 자국이 남거든요. 하여튼 그걸 나흘 동안 두들겨 펴고 난 뒤 앓아누웠죠.(웃음)

　　그리고 음……. 좀 제 자랑 같은 에피소드긴 한데요.(웃음) 제가 처리를 할 때 집중을 많이 하는 편이에요. 잊어버리거든요. 직지사 성보박물관 작업을 하는데 아침에 시작을 했어요. 무릎 꿇고 앉아서 작업을 했는데 큐레이터가 CCTV 모니터로

계속 보고 있었나 봐요. 갑자기 큐레이터가 문을 열고 들어오더니 걱정스러운
표정으로 "선생님 화장실은 안 가세요?" 하는 거예요. 그러고 봤더니 그 자세로
5시간을 앉아 있었어요. 그래서 고개를 돌려 일어서려는데 입에서 나도 모르게
'악' 소리가 나고 말았죠. 방광이 터지기 직전이었던 거예요.(웃음)

　　또 올림픽공원에 있는 호랑이 작품 같은 경우에는 대개 의뢰를 하는 공무원들이
복원에 대해서 잘 모르잖아요. 복원 처리를 해달라고 하신 분이 그 작품을
노란 페인트로 깨끗이 칠해달라고 하는 거예요. 그런데 복원이란 것이 그런 게
아니지 않습니까. 최대한 작품의 역사와 나무의 결 같은 것을 살려야 하는데 말이죠.
그분 말씀은 올림픽 기념관 개관식에 맞춰야 하기 때문에 일주일 안에 완성을
해달라고 부탁하시더군요. 그래서 제가 비슷한 사례로 말馬 크기만 한 나무 조각을
보존한 후 영국 테이트갤러리Tate Gallery에서 작성한 보고서를 가져갔어요. 그리고
담당 공무원한테 "이거 처리하는 데 40여일 걸렸는데 일주일 만에 끝내는 것은
도저히 무리다. 그렇지만 일정이 급하다면 열흘 안에는 끝내 보겠다." 했어요.
그렇게 시작했죠. 전체적인 색깔의 톤을 맞춰야 하기 때문에 해가 지면 작업을
못해요. 밥 먹을 때도 뛰어가서 먹고, 허겁지겁 요기만 해결한 뒤 다시 뛰어가서
작업하고, 화장실도 참아가면서 열흘 만에 끝냈어요. 지금은 국립현대미술관
작품보존과학담당관이란 직함이 있으니 "그러면 안 됩니다." 하면 통하거든요.(웃음)
그런데 그 당시는 일주일 동안 이거 안 해주시면 안 된다고 클라이언트가 말하면
"그럼 알았습니다. 개관일까지 열흘 남았으니 그 기간 안에 끝내겠다." 한 거죠.
예술 작품 보존에 대한 인식이 부족하던 초창기 시절에는 이런 일이 많았지요.

그럼 우리 주변에 잘못된 복원 사례도 있을 것 같은데요?
많아요. 자주 보셨겠지만 명동에 있는 분수대를 초록색으로 칠한 것도 있고,
올림픽기념공원에 있는 작품도 있죠. 짙은 회색 기둥이 있는 작품인데 사무실
직원들이 흰색 페인트를 칠한 것도 있고요. 1960년대부터 1980년대까지는 시멘트로
석조를 때운 것도 꽤 있어요. 우리나라뿐 아니라 미술 보존이 전문화되지

않은 나라는 일반적으로 그런 식으로 운영되고 있습니다. 하다못해 영국에서조차 과거에 시멘트로 칠했던 걸 다 떼어내는 작업을 하고 있고요.

그러고 보니 동상에 주로 푸른색으로 페인트칠을 한 경우를 자주 보았던 것 같습니다.
우리나라에선 아직까지 패티네이션 기술이 많이 부족해서 그렇습니다. 부식을 시켜서 색을 내는 작업을 패티네이션이라고 좀 전에 말씀 드렸는데요, 그렇게 만들어진 부식층을 '패티나patina'라고 부르는데 라틴어에서 나온 말이죠. 흔히 미술 작품에서 '고색'이라는 표현을 쓰는데요. 이는 고풍스런 아름다움을 주는 색을 말해요. 이걸 조각에서도 패티나라고 흔히 말합니다. 작가들은 지점토로 원형을 만들고 이후 조각은 주물소에서 주물직공들이 작업하거든요. 우리나라에서는 작은 작품은 패티네이션을 한 경우가 있었지만 거대한 주물을 패티네이션 한 적이 거의 없어요. 그래서 80-90퍼센트는 전부 페인트가 발라져 있습니다. 결국 작품에 대한 이해가 부족하고 빨리 성과를 내고자 하는 편의에 의해 이런 일이 생긴 건데요, 사실 우리나라에서만 이런 문제가 있는 건 아닙니다.

'푸른 페인트 현상'이란 말을 들은 적이 있었는데 비단 우리만의 문제는 아니었네요.
보통 지저분해져서 덮는 식이죠. 이건 모르기 때문이에요. 옛날에 몸에 상처가 생기면 된장 바르고 간장 바르고 했던 것과 같습니다. 지금은 의사도 생기고 병원도 생겨서 아프면 병원에 가잖습니까? 지금 국내의 미술 복원 수준은 선진국을 기준으로 본다면 중간 단계 정도예요. 여전히 된장, 고추장을 바르는 곳도 있으니까요. 하지만 앞으로 의식이 개선되면 전문적이고 체계적인 수요가 보다 많이 생기리라 봅니다.

직업군에서 본다면 미술을 통해 공무원 신분을 가진 많지 않는 사례 중 하나라고 봅니다. 많이들 궁금해 할 것 같은데요. 근무 조건이나 연봉은 어느 정도인지 말씀해주실 수 있으신가요? 혹은 이와 관련해서 개선해야 하는 점이 있다면 말씀 부탁드립니다.

저는 공무원이니까 공무원 월급과 똑같이 받습니다. 저는 처음 들어올 때 5급 팀장으로 들어왔고요. 그래서 현재 5급 공무원과 같은 급여를 받고 있습니다.

그렇다면 처음 입사하게 되면 9급 연구원부터 시작하게 되는 건가요?

아닙니다. 보통 7급 연구원부터 시작하게 됩니다. 그래서 현재 6, 7급의 연구원과 분석 담당 학예사가 있습니다.

공무원 신분이 아닌 보존전문가 분들의 급여는 어떨까요?

대게 외부 개인 스튜디오에서의 작업은 공무원보다 수입이 좀 더 낫습니다. 아마 제가 개인 수복소를 운영한다면 수입 면에서는 좀 더 많을 수 있겠죠.

감사합니다. 마지막으로 보존전문가로서 선생님의 미래 희망은 무엇인가요?

향후 미술 보존에 대한 인식이 넓어지고 그래서 많은 복원 사업이 생겼으면 해요. 제가 처음 시작할 때는 이 일을 하는 사람이 거의 없었어요. 하지만 지금은 여덟 분으로 늘어났고, 미술보존센터에서도 앞으로 더욱 시설과 인원을 확장할 계획을 세우고 있고요. 그래서 더 작업하기 수월한 시설로 옮기고 담당 인력도 효율적으로 충당할 생각입니다. 우선은 제가 지금 하고 있는 이 기획이 잘 마무리 되는 것이 당장의 목표라고 할 수 있죠. 그리고 장기적으로 제 일을 하면서 동시에 학생들을 가르치는 것이 꿈이자 희망입니다.

| 국립현대미술관 작업실에서 |

김겸

홍익대학교 미술대학 예술학과 졸업

홍익대학교 인문대학원 미술사학과 석사과정 졸업

홍익대학교 대학원 미술이론 박사과정 졸업

일본 동북예술공과대학 예술학부 예술학과 미술사 미술보존코스
고전조각수복 과정 연구생 과정 졸업

영국 링컨대학교(드몬포드대학교, Conservation and Restoration of
Historic Objects, MA) 졸업

한국문화재보존과학회 이사

현, 국립현대미술관 보존과학실

현, 건국대학교 회화보존 전공 겸임교수

일본 동북예술공과대학 문화재보존학과 초청 특강 및 18세기 유럽조각 복원자문, 작업

청동주물조각 패티네이션 연구 및 작업(영국 링컨대학교)

영국 문화재청 주관 링컨대성당 복원 작업 참여

일본 기비문화재수복소(吉備文化財修復所) 유물수복 작업 참여

신
보
경

영 화 미 술 감 독

정오의 앨리스는 보았습니다
토끼굴의 작열하던 수직의 폭포

덤덤한 것은 얼마나 파괴적인가요?

오리가 되어버린
비트겐슈타인의 토끼

나를 부수고 나로 채운

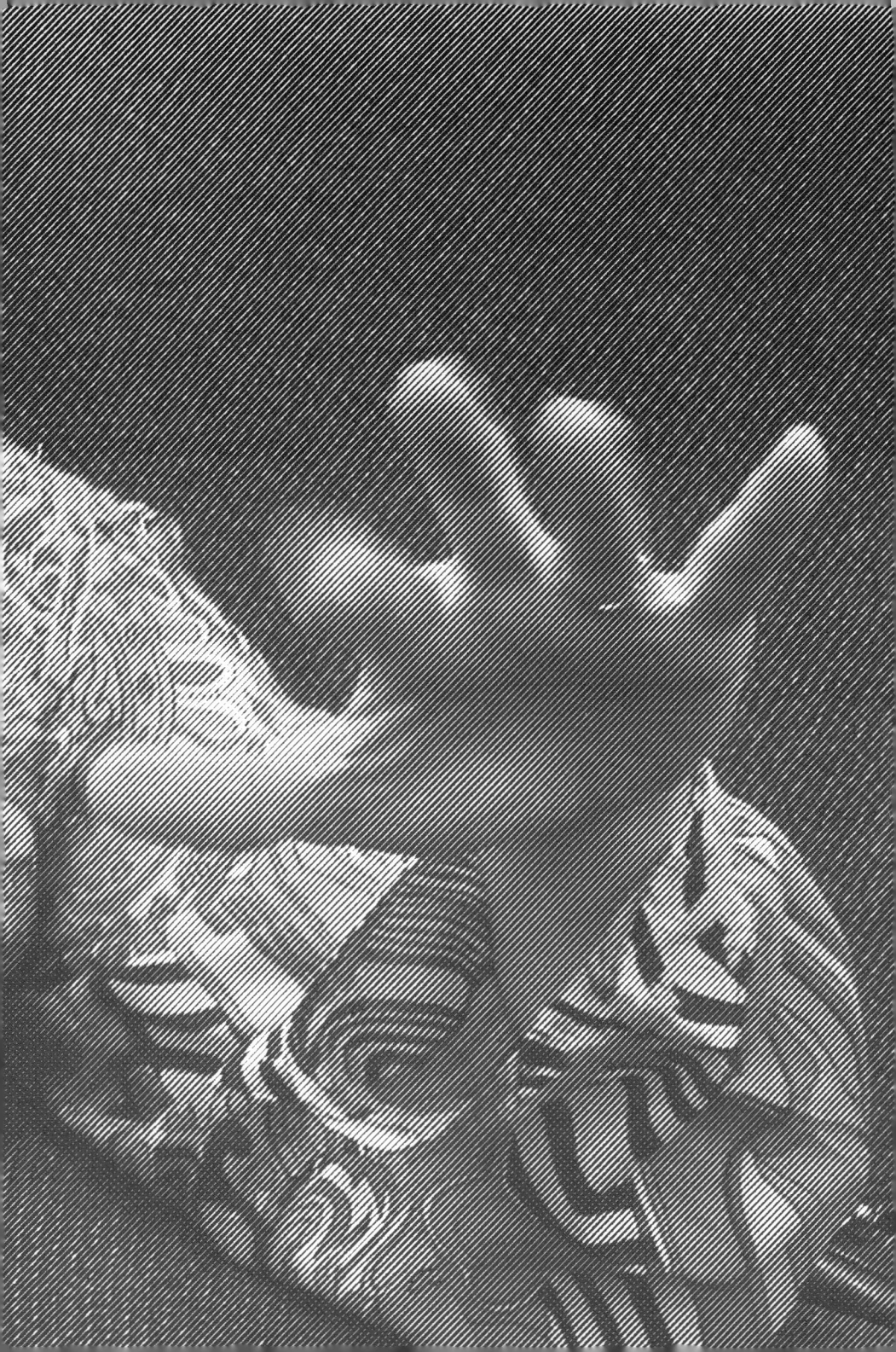

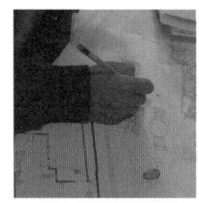

필름 위에
세상을 음각하다

영화 산업이 호황기를 거치면서 영화 미술에 대한 관심도 같이 커졌습니다. 이제
배우와 감독 못지않게 미술감독도 영화를 선택하는 기준 중에 하나가 되고 있지요.
먼저 영화 미술이란 무엇인지부터 시작해야 할 텐데, 정의가 가능할까요?
저에게 답하기 어려운 질문 중 하나인 거 같아요.(웃음) 전에는 '문자 상태의
시나리오를 가장 먼저 시각화하는 사람'이란 대답을 주로 했어요. 이제 저 자신의
가치관이 조금씩 바뀌면서, 영화 미술이란 뭘까? 하고 제 자신에게 질문을 던지고
있어요. 그래서 한마디로 표현하기 힘들 것 같아요. 단순히 영화가 시각적으로만
구성되는 것이 아니라 다른 요소들과 잘 결합해서 만들어지는 중요한 한 분야이긴
한데……. 뭐라고 정의 내리기가 상당히 어렵네요.

정의라는 것이 항상 어렵죠. 그럼 정의 내리기 힘들다고 정의 내리겠습니다.(웃음)
(웃음) 네.

정의가 어려운 건 아마 하시는 일을 함축해 설명해야 하기 때문일 텐데요. 실제로 어떤
일들을 하시는지 조목조목 알아가면 해결되리라 봅니다. 우선 미술감독이라는 직함이
정확한지부터 궁금한데, 어떤 이름으로 불러야 할까요?

지금 우리나라 영화 미술에는 '미술감독'이란 용어와 할리우드 시스템에서 받아들인 '아트디렉터' '프로덕션디자이너production designer' 같은 용어가 함께 쓰이고 있어요. 영화산업 초기에는 그냥 '미술'이라고도 했고요.

아, 기억납니다. 그냥 미술 누구 하는 식으로 했었죠.
네. 영화계에 침체기가 왔을 때 세트를 제작하시던 분들이 그렇게 '미술'이란 타이틀로 작업을 하시다가 미술감독에 대한 필요성을 느끼면서 아트디렉터란 타이틀로 90년대 초반에 다시 출범한 거죠. 그렇게 영화계에서 젊은 아트디렉터군群이 생겨났고요. 현재는 아트디렉터의 범위도 벗어나서 헐리웃의 프로덕션 디자인 시스템으로 전환되어가고 있는 과정인 것 같아요. 영화계에서 오랫동안 일해온 저나 주변 분들도 이미 프로덕션디자이너 형태로 전환을 했고요.

프로덕션 디자인이라면?
사실 할리우드도 처음부터 이 프로덕션디자이너가 있었던 건 아니에요. 원래는 우리나라처럼 아트디렉터 시스템이었는데, 아트디렉터의 영역이 미술의 한 분야에만 국한돼 있는 것이 아니라 다른 분야와 유기적으로 결합해야 하는 일의 특성 때문에 프로덕션디자이너라는 '상위 개념'이 생겨난 거죠. 그러니까 미술 내에만 국한된 것이 아니라 제작, 연출, 촬영 파트와 서로 밀접하게 영향을 주고받는 개념이라고 보면 돼요.

복잡해 보이네요. 아마 규모가 커지다 보니 영화 내 미술 영역의 관리도 중요해지면서 생긴 시스템인 것 같은데요.(웃음) 그런데 말씀을 들어보니 1990년대 이전의 미술감독의 역할은 지금과는 좀 달랐던 모양이죠?
초창기엔 할리우드나 유럽에서도 아트디렉터의 개념이었어요. 미술 부서의 장長이라는 개념에서 아트디렉터였고, 결국 직역하면 미술감독이죠. 그런데 영화의 규모가 커지고 제작 시스템이 확장되면서 프로덕션디자이너란 용어도 생긴 거고 촬영 쪽에서도 마찬가지로 DP director of photography[1] 시스템이 생긴 거예요. 그런 식으로 시스템이 확장되면서 그걸 관리할 수장이 생기게 된 겁니다. 그런데 우리나라는 1990년대 이전만 해도 미술감독은 연극과 마찬가지로 하나의 예술 조직이라는 개념이 더 컸었어요. 그런 조직 아래에서 누가 감독이라기보다는 자급자족의 단순한 수평적 역할 분담의 의미가 더 컸는데 이것이 점점 커지고 상업화되면서 전체를 조율할 수 있는 감독군群이 필요했던 거죠. 그래서 미술감독이란 말을 사용하는 것이고요.

    1960년대까지는 그런 시스템으로 번성해 갔었어요. 사실은 영화가 너무 번성하다 보니까 몇 달에 한 편씩, 심지어는 한 달 반 만에도 한 편씩 만들어내야 하는 상황이 되고 보니 그 역시도 원래 의미의 미술감독이기보다 직능인으로서 세트 제작 같은 쪽에 치중하게 된 거죠. 그러면서 영화계의 호황기가 지나가고 침체기가 오면서 본래의 어떤 직능인이 해야 할 역할은 사라지고 직위만 남게 돼버린 거예요.

이런 표현이 가능할지는 모르겠지만 뭔가 단물 빠진 껌 같은 느낌이네요. 그런데 여전히 현장에는 미술감독이란 용어가 눈에 자주 띄던데요.

네, 가장 많이 쓰는 말은 미술감독이죠. 하지만 용어를 따지기 이전에 영화를 하나의 유기체로 이해해야 해요. 영화란 매체에는 많은 부서가 있지만 그 부서들이 자신들의 일만 단독적으로 할 수도 없을 뿐더러, 해서도 안돼요. 서로의 영역이 겹치는 부분이 있고 역할 교환을 해야 하는 지점이 있어요. 영화라는 매체의 규모가 커지고 제작 시스템이 확장되면서 이런 시스템에 적합한 좀 더 포괄적인 개념이 필요했고, 그것이 프로덕션 디자인 영역의 시작이었어요. 그래서 현재는 프로덕션디자이너란 개념 아래 아트디렉터란 직책이 있어요.

1　미국의 경우 촬영감독이 영화 촬영 및 조명 전반을 종합적으로 담당하는데, 이러한 시스템을 DP 시스템이라고 한다. 한국의 경우에는 대체로 촬영팀 및 조명팀을 분리해 촬영감독과 조명감독이 관장하게 하고 있다.

미술감독은 어떻게 되셨나요? 감독님께서는 홍익대학교에서 시각디자인을 전공하신
것으로 알고 있습니다.

원래 이런 직업을 보면 우여곡절과 갖은 고난을 극복하고 힘들게 미술감독이
되신 분들이 많은데, 저 같은 경우에는 정말 운때가 좋을 뿐이었어요. 제가 처음으로
미술감독을 한 영화가 〈세상 밖으로〉라는 영화예요.

여균동 감독의 작품 말씀인가요?

네, 그때 아트디렉터로 첫 작품을 맞게 됐는데 당시 제 나이가(웃음) 스물셋이었어요.

스물셋의 나이에 미술감독이 되셨다고요?

〈그대 안의 블루〉란 작품의 연출부를 하고 난 뒤 그 다음 영화였던
〈세상 밖으로〉에서 아트디렉터의 직함을 받게 됐어요. 운도 좋았지만 사실은 제가
아무것도 몰랐기 때문에 가능했던 것 같아요. 겁 없이 그냥 "네, 하겠습니다." 하고
시작했거든요. 그때 당시에는 아트디렉터란 개념이 없었기 때문에 영화에 대한
열정만 있고 아무런 노하우도, 직위에 대한 개념도 없던 사람이 갑작스레 미술감독이
될 수 있었던 거죠. 시대적 천운이라고나 할까요. 이러니 직업 안내를 해 드리기가
참 뭐한데…….(웃음)

종종 인터뷰 할 때 "후배들에게 좋은 말씀 부탁드립니다." 하면, "절대 여기
오지 말라."고 딱 잘라 말씀하시는 분들도 계세요.(웃음)

영화도 그래요.(웃음)

표현형은 우연이었지만 성장하시면서 잠복해 있던 필연의 유전자형^形도
있지 않았을까요?

원래 영화를 좋아했어요. 언니가 굉장히 많았는데 텔레비전을 자주 보던 것은
아니었지만 항상 〈토요 명화〉〈주말의 명화〉〈명화 극장〉을 찾아봤어요.

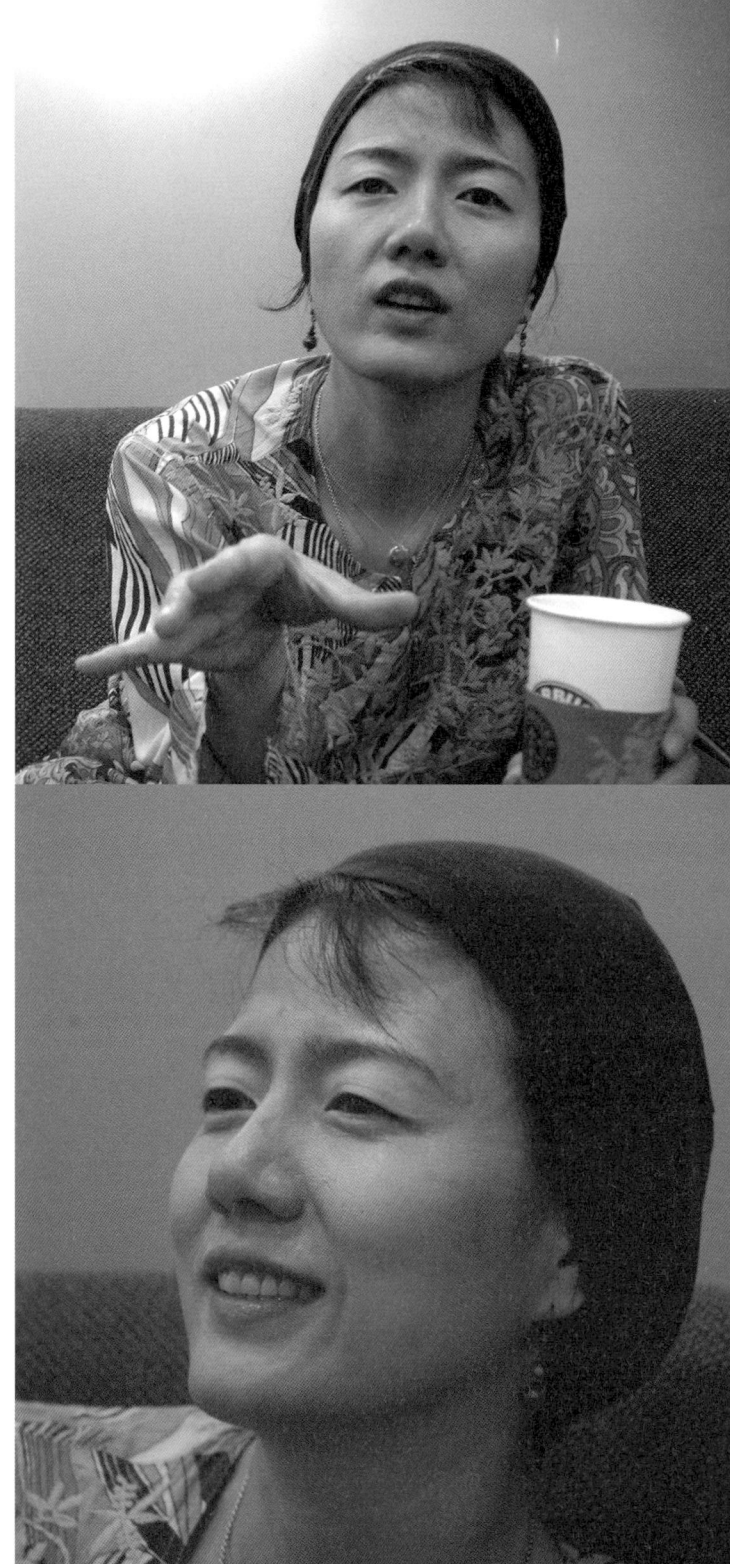

저희 집 골방에 언니들이나 아빠가 읽던 책이 많았거든요. 어렸을 때는 활동적인 성격이 아니어서 그랬는지 매일 집에서 책 읽고, 자고, 상상하기가 전부였어요. 대학 시절엔 어두컴컴한 시네마테크에서 보내던 시간들도 굉장히 많았고요. 그러고 보면 제 게으른 취미 생활에 딱 맞는 게 영화였던 것 같아요. 하지만 그때는 그냥 관객의 입장이었어요. 그러다가 대학교 3, 4학년 무렵 그냥 학교를 졸업하고 사회인이 되면 인생이 돌이킬 수 없이 굳어버리는 것은 아닐까 하는 고민이 있었어요. 그때 마침 "너 영화 좋아하니까 영화 한번 해볼래?" 하는 제안을 받은 거예요. 그게 〈그대 안의 블루〉였어요. 처음에는 의상 코디네이터 밑에 어시스트를 해 보라는 제의였었거든요. 저는 우선 사회로 나가는 걸 좀 늦추고 싶었고, 그 기회가 영화라면 더없이 좋다는 생각을 했죠. 집에는 휴학을 했다고 거짓말을 하고,(웃음) 그렇게 영화를 시작했어요. 저희 아버지가 굉장한 영화광이셨는데, 아빠가 전후戰後 세대라서 가족을 책임져야 하는 상황이 아니었다면 아마 영화 쪽 일을 하셨을 것 같아요. 아무튼 그러면서 잠깐 가서 영화 일을 하며 지내보겠다는 게 지금까지 하게 됐네요.

미술 파트의 수장으로서 연출자의 관점과 충돌하는 부분도 있을 것 같습니다. 그런 부분은 어떻게 타협점을 찾으시나요?
예술영화를 할 때는 100퍼센트 감독의 의견에 따르는 편이에요. 왜냐면 일을 시작할 때 이미 이 감독이 갖고 있는 특유의 관점과 예술적 지향점에 호감을 갖고 시작했기 때문이에요. 감독이 얘기하는 걸 제가 완전히 이해하지 못해도 저 사람은 분명 다른 의미에 무언가를 두고 있을 거라는 믿음을 갖고 있어요. 이런 경우엔 무조건 감독의 의견에 따르죠. 하지만 상업영화라면 감독과 이야기를 하면서 그분의 의견뿐 아니라 제가 생각하는 부분들도 반영될 수 있도록 설득하겠죠. 미술적으로 보다 대중적이고, 대중보다 살짝 위에, 관객들에게 호감을 줄 수 있는 미술은 이런 것이라고 주장하면서……

새로운 것을 만들다 보면 결과를 예측하기 힘들 것 같은데요, 비슷한 경험이
있으실까요?

있죠. 그런데 서당 개 3년이면 풍월을 읊는다고, 예전 초보 미술감독이었을 때보단
재수정하는 일이 줄어드는 것 같아요. 그건 두 가지 이유가 있는데 건방지게
얘기하자면 예전보다 노하우가 늘어나서고, 또 하나는 예전보다 커뮤니케이션 능력이
늘어났기 때문이라고 봐요. 예전에는 내가 생각한 것을 '아, 이렇게 하면 되겠지.'
했는데, 언제부턴가 말만으로는 부족하단 걸 실감했어요. 그래서 기획 단계에서부터
굉장히 세세하게 커뮤니케이션을 하거든요. 그러다 보니 현장에 가기 전에 어느 정도
예상이 가능하고 그렇게 70-80퍼센트까진 예상이 가능한 상태에서 시작하니까
현장에 가서 "어, 이게 아닌데!" 하는 재수정의 경우가 확실히 많이 줄어들었어요.

디렉터 이하 스태프 또는 감독과의 소통 방식이 무엇보다 중요하다고 말씀하셨는데요,
커뮤니케이션의 요령에 대해서 말씀해주신다면?

미술감독마다 방식은 여러 가지인 거 같아요. 저 같은 경우에는 회의를 몇 단계로
나눠요. (프리프로덕션 단계의 〈식객: 김치전쟁〉의 이미지북을 꺼내며) 1차 이미지라는 얘기를 쓰는데
처음 감독과 커뮤니케이션을 할 때는 디테일하게 하지 않아요. 큰 덩어리 안에서
그냥 우리가 시나리오를 읽으면서 느낄 수 있는 여러 가지, 그냥 문득문득 떠오르는
이미지 같은 것들을 가볍게 추리는 거죠. 그리고 영화 속 인물이 제가 모르는 직업일
경우엔 그런 직업군이 갖는 특성, 배경에 관한 것들, 인물이 갖는 개인적인 이미지
같은 것들을 추리고요. 이걸 가지고 먼저 이미지 프레젠테이션을 해요. 단순히 국내의
이미지만 하는 것이 아니라 전 세계의 이미지를 사용해서 하는 거죠. 이렇게
모든 아이디어를 이미지화 시켜서 만들어요.

　(이미지 북을 펼치며) 이건 1차 이미지 PT 했던 자료를 제가 개인적으로 보려고 제본한
건데, 예전엔 드로잉하거나 디자인해서 감독과 얘기했더니 실제로 교감 수준이 너무
낮은 거예요. 도면은 읽기가 힘들고, 드로잉에는 제 표현의 한계라는 것도 있으니까요.
그런데 이렇게 실재하는 이미지들 가지고 대화를 진행하니까 훨씬 효과적이더라고요.

나중에 디자인된 도면이라든지 드로잉을 보여드렸을 때 감독들과 교감 수위가 몇 배씩 올라가요.

예산에 관해서는 어떨까요? 때때로 생각했던 것과는 다르게 예산이 많이 드는 경우도 생길 것 같은데요.

그런 것도 좀 있어요. 〈태극기 휘날리며〉 이후에 한 7-8년 간 시대물을 했거든요. 〈식객 : 김치전쟁〉이 다시 현대물인데, 시대물 같은 경우엔 명확해요. 제가 예산을 명확하게 지킬 수 있죠. 모든 것이 백지에서 다 그려져야 될 수 있는 거니까. 그런데 현대물 같은 경우에는 호언장담하진 못하겠어요. 로케이션 스카우팅location scouting[2]을 다 해놨는데 실제로 찍으려고 갔더니 공사를 하고 있다거나, 뭐가 바뀌어 있거나 하는 경우가 생기죠. 그런 때에는 예산에 없던 돈이 들어가게 되죠. 그런데 시대물은 아무것도 없는 상태에서부터 시작하기 때문에 예산과 정산이 거의 맞아요.

진부한 질문입니다만, 미술감독으로서 자부심 또는 성취감을 느끼실 때는 언제인가요? 보람 있다고 생각되실 때가 있으실 것 같은데⋯⋯.

개인적인 생각으로, 사실 영화는 직업적으로는 좋지 않아요. 돈을 많이 버는 것도 아니고 규칙적인 생활을 할 수 있는 것도 아니에요. 그런데도 영화를 직업으로 삼길 잘 했다고 생각해요.(웃음) 기본적으로 상상하기 좋아하는 제 성향하고 잘 맞고요. 게다가 일반 사람들처럼 반복적인 일을 하는 게 아니라 매번 새로운 경험을 할 수 있어 즐거워요. 예를 들어 몇 십 층 높이의 아파트 꼭대기 첨탑에 올라 넓은 풍경을 한참 동안 바라 볼 수 있다든지, 아니면 향수 디자이너가 돼보기도 하고, 군부대의 출입제한구역을 경험해 볼 수도 있어요. 물론 낭만만 있는 것은 아니지만 지겨울 겨를이 없다는 점, 그래서 내가 살아 있음을 늘 느낄 수 있다는 점이 있죠.

---

2 영화의 공간적 배경이 되는 촬영 장소를 물색하거나 확보하는 일.

〈태극기 휘날리며〉 평양 전투 신 준비과정 처음 잡은 이미지를 기준으로 고증 자료를 모으고
그 자료를 토대로 디자인해서 도면화한다. 그 뒤 2차원 도면을 3차원 모델링 작업을 통해 다시금 검증하고
수정한 뒤 영화 촬영이 시작된다.

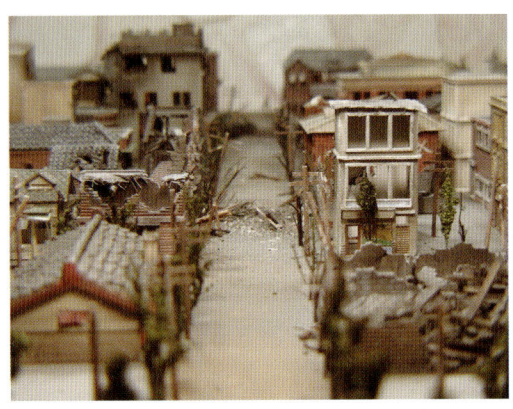

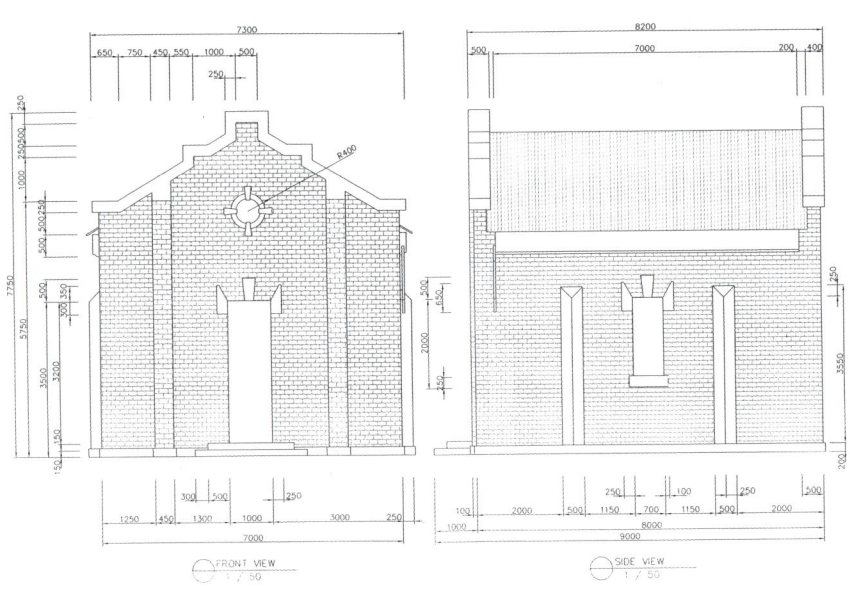

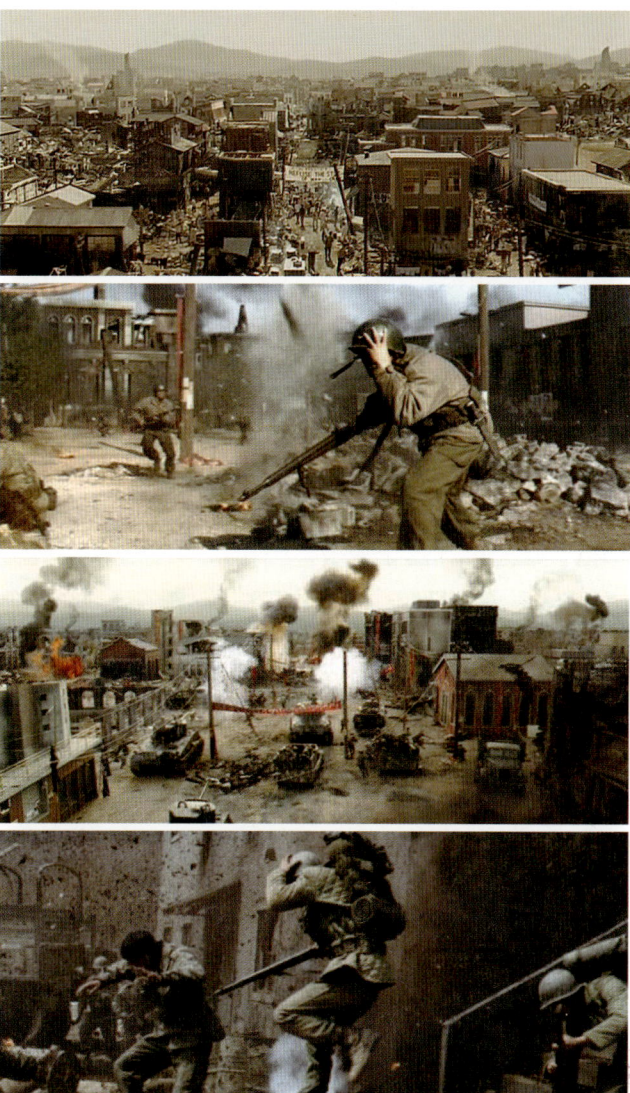

영화 〈세상 밖으로〉를 준비하며 작성한 메모(위)
영화 〈접속〉 공간계획도(아래)

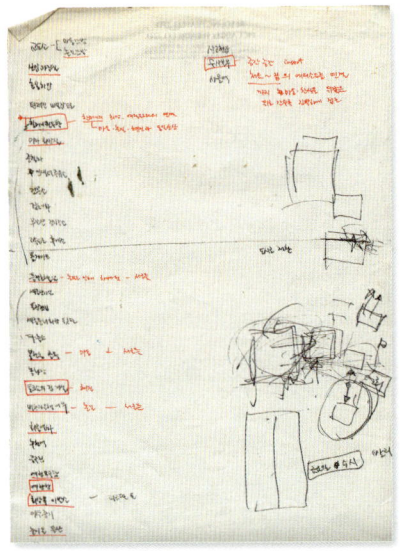

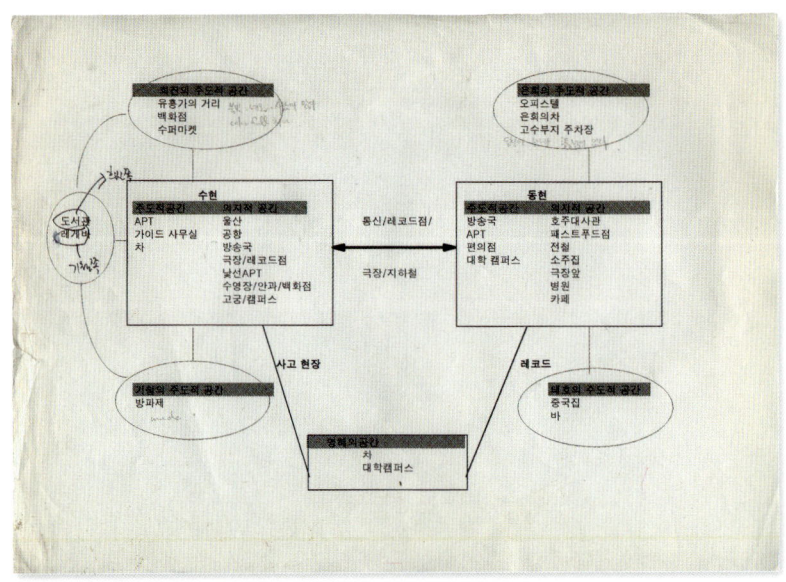

누구나 인생의 한두 명의 멘토는 있다고 봅니다. 감독님의 멘토는 누굴까요?

제가 1998년인가, 2000년인가, 그때쯤에 미국 워너브라더스 스튜디오에 간 적이
있어요. 거기서 몇 개의 프로젝트가 진행되고 있었는데, 〈퍼펙트 스톰The Perfect Storm〉과
〈스페이스 카우보이Space Cowboy〉란 작품이었어요. 당연히 보안이 엄격했는데도
한국에서 세트장을 돌아다니던 버릇이 있어 그냥 돌아다녔죠. 그런데 한 목수가
저기 가면 헨리 범스테드Henry Bumstead 감독이 도면 작업을 하고 있다고 귀띔을 해줘
가서 뵙게 됐는데, 그때 감독님 나이가 여든일곱이었어요. 청바지에 간단한 셔츠를
입고 메커닉디자이너랑 〈스페이스 카우보이〉 안에 들어갈 조종관을 디자인하고
계셨는데, 제가 찾아가니까 이런저런 설명도 해주시고 전체 도면을 보여주면서
이렇게 디자인할 생각이라고 자세하게 이야기를 해주셨죠. 그런데 그때가 그렇게
감동적일 수가 없었어요. 그분이 히치콕Alfred Hitchcock의 영화 〈현기증Vertigo〉의 유명한
미술감독이어서만이 아니라, 그 나이까지 청바지를 입고 현장에서 일하면서 열정적인
눈동자로 자신이 하고자 하는 작업에 대해 설명하는 모습이 근사해 보였던 거죠.
그 순간 나도 여든일곱까지 쉬지 않고 새로운 작업을 해야겠다는 생각에 몸이
들끓었어요.(웃음)

그밖에 소개하고 싶은 감독이 있다면 그 이유와 함께 말씀해주시죠.

굉장히 많죠. 음……. 개인적으로 캔 애덤Ken Adam이라는 미술감독의 디자인 스타일이
대단히 매력적이에요. 옛날 007 영화가 대표적이고, 스탠리 큐브릭 감독의
〈닥터 스트레인지 러브Dr. Strangelove or: How I Learned to Stop Worrying and Love the Bomb〉
미술감독이기도 하지요. 그분이 2000년에 영국에서 만들어졌던 밀레니엄 조형물을
디자인하셨어요. 제 경우에는 작업을 할 때 색깔에 의미를 많이 부여하고 실제로
그런 것들을 많이 시도해요. 그런데 제 작업에서 부족한 부분 중 하나가 공간에 대한
지각력인데, 시원시원하게 디자인하는 능력이 좀 떨어진달까?(웃음) 그러니까
너무 디테일하기 때문에 크게 보는 안목이 좀 부족하다고 생각을 하는데,
그런 면에서 캔 애덤은 아주 탁월해요.

〈닥터 스트레인지 러브〉라면 피터 셀러스Peter Sellers가 1인 3역을 감쪽같이 해치워서
유명했던 영화였죠.(웃음) 그럼 지금까지 작업하셨던 영화들 중에서 힘드셨던 작품이나
특별히 기억에 남는 에피소드가 있다면 말씀 부탁드립니다.

처음에 했던 〈세상 밖으로〉와 얼마 전에 했던 〈태극기 휘날리며〉가 가장 힘들었죠.
〈태극기 휘날리며〉 같은 경우에는 작품의 스케일이 너무 커서 힘들었어요. 게다가
프로덕션 디자인 시스템을 가장 구체화시켜서 실현시킬 수 있는 경우였는데, 전에는
규모들이 작다 보니 솔직히 프로덕션디자이너란 타이틀을 달아도 프로덕션 디자인
시스템 자체를 실현하기는 쉽지 않았거든요.

　　그러고 보면 태풍에 세트도 한 번 날아갔었어요. 〈태극기 휘날리며〉 촬영할 때
큰 오픈 세트가 두 개 있었는데 하나가 부천에 있던 〈야인시대〉 세트장인
'서울 거리'였고, 나머지 하나가 '평양 시가지'인데 그건 완전히 새로 설계해서
지은 거였거든요. 합천에서 나대지를 제공 받아 그곳에다 세트를 지었어요. 공정의
60퍼센트 정도가 진행되고 도색 작업이 시작되고 있을 때 태풍이 불면서 전날까지
멀쩡했던 세트가 몽땅 무너지고 말았죠.(웃음)

전부 무너진 건가요?
저희가 그때 70채 정도 집을 지었는데, 대략 40채 정도가 날아갔죠.

추가 비용이 어마어마하게 들었겠네요?
장난이 아니죠. 비용도 문제였지만 더 큰 문제는 일정이 감당 안 되는 거였어요.
저희가 세트를 제작하는 공정을 석 달 잡았는데, 그때는 벌써 두 달 정도가 지나간
시점이었어요. 남은 한 달 동안 모든 걸 지을 수는 없죠.

그럼 어떻게 하셨나요?

그런데도 지었죠.(웃음) 한 달 반 만에 다시 지었어요. 어쩔 수 없이 디테일한
완성도에서 아쉬운 부분들도 좀 있었지만 감독, 촬영감독, PD, 세트 및 소품 팀 등
모두가 힘을 보태서 결국 다시 지었어요.

그런 경우엔 보험이 안 되나요?

보험을 들긴 하죠. 보험을 드는데 보험으로 받을 수 있는 액수라는 게 사실 미미해요.
또 완성된 상황이 아닌 진행 과정이었기 때문에 애매한 부분들도 있었고요. 아직은
할리우드처럼 보험이 체계화돼 있지 않기 때문에 여러 문제점이 있어요.

현재 어시스트로 일하고 계신 분들도 결국 미술감독의 꿈을 가지고 계시겠죠? 딱 잘라
말할 순 없겠지만 어느 정도의 작품 경력 또는 기간이면 미술감독이 될 수 있을까요?

개인적으로 생각해볼 때 경력은 중요하지 않다고 생각해요. 물론 저 역시도 그랬고요.
그런데 만약 필요한 이유가 있다면 현장을 알아야 한다는 거예요. 영화 제작 현장만의
특수한 환경이 좀 있어요. 일종의 룰이라고나 할까요. 근데 또 그걸 룰이라고
하기도 애매한 것이 매번 상황이 달라지니까. 그렇게 영화 현장만의 특수한 환경과
프로세스의 과정을 알게 되고 그것에 대한 감이 서면 작품이 세 작품이건 네 작품이건
상관이 없는 거죠. 열 작품을 해도 그걸 못 알아채는 사람도 있고, 빠르면
서너 작품 만에 알아채기도 하니까. 본인 스스로 창의적인 능력이 있다면 언제든
가능하다고 생각해요. 사실 주변 미술감독들은 저한테 뭐라고 하기도 해요.
그런 것들이 선 다음 '잇뽕3'하는게 맞다고.

---

3 영화계의 은어. 하나의 작업을 책임지고 맡게 될 경우 흔히 쓰이고 있다. 입봉 또는
   일본어로 잇뽕이라고도 하는데 입봉(入峰)은 하나의 봉우리에 들어섰다란 의미로,
   잇뽕(一本)은 견습 과정을 끝내고 일정 수준에 도달한 기생을 일컫는 말로 알려져 있다.

그럼 영화 미술의 가장 중요한 핵심은 무엇이라고 생각하세요?

저 같은 경우에는 미대를 나왔으니까 우선 미술이 베이스죠. 하지만 영화 미술을
하면서 가장 중요하게 생각하는 건 '미술 영화'가 아니라 '영화 미술'이란 점이에요.
때문에 영화적인 문법을 아는 것이 가장 중요하다는 생각을 하곤 해요. 영화 제작과
관련한 모든 프로세스와 메커니즘을 이해하고 영화의 문법을 이해하는 것.
이게 가장 중요한 것 같습니다.

영화 미술을 하기 위한 정규 커리큘럼이 있는 것으로 알고 있습니다. 어떤 학교에
관련 학과가 개설되어 있나요?

최근에 대부분의 학교에서 영화과 내에 교양으로 프로덕션 디자인에 대한 수업이
개설되어 있고요. 대표적인 학부 중에서 중앙대에 공연영상미술학부가 있고,
대학원 중에서 홍익대에 프로덕션디자인과가 있어요.

한국예술종합학교에 무대 디자인과가 있는 것으로 아는데요,

한예종 같은 경우는 영화 미술에 대한 수업은 굉장히 초창기부터 있긴 했지만
전공으로는 없어요. 대신 연극원에 무대미술과가 있죠. 실제로 민언옥 선생님
(영화 〈춘향뎐〉 〈혈의 누〉, 드라마 〈궁〉)외 몇몇 분들이 무대미술과 출신으로 영화 쪽에서
일하고 계시죠.

말씀을 듣고 보니 영화미술과 관련된 교육 체계의 숫자가 빈약해 보이는데요. 현 대학
수준에서의 교육이 실재 영화 미술의 진입 수단으로 충분하다고 생각하십니까?

단언하기는 어렵죠. 제가 늘 얘기하지만 이론과 실제는 달라요. 아무리 머릿속으로
공부해도 실제로 현장에서 피부로 맞닥뜨리면 다릅니다. 이론과 실제가 다르기
때문에 제도권의 공부만 가지고 100퍼센트 준비됐다는 건 거짓말이고 그런 이론적
바탕과 함께 현장의 온도, 습도, 바람 이런 것들을 읽어내는 능력이 있어야죠.

비슷한 질문이 될 수 있겠는데요, 선생님께서는 디자인을 전공하셨는데 지금 하시는 일과 어떻게 관련이 있는지, 반대로 미술대학을 나오지 않고도 이 직업을 희망한다면 어떤 역량과 소양이 필요한지 궁금합니다.

미대를 나오지 않아도 얼마든지 할 수 있죠. 저의 어시스트를 했었고 지금은 저보다 잘나가는(웃음) 이대훈(영화 〈인정사정 볼 것 없다〉〈나의 결혼 원정기〉 등) 미술감독의 경우 미대 출신이 아니에요. 미대를 나왔건 그렇지 않건 미술감독으로서 중요한 기본 소양은 영화의 메커니즘과 문법을 이해하고 그것을 시각적인 공간으로 구조화시킬 수 있는 능력이에요. 그런 만큼 미술대학에서 공부한 것이 분명 도움이 되긴 하겠지만 그것이 전부는 아닙니다. 결국 개인의 역량과 색깔에 따라 차이가 있다고 봐요.

말씀하신 소양을 위한 노하우나 팁이 있다면?

영화를 많이 보는 것도 중요하지만 우선은 세상을 보는 눈이 있어야 된다고 생각해요. 사실 영화는 판타지건 SF건 세상을 보여주는 장르잖아요. 그런 만큼 일상의 풍경들이 담고 있는 의미를 생각해 낼 수 있는 능력이 필요한 것 같아요. 그런 다음 기억의 저장고에 잘 쟁여두면 좋겠죠. 그런데 여기서 말하는 시선은 카메라처럼 프레임화되어 있어야 해요. 사각 틀 안에 들어가는 세상은 우리가 그냥 눈으로 보는 세상과는 달라요. 그런 만큼 사진을 찍는다거나 하는 과정을 거치면 더 도움이 될 것 같아요.

일반적인 계약 방식은 어떤지 궁금한데요. 영화 촬영이 시작되면 모든 계약금을 받게 되나요? 아니면 일부는 먼저 받고 이후는 나중에 받나요?

사례는 여러 가지가 있지만 일반적인 관례는 5 대 5에요. 작품이 시작되기 전에 50퍼센트를 받고 작품이 끝나면 나머지를 받아요. 최근 3-4년 전쯤에 영화미술감독조합이 발족했는데 조합 차원에서는 세 번에 나눠서 집행되기를 권하고 있어요. 그래서 프리프로덕션 단계, 프로덕션 단계, 그리고 프로덕션이 끝날 때 그렇게 4 대 3 대 3으로 하고 있어요.

왜 두 번에서 세 번으로 바뀐 건가요?

프로덕션 시점에서 돈을 받게 될 경우 프리프로덕션에서는 사비를 쓰게 돼요. 그런데
영화가 엎어지게 되면 돈을 못 받는 경우가 생기죠. 저희 같은 경우는 준비 과정에서
비용이 더 많이 들게 되거든요. 다행히 이번 〈식객: 김치전쟁〉의 경우엔
이성훈 PD께서 프리프로덕션 과정에서 100퍼센트 비용을 선불 처리해주셨는데
좋은 사례라고 볼 수 있겠죠. (웃음)

임금과 관련해서 계약 문제라던가 여타 문제들이 있을 것 같은데 그에 대한 개선점에
대해 해주실 말씀이 있으시다면?

그건 아마 한국미술감독조합 웹사이트에 있을 거예요. 사실 경력이 많은 미술감독,
경력이 적은 미술감독들이 겪는 폐해가 너무나 달라서 각 사례에 대응하기 위한
약관을 꾸준히 만들어 가고 있어요. 그런데 참 안타깝게도 영화 산업이 잘 나갈 때
그것이 관철되었어야 했는데 스크린쿼터가 무너지고 영화계에 갑작스럽게 침체기가
오면서 실제적으로 실현하지 못한 점이 아쉬워요.

그때의 주된 안건은 무엇이었나요?

미술감독이 개인적으로 사비를 써서 사무실을 꾸리고 어시스트들이 일할 수 있게
환경을 만들고 있는데요, 프리프로덕션 이전에 계약하는 문제가 해결돼야 합리적이고
체계적인 사무실 운영 시스템을 구축할 수 있죠. 더불어서 어시스트들의 임금 문제가
주된 안건이죠. 제작사 측의 입장은 어시스트 영화인들은 전문적인 프로라고 할 수
없기 때문에 임금을 줄 수 없다는 것이고 저희가 볼 때 우리의 영화 산업 구조의
문제는 프로로 진입하기까지 걸리는 시간이 너무 길다는 점이에요. 그러다 보니
질 좋은 인프라를 구성하기 어렵다는 지적으로 일종의 노사 갈등이 생겼죠.
제작사 측에서는 인력 인프라의 현황을 집계할 수 없는 현 상황에서 임금을 등급에
따라서 매길 수 없다는 얘기가 오갔고 그에 대한 대안으로 영화인 노조와 함께
영화미술감독조합에서는 관련 약관이 필요하다는 점을 밝힌 거죠.

영화 산업에서 스태프들의 임금이 터무니없이 낮다는 것은 잘 알려져 있습니다만,
어느 정도인지 궁금합니다.

그 점은 음……. 사실 너무나 어렵기 때문에 저를 비롯해 스태프들의 급여에 대해서는
상세히 밝히기 어렵습니다. 일반 스태프들의 경우는 아시는 대로고요. 미술감독의
경우도 다른 감독과의 관계 그리고 다음에 맡게 될 영화와의 여러 상황들 때문에
밝히기 어려워요.(웃음)

아시다시피 스타 배우들의 출연료가 전체 제작비에서 차지하는 비율이 지나치게 높다는
지적이 있습니다. 아마도 영화 산업의 밑바닥에서 일하는 어린 스태프들이 희망을
담보로 형편없는 처우를 받고 있는 것과 무관하지 않을 텐데요, 말씀대로 합리적인
대우 없이 질 좋은 인력을 유지할 수 없다면, 제작비에서 일종의 역할 당 비용을
고정적으로 할애하는 것에 대해서는 어떻게 생각하시는지요?

사실 가장 많이 지적되는 부분이 배우들의 임금 부분인데요, 하지만 그것도 결국
한 부분이라고 생각해요. 할리우드의 경우도 배우의 임금은 굉장히 높잖아요. 결국
배우의 임금이 문제가 돼서 전체에 대한 악순환이 생기는 것이 아니라 기본적인
예산에서의 분배 문제라고 봐요. 한 배우가 많이 가져갔기 때문에 나머지가 다 악화가
된다고 보는 건 조금 무리라고 봐요. 그것이 적정하게 분배된다면 문제가 없어요.
100억짜리 영화도 내부로 들어가 보면 마치 저예산 영화처럼 일해야 하는 경우도
있거든요. 가령 A 배우가 몇 억을 가져가고 B 배우가 몇 억을 가져가도 전체 예산은
100억이기 때문에 합리적으로 기획하면 되는데 그것이 정확하질 않으니 길바닥에
돈을 흘리게 되고 결국 힘없는 노동자들의 임금 문제가 발생하게 되는 게 아닐까요?
유명 배우는 자신의 유명세에 맞게 가져가야죠. 왜냐면 그들이 흥행에 분명한 역할을
하니까요. 모두 저임금 체제로 갈 필요는 없어요. 고임금 체제도 필요해요. 다만
말씀대로 어린 스태프들의 꿈을 담보로 영화 산업을 유지해서는 미래가 없기 때문에
이들에 대한 최소한의 생계 보장 등 최소한의 선은 정해줘야 합니다.

그런 면에서 이런 지침도 필요할 것 같군요. "돈을 벌겠다고 영화판에서 일할 생각이라면 다시 생각해보라."

슬프지만 그래요. 돈을 버는 것이 무엇보다 중요하다면 와서 기능직을 하는 게 차라리 낫죠. 세트를 제작하거나 산업적인 측면이 강한 일들 말이죠. 그렇지만 분명한 것은 돈으로 환산할 수 없는 기회가 여기 있다는 사실이에요. 좋아한다면 망설이지 않길 꼭 부탁하고 싶습니다.

| 압구정 카페에서 |

신보경

홍익대학교 미술대학 시각디자인과 졸업
홍익대학교 영상대학원 졸업

제41회 대종상영화제 미술 부문 수상
1999-2008 한국영화아카데미, 한국예술종합학교 강사
             일본 문화청 초청 일본미술감독협회 연수

1992 〈그대 안의 블루〉
1994 〈세상 밖으로〉
1996 〈그들만의 세상〉
1997 〈접속〉
1998 〈찜〉
1999 〈미술관 옆 동물원〉
2000 〈비밀〉
2001 〈스물넷〉
2002 〈오버 더 레인보우〉
2003 〈태극기 휘날리며〉
2007 〈소년은 울지 않는다〉
2010 〈식객: 김치전쟁〉

최영걸

작은 작업실의 빈 공간들이 덤덤히
별 이유 없이 오랜 침묵으로 이웃해 있다
어딜 하나 편애한 곳 없이 모든 공간이
명쾌하게 질서로 이어 붙은 콜라주

동양화의 검은 먹과는 달리 그 안은 너무도 희다

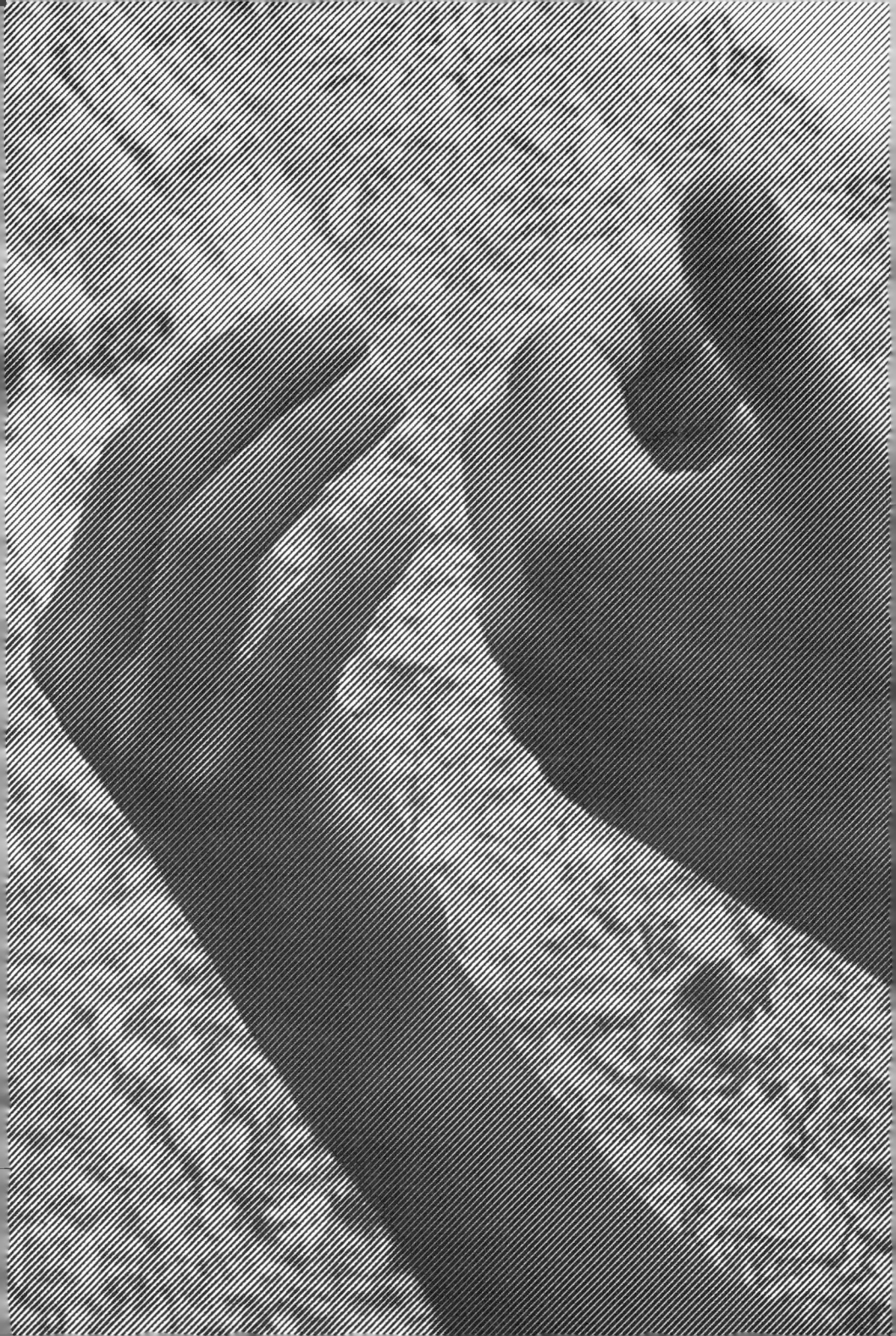

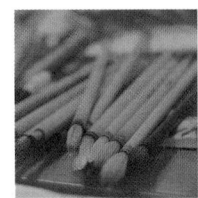

자연을 통해
삶을 정화하는 그림

선생님께서는 극사실적인 동양화 기법을 구사하시잖아요? 처음 한국국제아트페어
Korea International Art Fair, KIAF에서 선생님 작업을 보고 한동안 멍하니 바라본 적이 있습니다.
시원하다고 할까요? 멀리서 보면 웅장하면서도 가까이 다가가 보면 먹들 사이로
작은 여백들이 있다는 걸 알았어요. 꼭 올림픽 개막식에서 보던 매스게임같다는
생각이 들더군요.

좋게 봐주셨다니 감사합니다. 그런데 '극사실'이라는 표현은 동양화를 모르는
사람이 하는 말이에요.(웃음) 사실 동양화에는 극사실이라는 개념이 없어요. 동양의
전통 회화는 본디 자연과 인간을 하나로 여겼기에 자신의 생각을 또 다른 자연물에
투영시켜 그리게 되는데, 그런 면에서 서양의 회화와는 차이가 있죠. 그래서
수천 년에 걸쳐 그려진 동양화 가운데 순수 조형 요소로만 그려진 작품은 없다고
봐도 좋습니다. 동양화에서는 난초를 그리건 동물을 그리건 작가는 자신의 생각을
구체적 형상을 통해 이야기합니다. 그렇다 보니 극사실주의나 낭만주의, 구상,
비구상 등의 서양식 회화 분류로 동양화를 이해하는 것은 무리가 있어요.

　　동양에 사실주의 화풍이 유행한 시기는 송나라 때인데 이때의 사실주의는
서양 미술에서 이야기하는 그것과는 그 의미가 다릅니다. 서양의 사실주의는
시대에 따라 그 의미가 비록 변하긴 했지만, 일반적인 개념은 대상을 있는 그대로

재현representation하는 것이 목적입니다. 반면 동양의 사실주의는 대상에 내포된 본질을 더욱 잘 나타내기 위해 정확한 형태를 빌려 그것을 표현하는 것에 초점이 맞춰져 있거든요. 좋은 예로 송대宋代의 문인이자 사대부였던 장택단張擇端의 〈청명상하도淸明上河圖〉에서 그가 표현하고자 한 것의 본질을 찾아볼 수 있어요. 이 그림에 나타난 완벽에 가까운 필치는 인간이 해낼 수 있는 정묘함의 극치라고 감히 말할 수 있을 정도죠. 따라서 형태가 결여되어 있다는 것은 화가가 그릴 대상의 본질에 스스로를 충분히 조화시키지 못했다는 증거가 되는 것이기도 하고요.

제 그림에 사실성이 강조된 것은 맞지만 서양의 낭만주의화풍에 맞서 일어난 사실주의(자연주의)와는 다르다고 할 수 있는 건 그런 연유에서지요.

그러고 보면 본래 사실주의는 형식과 내용으로 구분해서 생각해야 한다는 점을 잊고 있었네요. 드라마에서 종종 보는 식사 장면에서 항상 카메라를 등진 의자에는 아무도 앉지 않잖아요. 만약 이 장면을 리얼하게 그림으로 그렸다면 표현이 설령 사실적이라고 해도 장면 자체가 사실은 아니니까요. 저는 선생님 말씀을 동양화와 서양화, 이 두 장르가 재료 차이만이 아니라 보다 근본적인 정신에서 차이점이 있단 뜻으로 이해했습니다.

그래요. 동양과 서양에서는 재료가 지니는 의미부터가 조금 달라요. 동양 사람들은 예로부터 사물 혹은 상황 하나하나에 정신적 의미를 부여하는 것이 습관화되어 있지요. 옛날에는 필총筆塚이라 해서 붓 무덤이 있었던 것을 알고 계시나요? 자신이 곁에 두고 아끼며 사용한 물건에 무덤을 만들어주었던 거예요. 문방사우文房四友도 지필연묵紙筆硯墨[1]을 문방(서재)에서 빼놓을 수 없는 친구로 의인화해서 칭한 것입니다. 네 가지 문방구에 각각 정신적이고 인격적인 의미를 부여한 거예요. 이처럼 동양화에서의 재료는 단순한 재료 이상의 정신적인 의미를 함축하고 있습니다. 재료에 대한 인식에서부터 서양화와는 시각이 달랐다고 할 수 있지요.

---

1 종이와 붓과 벼루와 먹을 아울러 이르는 말

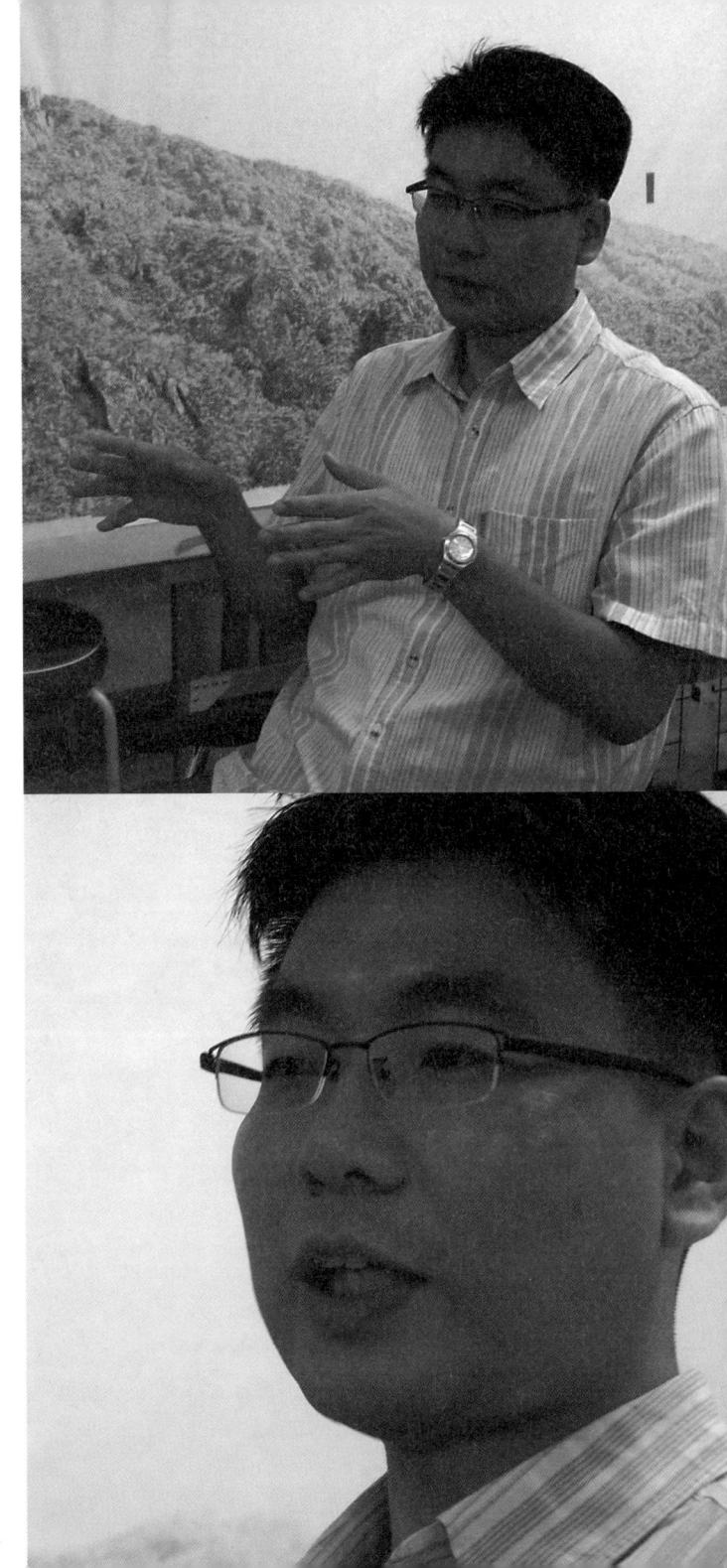

하나의 예로 먹墨을 이야기 할 때 먹색을 흔히 현색玄色이라고 합니다. 이것은 '검을 현'이 아니라 원래 '가믈 현'이라고 하는데 이는 동양의 오방색[2]이 합쳐진 것이라는 얘기죠. 이 오방색은 음양오행설에서 유래한 것인데 우주 만물의 근본이 되는 색이라고 할 수 있어요. 그런데 신기하게도 서양의 색채학에서도 빨강, 노랑, 파랑을 삼원색이라고 하는데 이를 합치면 검은 색이 되거든요. 그래서 동양에서는 먹색 하나만으로 우주만물의 모든 색을 표현할 수 있다고 여겼습니다.

비슷하지만 다른 점들이 있었네요.

동양화와 서양화는 생각의 출발부터 다르다고 볼 수 있지 않을까요? 현대 국제 화단畵壇의 추세를 지켜보면 더 이상 동서양의 구분은 불필요한 것 같지만요. 서양화에서 작가와 작품은 서로 별개였습니다. 허스트Damien Hirst, 폴록Paul Jackson Pollock, 베이컨Francis Bacon 등의 사생활이 그들의 작품을 받아들이는 데 영향을 주지 않아요. 영화 〈팩토리 걸Factory Girl〉에 잘 나와 있듯이 앤디 워홀Andy Warhol이 '팩토리'라 이름 붙인 자신의 작업실에서 상류 사회의 일탈을 즐겼지만 대중은 그에 상관 않고 결과에만 열광했어요. 저는 그런 관점이 마음에 들지 않아요. 일종의 자기기만이라고도 생각합니다. 반면 동양화에서는 그 둘이 하나였던 것이죠. 작가의 삶과 작품을 통해 이야기하고자 하는 것이 서로 밀접하게 연결되어 있다고 생각했어요.

작품 밖의 작가의 삶도 작품의 일부라고 본다면, 과거 중국의 남종화南宗畵와 북종화北宗畵의 차이와 같은 유사한 비교점이 있는 건 아닐까요?

사실 남종화와 북종화의 분류는 그 기준이 학자들마다 의견이 다르기 때문에 얼핏 보면 비슷하다고 할 수도 있지만 대단히 모순된 분류입니다. 중국 명나라 때의 동기창董其昌이나 막시룡莫是龍 등이 자신의 정치적 기반 등을 앞세우기 위해서 만든 하나의 회화 분류 이론일 뿐이죠.

---

2 황(黃), 청(靑), 백(白), 적(赤), 흑(黑), 다섯 가지 색을 이르는 말

그렇군요. 동양화의 정신에 대한 말씀을 해주셨습니다. 하지만 단순히 먹을 쓰는 것만으로 말씀하신 동양화 정신을 담아낸다고 보는 것은 무리가 있지 않을까요? 어쩌면 동서양의 지역차라기보다 시대적인 차이일수도 있겠단 생각이 듭니다. 현대적인 미술교육을 받고 자란 동양화과 친구들이 그러한 정신을 잘 이어받을 수 있었을까요?

솔직히 힘들다고 생각합니다. 공부가 많이 필요한 부분이죠. 정신적 요소라고 하는데, 사실 조형을 떠난 정신은 미술이 아니잖아요? 서양화의 경우 조형과 정신의 결합에서 정신적 부분이 조금 뒤에 놓인다고 보면 됩니다. 사군자四君子가 지닌 정신적인 의미라기보다는 사군자의 조형미 혹은 출발점, 이런 것들을 미술을 가르치는 사람들이 안다면 상당 부분 도입했겠죠. 먹이라는 재료, 단색의 의미도 따로 있어요. 혹자는 동양화가 먹만 사용한다 해서 그것을 드로잉의 일종으로 보기도 하는데 사실 먹이 지닌 의미는 굉장히 많습니다. 사상적 배경을 제하고는 논할 수 없어요. 동양 사상에서 유교와 더불어 한 축을 이루었던 노장사상老莊思想에서는 색色을 부정적 의미의 대명사로 표현했어요.[3] 여기서 색이란 단순히 컬러만을 뜻하지 않아요. 세속의 부정적인 의미를 포함하고 있죠. 눈을 멀게 한다고도 이야기하거든요. 따라서 먹이 지닌 아우라가 점점 대단해지면서 먹이 주종이 된 것입니다. 문인화라는 개념도 이러한 배경에서 발전했다고 볼 수 있죠.

전부터 궁금한 점이 동양화를 한국화라고도 부르잖아요? 실제 미술대학에서는 동양화과도 있고 한국화과도 있습니다. 두 학과 간에 어떤 차이가 있나요?

국내에서는 처음으로 1946년 서울대에 미술대학이 개설되었습니다. 당시 동양화과와 서양화과를 합쳐 회화과라는 이름으로 통합되어 있었지만 학내에서는 동양화라고

---

3 노자 도덕경 12장. "오색은 사람의 눈을 멀게 하고, 오음은 사람의 귀를 멀게 하고, 오미는 사람의 입을 상하게 하고, 말을 타고 달리며 사냥하는 것은 사람의 마음을 발광케 하고, 얻기 어려운 재화는 사람의 행동을 방해한다. 이러므로 성인은 배를 충실히 하도록 하고, 눈을 위해서는 아무것도 하지 않는다. 고로 저것을 버리고 이것을 취한다.(十二. 五色令人目盲, 五音令人耳聾, 五味令人口爽, 馳騁田獵令人心發狂, 難得之貨令人行妨, 是以聖人爲腹不爲目, 故去彼取此.)"

칭했지요. 중국은 국화과國畵科, 일본은 일본화과日本畵科라고 하는데 우리나라만 동양화과예요. 한국, 중국, 일본 삼국의 전통 회화를 통틀어 배우기 때문인가라고도 이해했습니다만, 사실 그 어원은 일제강점기의 민족혼 말살 정책에서 찾아볼 수 있다고 생각해요. 일례로 1922년 조선미술전람회가 최초로 열렸을 때 일본이 '조선화'라는 표현을 '동양화'로 바꾸게 했다는 이야기도 있어요. 이후 이 같은 부정적 이미지 때문에 한국화라는 표현을 사용하는 것이 아닐까 짐작하고 있습니다.

그럼 이제부터 동양화 대신 한국화라는 표현을 쓰고 싶은데요.

무방하지만 한국화라는 표현에도 애매한 부분이 여전히 남아 있긴 해요. 왜냐하면 그 분류 기준을 무엇으로 할 것이냐에 대한 문제가 항상 논쟁의 대상이 되거든요. 가령 한국적 정서를 이용해 그린 유화와, 전통 재료로 그렸지만 그 내용은 전통과 전혀 무관한 그림이 있을 때 과연 이 두 그림을 어떻게 분류해야 할지 저도 난감할 때가 종종 있습니다.

그럼 중국과 일본 두 나라와 비교했을 때 우리 한국화만의 특징은 무엇일까요?

아시다시피 한국화가 자생적으로 발전한 것은 아닙니다. 한국화가 비록 중국 문화에 뿌리를 두었지만 한 스승 아래 여러 제자가 있듯 우리만의 정서는 분명히 있습니다. 겸제謙齋 정선 선생이 중국의 관념산수화觀念山水畵에서 벗어나 우리나라의 실경實景을 토대로 진경산수화眞景山水畵라는 한국 특유의 새로운 화풍을 발전시킨 것을 예로 들 수 있겠죠. 또 하나의 예로는 민화民畵가 있는데요, 이것은 주로 서민층을 중심으로 발전했던 회화 양식입니다. 비록 민간의 요구에 의해 정통 회화의 모방에서 출발했기 때문에 그 수준은 다소 떨어지지만 나름대로 발전을 거듭해 그림의 종류가 무척 다양하고 해학적인 것이 특징이지요. 최근 이 민화가 지닌 예술적 가치에 주목하는 사람들이 많아져 새롭게 연구 및 재조명되고 있어요. 이 또한 중국과 일본에서는 찾아보기 힘든 우리만의 독특한 회화 양식이라고 볼 수 있죠.

봄날 아침 화선지에 수묵담채, 100×67cm

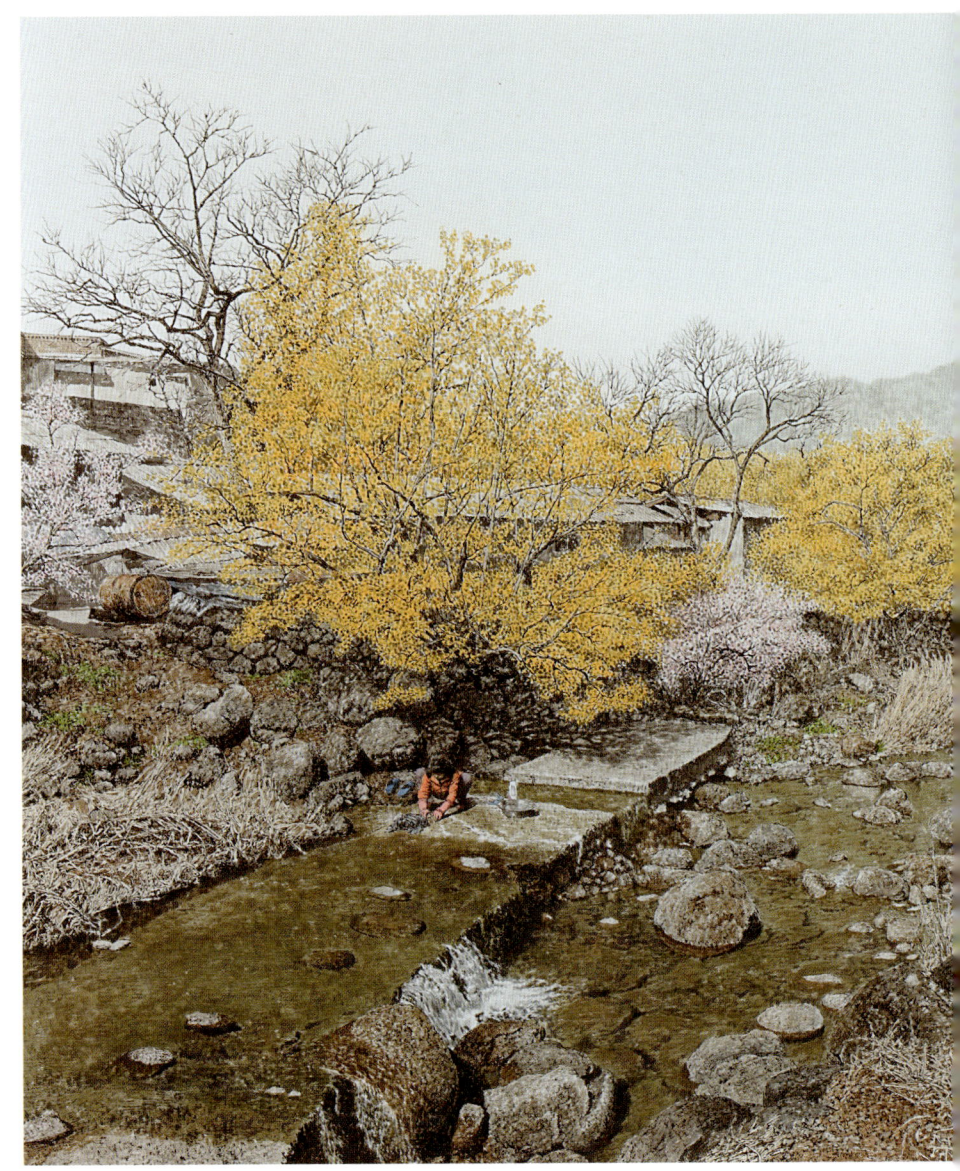

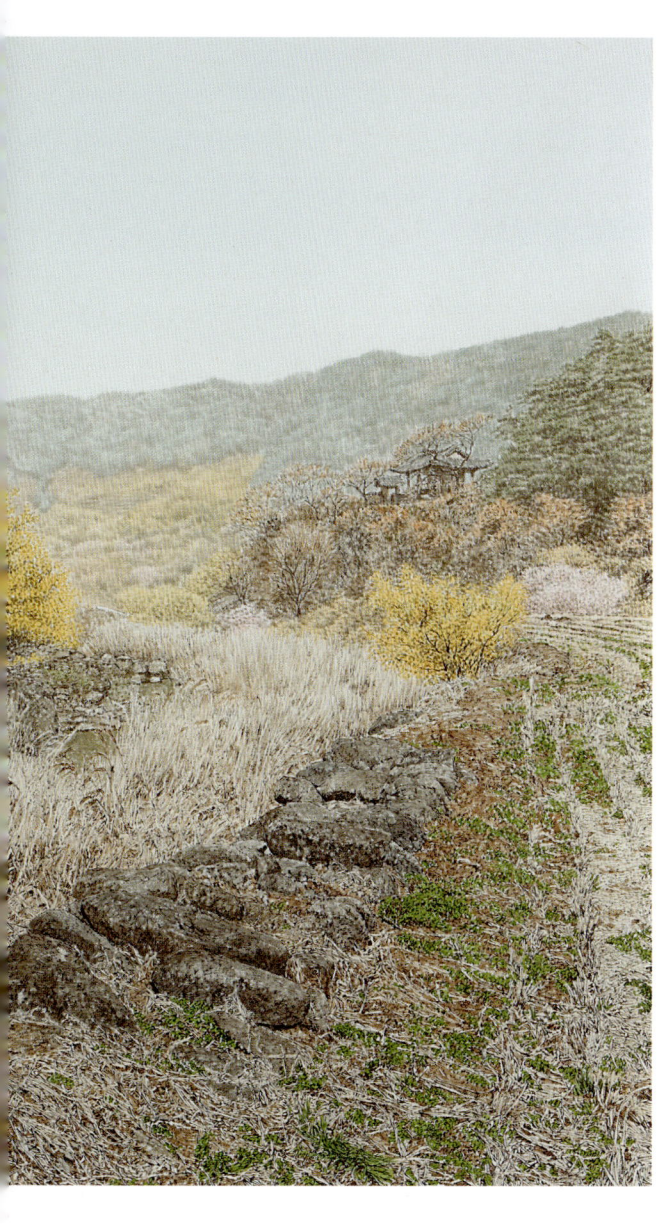

겨울길(아래) 화선지에 수묵담채, 142×102cm
탁족(옆) 화선지에 수묵담채, 66×107cm

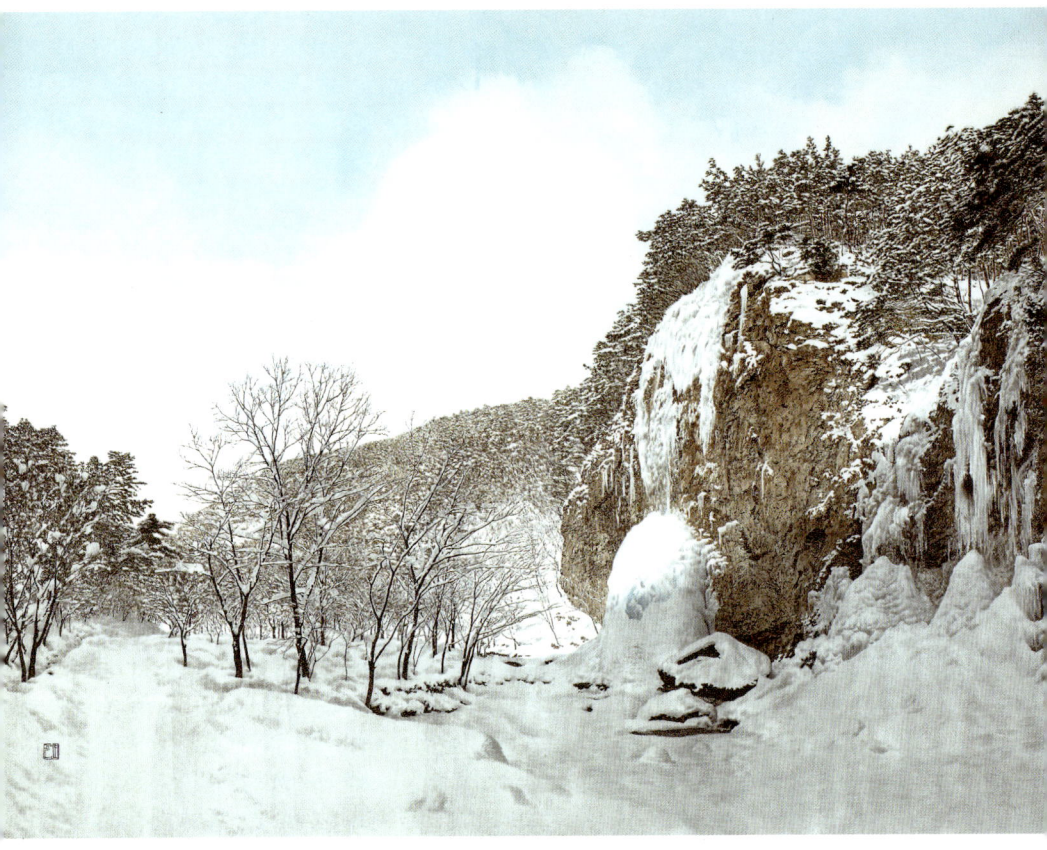

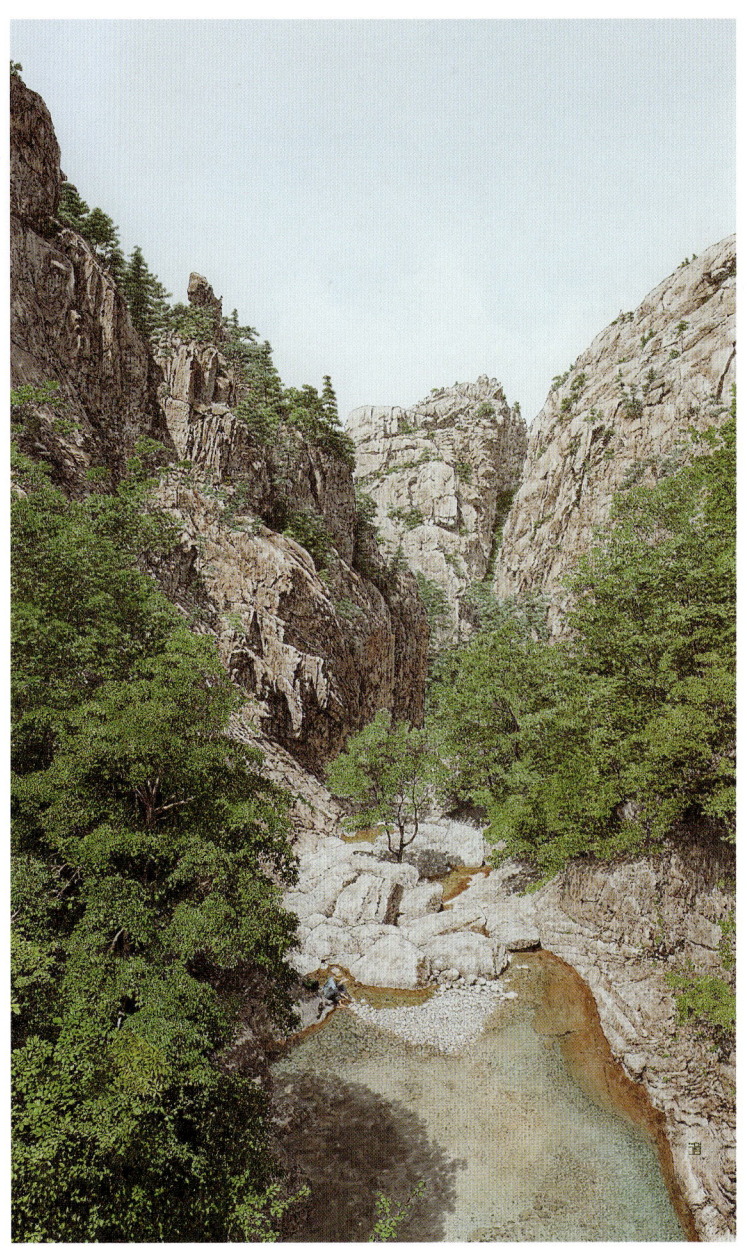

원래의 질문의 의도는 현대적인 의미에서 동양화과와 서양화과 간의 장르 구분이 필요할까였습니다. 이것은 동양화과의 가치가 여전히 유효한가란 질문이기도 했지요. 우리 것에 대한 확신은 필요하다는 반성이 듭니다.

그와 관련해서 두 가지 입장이 있어요. 우리 동양화가 중국으로부터 상당한 영향을 받은 것은 사실이지만 우리나라에 뿌리내려 발전해 온 한국화에는 분명 우리나라만의 전통이 담겨 있다고 했습니다. 아마 한국화와 서양화의 구분이 없어진다면 그 전통도 함께 사라지고 말겠죠. 요즈음 대부분의 아이들이 그림을 배울 때 먹이 아닌 크레파스를 쥐고 시작하듯 이미 한국화의 전통은 상당 부분 약해져 있어요. 전통 회화의 가치를 보존하고 전달한다는 의미에서 한국화과는 계속 존재해야 한다고 보는 거죠. 그러나 다른 한편으로 이 같은 구분이 한국화가 서양화보다 수준이 낮거나 진부해 보인다는 의미로 인식된다면, 그래서 구분 자체가 시대에 뒤처졌다는 지적에 대한 약자의 고집처럼 보인다면 차라리 두 학과를 통합하는 것이 낫겠다는 생각도 동시에 있습니다.

최근 중국이 침술을 유네스코 무형문화유산으로 신청하자 국내 한의학계의 반발이 있었습니다. 낯뜨거운 고집을 부린다고 생각했었는데요. 선생님 말씀을 듣고 보니 고집이 일으키는 효과에 대해 생각해볼 필요가 있어 보이네요. 우리 전통 미술에는 서구 또는 중국의 미술에서는 발견할 수 없는 독특한 미적 가치가 내재되어 있습니다. 가령 자연과의 조화와 웅장하거나 자극적이지 않으면서도 쉽게 싫증나지 않는 미감이라고나 할까요. 어느 나라의 미술 작품에도 그 나라 고유의 정체성은 담겨 있기 마련입니다. 그런데 우리나라의 현대미술에서는 그러한 정체성 보다는 트렌드에만 집착하는 경향이 있어요. 우리 미술이 세계에서 인정받기 위해선 반드시 정체성에 대한 고민이 수반되어야 한다고 생각합니다. 예를 들어 가까운 일본의 경우만 해도 전통 의상인 기모노를 입고 다니는 젊은이들을 심심치 않게 볼 수 있어요. 사실 기모노는 한복보다 훨씬 불편한데도 말이죠. 반면 우리는 명절에도 한복을 입은 젊은이를 찾아보기가 어렵지요.

뿐만 아니라 중국 또한 공산화 이후 문화혁명을 통해 모조리 없애버린 공자와
장자의 사상이나 고유한 전통문화를 최근 들어 다시 적극적으로 살려내고 있습니다.
경제적으로 발전을 이루면서 세계의 강대국으로 도약하고 싶은데
수천 년에 걸쳐 만들어왔던 문화적 우수성을 포기해서는 세계 무대에 나설 수
없다는 것을 실감했던 겁니다. 말로는 노동자, 농민에 의한 새로운 중국을
외쳤지만 문화적 정체성을 부정한 상태에서는 세계 열강들의 비웃음을
살 수 밖에 없다는 것을 알았던 거죠.

　　우리는 전통문화를 진부한 것으로 치부해 버리는 경향이 아직 곳곳에 남아
있어요. 이러한 현상은 우리 전통문화에 대한 이해와 사랑이 턱없이 부족한 예라고
할 수 있어요. 한국화도 결국은 마찬가지겠죠. 우리만의 고유한 문화적 정서가 있고
또 그것을 미술에 표현한다는 것은 어쩌면 너무도 당연한 일이겠지만 우리에게는
이러한 전통문화에 대한 자부심이 많이 부족해 보이거든요. 세계화라는 것이 어떻게
하면 서구 문화에 잘 동화되는가 하는 것만을 의미하는 것은 아니라고 봅니다.
세계인들이 우리의 문화를 이해하고 공감할 수 있을 때까지 예술가들은 우리만의
독창적이고 우수한 작품들을 만들어 내야겠지요.

아마 일반인들은 동양화라고 하면 대부분 사군자를 먼저 떠올릴 거라 봅니다. 그런데
실제 대학의 동양화과에서 사군자를 그리는 경우를 본 적은 없는 것 같네요.
하고 있어요. 다만 그 수가 적을 뿐이죠. 제도적인 문제라고 할까요. 저는
미술 교과서를 집필하는 사람들의 문제라고 봅니다. 생각이 익어갈 시기에 배울 수
있는 미술 교과서에서 전통 회화에 할애된 부분은 매우 적어요. 적어도 중학교
과정에서부터 동양화와 서양화의 전통 기법과 의미에 대한 수업이 이루어진다면
지금과는 달라지겠죠.

대학 외에 사군자를 가르치는 다른 교육기관이 있나요?

크게 전문 교육기관과 일반 교육기관으로 나눌 수 있습니다. 전문 교육기관은
쉽게 말씀드리면 대학일텐데요, 앞서 언급했듯이 초등학교에서 고등학교까지의
미술교육에서 전통미술이 차지하는 비중이 적긴 하지만 일단 동양화과에 진학하면
커리큘럼에 따라 사군자도 배우고 서예도 배웁니다. 그렇지만 대학에서 부전공이나
복수전공이 의무가 되면서 더 이상 작가가 나오기 힘들어졌어요. 학부 과정에 관심을
갖고 빠져들어 작업해야 하는데 다른 것과 병행하다 보면 아무래도 밀도나 깊이가
떨어질 수밖에 없다는 문제점이 있습니다. 일반 교육기관으로는 문화센터 등이 있고
여기서 취미로 배우고자 하는 분들을 대상으로 강좌가 이루어지고 있지요.

그럼 사군자를 통해 활동하는 대부분의 작가 분들은 도제 방식의 수업을 통해
익히셨다고 봐도 좋을까요.

대학에서 전공한 분들도 더러 계시긴 합니다만 주로 비전공자로서 서예나 문인화를
도제 방식이나 일반 교육기관 등을 통해 배우신 분들이 더 많은 것 같습니다.
아무래도 우리나라 미술대학의 동양화나 한국화 전공에서는 이러한 분야만을
고집하는 곳이 드물기 때문이겠죠.

그럼 동양화과 출신 졸업생들이 실제로 전공을 살려 활동하는 숫자와 그 수준은
어느 정도 된다고 생각하시는지요?

음……. 가능성은 굉장히 많다고 봅니다. 어떤 면에서는 서양화 전공보다요. 제가
대학에 들어갈 당시 1970-1980년대 우리나라에서는 동양화가 서양화보다 우위에
있었어요. 미술대전에서도 동양화 부문 대상이 더 부각되곤 했어요. 그것이 요즘 들어
변하게 된 거죠. 사실 동양화 전통을 이용해 작품 활동을 하는 경우가 너무 적어요.
오히려 서양화를 공부한 분들이 동양화적 소스를 이용해 작업하는 경우도
있습니다. 이정웅 선생이 아주 좋은 예라고 생각해요. 그런데 동양화에서부터
출발하는 것이 아닌 전통 회화에 현대적 요소를 가미해 재창출한다는 관점에서

보았을 때 가능성이 아주 많아요.

오해의 소지가 있을 수 있지만 서양화는 어찌 보면 흉내에 불과할 수 있습니다. 서구인의 관점에서 본다면 우리가 그리는 서양화는 종주국의 미술이 아니라 자기들의 방식을 차용하는 것으로 볼 수도 있지 않을까요?

부러운 점 중 하나가 유럽 중·고등학교에서는 루브르박물관이나 내셔널갤러리에서 미술 수업을 하잖아요. 명화 원작을 직접 보면서 공부하는 거죠. 테이트갤러리에 가면 터너Joseph M.W.Turner에 대한 교실이 있어요. 터너가 어떻게 그림을 그렸는지, 색상의 특징이 무언지 아이들이 체험해서 배울 수 있게 했더라고요. 홍콩의 미술관에도 전통 회화의 체험관 같은 것이 있어요. 일반인이나 어린이를 대상으로 중국 전통 회화의 이해를 돕기 위해 마련한 공간인데 무척 부러웠던 적이 있습니다. 그런데 우리나라는 민속박물관에서 먹으로 판화를 찍어 기념품으로 가지고 가게 만들어 둔 게 전부거든요. 깊이를 잃지 않고 이어지는 서양화 전통에 비해 한국화의 전통은 거의 맥이 끊어지고 있다고 볼 수 있는 것이 현실이에요.

그렇다면 미래 한국화는 어떻게 변화해야 한다고 보시는지요?

전통을 고수한다기보다는 그것을 기초로 삼자는 것입니다. 전통이라는 것은 있는 그대로 유지하기만 해서는 의미가 없다고 생각해요. 불편할 뿐만 아니라 현대인의 삶에 안 맞고요. 앞에서도 언급했지만 한복을 예로 들자면 제 어린 시절만 해도 명절에는 모두 한복을 입고 다녔어요. 그렇지만 요즘은 한복을 입은 사람을 찾기 힘들잖아요. 불편함을 감수하고서라도 입어야 할 매력이 한복에 있다면 사람들이 애용하겠죠. 동양화도 마찬가지예요. 옛날 방식의 그림이 여전히 사람들에게 공감대를 형성할 수 있다면 상관없지만 너무 동떨어져 있다는 것이 문제입니다. 그렇기 때문에 전통을 기초로 지금 우리의 문화에 맞게 발전시키지 않으면 의미가 없다고 생각해요.

산수화는 본디 몸이 불편하거나 세상일에 바쁜 이들이 그림에 그려진 이상화된 자연을 보면서 대리만족을 하게끔 하는 기능적 측면을 지니고 있어요. 그것을 누워서 노닌다, 누울 와臥에 놀 유遊를 써서 '와유'라 하죠. 그런데 현대인은 자연에 관심을 갖지 않게 되었어요. 관심사가 도시 생활이기 때문에 옛날 사람들이 위로를 받았던 주제로 접근한 그림이 구식이라고 느끼는 거죠. 그런데 제가 추구하는 바는 산수화가 주었던 대리만족이라는 기능, 다시 말해 자연을 통해서 도시 생활에 찌든 삶을 정화시키는 것이에요. 제가 갖고 있는 테마는 여전히 그것이거든요. 그런데 옛 산수화의 전통적 표현 방식으로 그리면 요즘 사람들이 이해를 못해요. 그래서 서양화에서 쓰이는 시점을 이용하고 음영을 통한 사실적 기법을 사용합니다. 사람들이 산수화를 쉽게 받아들일 수 있도록 노력하는 거죠. 동양화가 인기가 없다거나 사양길에 접어들었다는 것은 현대인이 열광할 작품이 없다는 이야기이기도 합니다. 그것은 동양화 작가들이 반성해야 할 부분이에요. 시대의 흐름을 쫓아가지 못하는 거죠. 옛 전통의 좋은 소스를 현대에 끌어와 발전시키지 못했다는 것입니다. 옛것을 그대로 답습한다든지, 구태의연하다든지, 지금이 어느 시대인데 아직도 이런 것을 하냐는 비난이 나오기 전에 사람들이 모르는 긍정적인 세계가 있다는 것을 알려주고 공감할 수 있게끔 하는 것이 동양화를 전공하는 사람들의 역할입니다. 저는 제 작업의 의의를 그런 부분에서 많이 찾습니다.

이제 그간 궁금했던 기법에 관해 여쭤보고 싶습니다. 개인적으로 궁금한 것이 참 많아요.(웃음) 흔히 동양화라고 하면 수묵담채기법이 먼저 떠오르는데 가장 큰 특징은 뭘까요?

먹이라는 재료의 특성상 한번 톤이 들어가면 더할 수는 있어도 뺄 수 없어요. 여러 번 시행착오를 통해 익히지 않으면 한 번의 터치로 원하는 톤을 정확하게 내기 어렵죠. 수정이 불가하다는 점에서 더 가치 있다고 할 수 있겠죠.

영화에서 보면 한 장의 그림을 두 장으로 나누는 장면을 본적이 있는데요. 그때
종이가 배접지精接紙라고 하던데 맞나요?

네, 동양화는 원原종이 뒤에 장황裝潢[4]이라는 형식을 갖추는데요. 이 원종이 뒤로
종이를 한 겹 내지 두세 겹 더 붙이게 돼요. 그 작업을 배접精接이라고 하죠. 말씀하신
영화가 아마 〈인사동 스캔들〉 같은데 저도 그 영화를 봤습니다. 영화에 등장하는
그림은 조선 초기의 그림으로 나오는데 이때는 주로 장지壯紙라는 얇은 순지를 두세 겹
붙인 두꺼운 종이를 사용했거든요. 물론 먹이나 물감을 사용하는 양에 따라
다르겠지만 종이의 특성상 주로 겉면이나 중간까지만 물감이나 먹이 스며들게 됩니다.
이때는 배접지까지 먹이나 안료가 스며들기 힘들죠. 특히 옛날에는 도침搗砧이라는
장지를 압축하는 과정을 거쳐 만들어 내거든요. 아마 이 장지를 고도의 기술로
분리하면 모를까 배접지에 배어 나온 그림을 살린다는 것은 불가능하다고 볼 수
있습니다. 혹시 〈몽유도원도〉처럼 비단에 그렸다면 또 얘기가 달라지겠죠. 아마
영화를 만드는 사람이 이러한 전문적인 과정까지는 미처 생각하지 못한 것 같네요.
간혹 조선 후기 이후에 그려진 그림들은 선지宣紙나 순지純紙처럼 얇은 종이에 배접을
한 상태로 그린 경우가 있는데 이때는 영화에서처럼 배접지에 그림이 스며드는 경우가
있곤 하죠. 아마 이런 경우를 가정해서 스토리를 만들어 낸 것 같습니다. 제가 쓰는
수묵담채기법은 주로 선지나 순지에 먼저 그림을 그리고 배접은 나중에 따로
과정을 거치게 됩니다.

꼭 배접을 해야 하는 이유는 뭔가요?

일반적으로 전통 회화에서 사용되는 얇은 종이나 비단 등은 대부분 배접 작업을
거칩니다. 배접의 순서는 원 그림에 물을 이용해 주름을 없애고 난 뒤에 배접지에

---

4 일반적으로 표구라는 말을 쓰지만 이는 일본식 표현으로 장황이 맞다. 서화를 감상하고 보관하기 위해
   적합한 형태로 꾸민 것으로 길이로 늘어뜨리는 것을 족자, 옆으로 펴는 것을 횡축(橫軸), 출입문이나 벽에
   거는 것을 편액(扁額), 여러 폭을 연결해서 꾸민 것을 병풍이라고 하는데 2곡을 곡병(曲屛)이라 하고 8곡,
   10곡이 통상적으로 사용된다. (출처: 두산백과사전)

풀을 발라 붙이고 배접된 그림을 판판한 곳에 붙여 건조시킵니다. 이렇게 하면 반투명 상태에서 불투명으로 바뀌며 그림의 원래 색감이 살아나고 보관 및 보존에도 매우 유용하게 되죠.

그럼 선생님의 경우 작업의 세부 과정은 어떻게 진행되나요?

여행을 자주 하면서 마음에 드는 장면을 만나면 촬영을 합니다. 단순히 사진 자체로 멋진 것보다 그림을 그리는 과정에서 이런 저런 요소를 가감해서 보다 멋지게 연출할 수 있는 그런 장면이 필요해요. 예전에는 현장에서 바로 그리는 것을 선호했는데 불확실하기도 하고 시간이 너무 오래 걸려 일찌감치 포기했어요.(웃음) 처음 풍경을 그리고자 결정할 때 생각한 것이 '동양화로 이전에는 그려본 적이 없는 작업을 해보자.' 혹은 '동양화 기법으로 그리기 힘든 풍경화를 그리자.'였어요. 그래서 초기작은 대개 동양화에서 볼 수 없었던 바다 풍경이 많았죠. 촬영이 끝나면 그리고자 하는 장면을 수정하고 보완해서 먹으로 형태를 잡고 담채淡彩[5]를 하게 됩니다.

선생님은 작업에서 구륵법鉤勒法[6]으로 형태만 잡는 것이 아니라 양감도 같이 표현한 다음 색을 입히시는데 서양화의 그리자유Grisaille[7]기법과 비슷해 반가웠습니다. 그런데 수채화로 풍경을 그릴 때 배경색이 조금만 더 진해져도 얼룩이 드러나 낭패를 보기 쉬운데요, 이건 발묵潑墨[8]이라고 부르나요? 이 같은 담채화에서 어떻게 얼룩 없이 깔끔하게 바르는 건지 궁금합니다.

---

5 먹을 물에 풀어 칠한 뒤 색을 묽게 입히는 기법.

6 선으로 물체의 윤곽을 그린 뒤 그 안에 먹색으로 농담을 표현하는 기법.

7 서양화에서 유화 등 단색으로 톤을 내 양감을 미리 낸 다음 그 위에 얇게 색을 입히는 기법.

8 먹물이 번져 퍼지게 하는 기법.

9 먹이나 색채로 점진적인 변화가 보일 수 있게 축축이 번지도록 칠하는 기법으로 붓 자국이 보이지 않음.

동양화하는 사람들은 이걸 '우린다'고 표현합니다.(웃음) 선염渲染[9]이라고 해요. 종이에
수분을 충분히 준 뒤 붓 자국에 신경 쓰면서 우려내는 거죠. 그런데 이건 연습하면
누구나 할 수 있어요.(웃음)

재료에서는 어떨까요? 특별히 선호하는 물감이 있으신지요?

동양화에서 쓰는 채색 재료는 무척 다양합니다. 원래는 대부분이 광물질이거나
자연에서 추출한 것들이죠. 제 그림에서는 주로 일반적인 동양화 물감을 사용합니다.
처음에는 일제 물감을 사용했는데 사실 변색이 잘돼요. 일본의 채운당彩雲堂에서
전통적인 방법에 따라 제작한 물감이 좋긴 한데 아쉽게도 색이 열두 가지뿐이라
다양한 색감을 내기 어렵죠. 색은 섞을수록 탁해지잖아요. 반면에 신한에서 나온
물감은 색의 종류가 굉장히 많은 편이에요. 색이 빛에 견디는 성질을 내광성耐光性
이라고 하는데, 별 네 개는 불변색이에요. 몇몇 별 두 개의 색상을 제외하고 주로
신한을 쓰고, 나머지 필요한 색은 알파로 보완하고 있어요. 물감 자체는 알파가
더 좋아요. 그렇지만 신한에서 십여 가지 계열 색이 나온다면 알파는 서너 가지 밖에
안 나오거든요. 어느 회사를 선호한다기보다 두 가지를 같이 쓴다고 봐야죠.

사실 전 종이가 무척 궁금했어요. 특별히 쓰시는 종이가 있다면요?

무조건 국산 종이를 씁니다. 종이는 닥나무로 만들어져요. 국산 종이는 순백
닥을 재료로 쓰는데 닥나무의 함유량이 높아 질이 좋아요. 중국산 종이는 여러
첨가제가 들어가 국산 종이만 못하죠. 지금 제가 쓰는 종이는 전주 완산에서 만든
완산특선지인데 지금은 생산이 중단되었어요. 그래서 몇 년 전 인사동을 돌아다니며
앞으로 몇 년간 사용할 양을 모아두었습니다.

후배들에게 선생님 기법과 관련해 해주실 말씀이 있으실까요?

제 그림에서는 사실 저만의 메커니즘이 있지만 결국은 연습이에요. 재료든 기법이든
그걸 완벽하게 소화해야 자신이 원하는 화면을 만들어 낼 수 있는데 그건 연습

밖에는 방법이 없는 것 같아요. 그냥 묵묵히 오랫동안 끈기 있게 그려야죠.
아마 질문은 기법의 지름길 같은 노하우가 있느냐는 것 같은데, 없어요. 제가 보기에
나란 사람은 그림에 특별한 재능이 있는 것 같진 않아요. 어떤 면에서는 타고난
재능보다는 얼마나 그림을 좋아하느냐, 그래서 오래 집중해 그릴 수 있느냐가
아닐까 싶네요.

마지막으로 이 책을 읽는 친구들을 위해 무엇이든지 추천 부탁드립니다.
미술관, 박물관 등을 찾아 좋은 작품을 접할 수 있는 기회를 최대한 많이 만드는 것이
좋을 것 같아요. 좋은 그림을 실제로 보았을 때의 감동은 다르거든요. 그리고 여행을
하라고 권하고 싶습니다. 제가 가슴 벅찬 감동을 느끼거나 삶에 대한 긍정적 결심을
하게 된 것은 대부분 자연 속에서였어요. 책이나 인터넷을 통해 수많은 정보를 얻을
수 있지만 직접 경험하는 것과는 분명 다르죠.

| 용인 작업실에서 |

최영걸

서울대학교 미술대학 동양화과 졸업
서울대학교 미술대학 대학원 동양화과 졸업

2005- 크리스티 홍콩 아시아 현대미술 경매 출품
          이화여자대학교, 숙명여자대학교 강사
2008   제5회 개인전, 이화익갤러리
          그 외 다수의 단체전 및 국내외 아트페어 참가

서울 백병원, 아트뱅크(국립현대미술관), 대전지방법원 홍성지원, 주선양총영사관,
다올부동산신탁, 해태크라운제과, 한국민속촌박물관, 하나은행, 서울시립미술관 등지에 작품 소장

동양화가

도예가

사진작가

시각디자이너

미술작품보존전문가

패션디자이너

무대디자이너

무식한 것을 두려워 마라
허위와 가식이 있음을
두려워 하라

아트스토리텔러

미술대학교수

웹디자인디렉터

애니메이션제작자

영화미술감독

사진작가

권순관

오랫동안
나는 나를 미행해왔다
골목의 끝에 이르자
'이제 하늘이 보이네요'
셔터 속도는 빨라졌고
모호했던 의심들이 초점 안에 갇혔다
'이제야 겨우 고통스러울 수 있군요'
모두 잠들었지만 세상은 아직 빛

백야白夜다

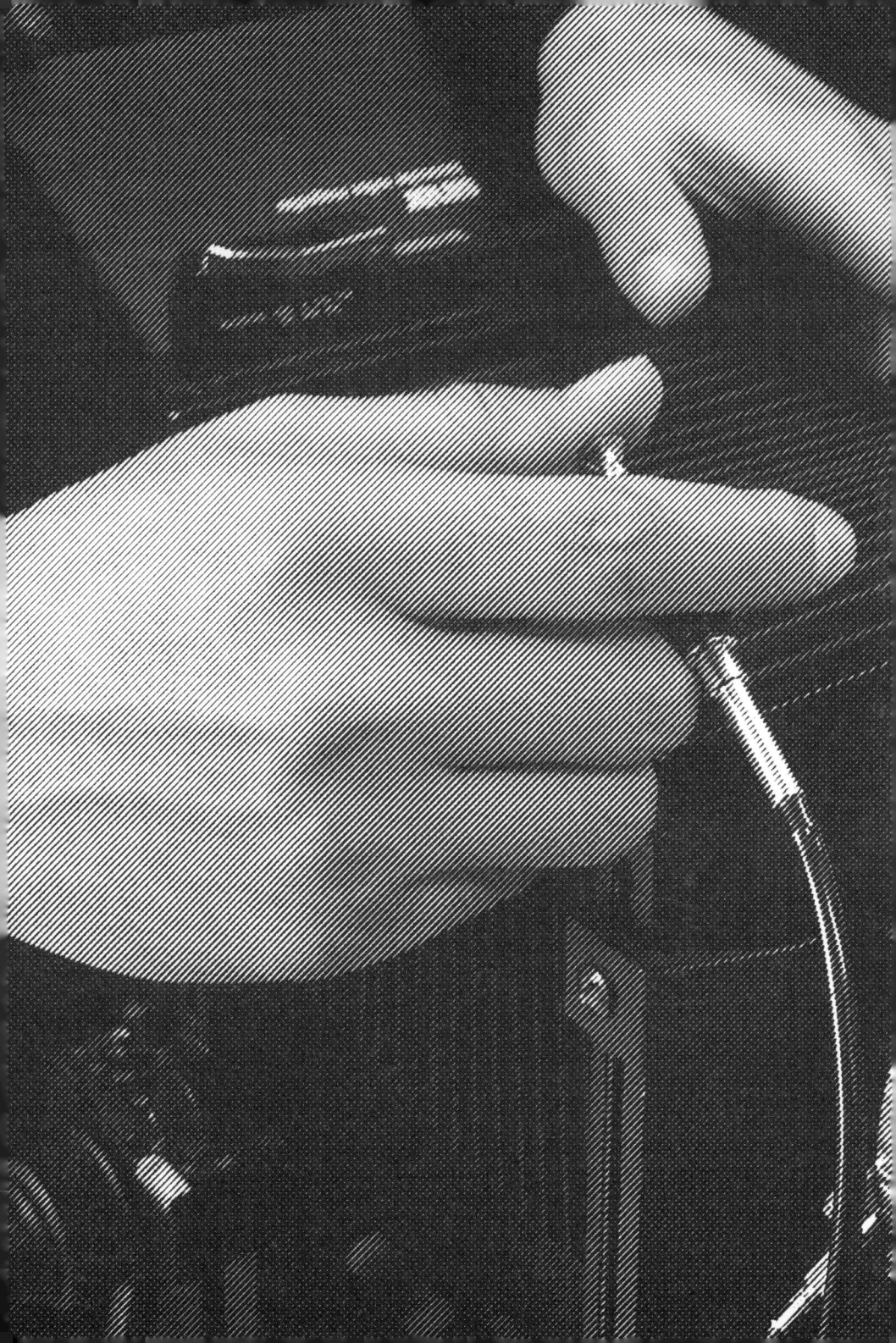

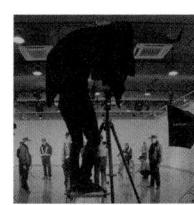

구축한 세계를
순간으로 담는 방법

안녕하세요. 선생님, 늦은 시간인데도 인터뷰에 응해주셔서 감사합니다.
안 믿기시겠지만 제가 선생님보다 어립니다.(웃음) 후배라 생각하시고, 좋은 말씀
부탁드립니다.
네, 알겠습니다.(웃음)

제가 한때, 뜨거운 혈기로 비행 소년 시절을 제법 보냈습니다. 당시엔 주변의 모든 것과
잡음이 참 많았는데요, 그러다 미대를 가겠다고 결정한 그 날은 꼭 고물 라디오의
주파수를 맞추다 맑은 소리를 들었을 때와 같은 반가움 같은 것이 있었습니다.
역시 꿈은 삶의 이유이기도 한데요. 첫 질문입니다. 선생님께서는 언제 사진작가라는
꿈을 꾸셨는지, 스스로 재능을 발견하신 건지 궁금합니다.
지금 생각해보면 저는 어릴 때부터 참 고집이 센 아이였습니다. 제가 하고 싶은 건
꼭 해야만 직성이 풀렸어요. 그래서 항상 하고 싶은 것이 있으면 뒷일이나 조건을
생각하지 않고 그 일을 했습니다. 그게 제게는 자연스럽고 행복한 일이었죠.
대개 우표 모으기, 그림 그리기, 하루 종일 음악 듣기, 소설 읽기 같은 취미와
관련된 일이었습니다. 당연히 어른들이 원하는 공부는 소홀할 수밖에 없었죠.
하지만 제가 관심 있는 것들만큼은 집중했던 것 같아요.

흔히 우리는 직업을 고를 때 두 가지 정도를 생각하는 듯해요. '내가 좋아하는
일인가?' 그리고 '내가 잘 할 수 있는가?' 그런데 저는 내가 뭘 좋아하고, 하고 싶은 게
뭔지만 생각했던 것 같습니다. 잘 할 수 있는가에 대해서는 별로 고민하지 않았어요.
비록 잘 못하더라도 내가 즐거운지가 중요하다고 생각했죠. 그래서 재능에 대해서는
전혀 고민하지 않았던 것 같습니다. 저는 재능이란 건 관심과 흥미 속에서 자연스럽게
얻을 수 있는 거라고 믿어요. 제가 생각하는 재능은 태어날 때부터 스스로 아무런
노력 없이 갖게 되는 천재성 같은 건 아니라고 생각합니다. 재능은 자라온 환경과
경험 속에서 생겨난 생각들이 쌓여 관심과 취향을 만들어내는 자연스러운
흐름이라고 생각합니다.

　　누구나 그렇듯이 저는 하고 싶은 게 참 많았습니다. 한때는 줄리안 브림Julian Bream
같은 클래식 기타리스트가 되고 싶기도 했어요.(웃음) 그런데 어느 날 누나 친구 분이
찍은 사진을 봤어요. 코소보Kosovo 내전을 담은 사진이었는데요, 폭격으로 폐허가 된
건물의 잔해들 사이로 피범벅이 된 아이, 철조망을 사이에 두고 입을 맞추는 어머니와
아들, 포화 속에서 공포와 슬픔에 젖은 사람들의 눈빛은 그야말로 충격이었습니다.
그때, 나도 이런 사람들의 이야기를 많은 사람들에게 전해줘야겠다는 생각이 들었던
모양입니다. 그래서 처음에는 그런 분쟁 현장에 있는 사진기자가 되고 싶었어요.
그러다가 정식으로 사진을 공부하면서 휴머니즘 말고도 사람들에게 감동을 줄 수
있는 나만의 방법을 알게 됐죠.

그럼 선생님에게 직업이란 어떤 의미였을까요? 원하는 직업을 가진다는 것이
꿈의 끝은 아닐 텐데요.
그렇죠. 초등학교 시절 학년이 바뀔 때마다 꿈이 뭐냐는 질문에 답했잖아요.
그럴 때마다 과학자가 되기도 하고 의사가 되기도 하죠. 그런데 저는 이런 직업들이
꿈 자체는 아니라고 생각합니다. 직업은 과정이지 인생의 결과는 아니거든요.
꿈을 위한 수단이 될 수 있어도 목적은 아니라고 생각합니다. 만약에 지금 하고 싶은
직업이 있다면 그 직업으로 이루고자 하는 목적이 있어야 합니다. 그리고 그 목적이

당당하고 부끄럽지 않은지 스스로에게 물어봐야 하고요. 왜 의사가 되고 싶은지, 왜 과학자가 되려고 하는지, 안전하고 안정적인 노후를 위해서나 쉽게 살기 위한 선택은 아닌지. 만약 이런 질문에 떳떳하게 답할 수 없다면 그건 엄밀한 의미에서 꿈이 될 수 없습니다. 제가 사진작가가 되고 싶다고 생각했던 것은 뚜렷한 목적이 있었기 때문입니다. 그래서 그동안 힘들고 괴로웠을 때도 유혹이나 상황에 휘둘리지 않을 수 있었죠.

직업 자체가 꿈이 돼버린 어린 청춘들이 새겨볼 얘기군요. 선생님의 직업관에 대해 말씀해주셨는데요, 미술관을 찾은 많은 관람객이 작품에 감동을 받지만, 감동한 관람객 모두가 화가가 되겠다고 결심하진 않습니다. '코소보의 충격' 이후 진로를 정하게 된 결정적인 순간이 있지 않았는지 궁금합니다.

어릴 때 저희 집 장롱에 캐논Canon AE-1이라는 아주 오래된 카메라가 있었습니다. 사실은 부모님께서 오랫동안 고이 모셔둔 카메라였는데요, 그걸 빌려다가 제가 사는 곳 주변을 찍기 시작했어요. 그러다 어느 날 폐지를 모아서 고물상에 내다 파는 부랑자 같은 사람을 '발견'했어요. 굳이 '발견'했다고 말씀 드린 건 주변에 늘 있었는데도 관심이 없어서 보지 못했던, 카메라를 들기 전에는 없던 세상이었거든요. 그런데 그분 몰골이 정말 처참했어요. 더러운 옷을 몇 겹이나 껴입고, 언제 씻었는지 시커멓고 때에 절은 긴 수염을 하고 있었어요. 거기다 정신도 온전치 않아서 하루 종일 알아들을 수 없는 말을 중얼거리기도 하고 때론 혼자서 허공에 욕을 해대기도 했죠.

　처음에는 나와 전혀 다른 삶에 대한 호기심에 그분을 찍기 시작했지만, 마음 한 편에는 낯설고 거친 삶이 두려웠죠. 하지만 종일 따라다니며 한두 장씩 사진을 찍는 동안 조금씩 얘기를 나누게 되었고, 서서히 그분의 순수함과 따뜻함을 알게 되었어요. 그러다 해가 질 무렵, 그분의 집에 따라가게 됐어요. 정말 처참하더군요. 세월에 얼룩진 흔적들로 온통 새까맸어요. 그곳에는 팔다리를 다쳐서 움직일 수 없는 그분의 동생도 있었죠. 거기서 한 인간의 무능이라고만 할 수 없는 어떤 참혹한

굴레 같은 걸 봤어요. 아, 어떻게 이런 곳에서 사람이 살 수 있을까? 이튿날 아침,
동사무소에 찾아가 복지 담당 직원에게 사실을 알리고 그분들이 지금의 상황에서
벗어나게 할 수 있는 방법에 대해 상의했어요. 다행히 한 달 정도 뒤에 그분들은
복지시설로 가게 됐습니다.

그분들이 복지시설로 가기 전까지 매일 찾아갔어요. 아침부터 저녁까지 머물면서
집안 정리 같은 걸 도와주고 틈틈이 사진도 찍었어요. 이때 처음으로 '사진으로 무엇을
할 수 있을까?'에 대해 고민을 했던 것 같아요. 내가 사진을 찍지 않았다면 이들의
삶에 이렇게 관심을 가졌을까? 혹시 내가 단지 사진을 찍기 위해서 이들을 이용한
건 아닐까? 이런 자괴감이 들기도 했고요. 그때 사진에 대해 엄청나게 집중하고 있는
나를 발견했던 것 같네요.

작가가 찍은 부랑자의 사진

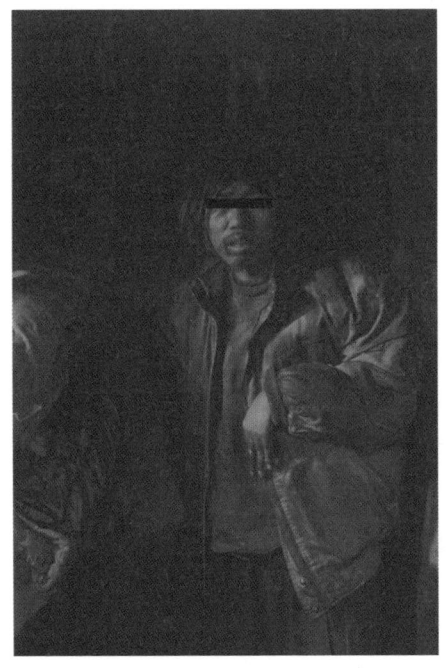

결정적이면서도 따뜻한 계기였네요.(웃음) 부랑자 하니 생각납니다. 제가 고등학교 때 사진부에서 활동했었는데요, 분위기가 꽤 엄했어요. 선배들은 생동감이 사라진다고 모르는 사람을 찍더라도 "사진 좀 찍어도 될까요?" 하고 미리 예고하지 말라고 가르쳤죠. 그러던 어느 날 포장마차에서 국수를 먹던 한 부랑자를 몰래 찍다 그분과 눈이 딱 마주쳤는데 정말 예고도 없이 따귀를 맞았어요. 그때, 사람을 찍는다는 건 위험한 일이라는 걸 배웠죠.(웃음) 선생님께서는 이런 일과는 셈도 안 되는 힘든 순간이 많으셨을 것 같은데요.

맞아요, 그럴 수 있죠.(웃음) 제게는 사진 작업을 할 때 기본적으로 전제되어야 하는 몇 가지가 있어요. 사진가로서의 양심, 솔직함, 그리고 책임감이죠. 이런 것들은 항상 제 안에서 저를 끊임없이 고민하고, 반성하고, 질문하게 합니다. 그건 사진기를 들고 대상을 향하는 행위 이면에 야만성과 폭력성이 자리잡고 있음을 누구보다 잘 알기 때문입니다. 대상이 사진으로 만들어지는 순간, 대상이 원래 지니고 있던 생물학적, 사회적, 문화적, 정치적, 경제적 의미가 저의 세계관, 혹은 가치의 틀로 새로 규정되기 때문입니다. 그건 대상 스스로가 원치 않는 그릇된 방향으로도 갈 수 있다는 뜻인데요. 그래서 저는 대상, 특히 사람들과 대화하고 서로를 이해하고 설득하는 과정을 통해 작업이 이루어져야 한다고 봅니다.

힘든 일에 대한 질문이었죠? 음, 힘든 일은 크게 내적인 것과 외적인 것으로 나눌 수 있을 텐데, 내적인 것은 아무래도 작업에 대한 고민이죠. 작업할 때는 엄청난 집중력이 필요하거든요. 작업 외에는 그 어떤 것에도 거의 신경을 못 쓰는 편이에요. 사진을 찍는 모든 일은 선택의 연속인데요, 세부적인 작은 고민들에서부터 작업의 방향을 전환시킬 수 있는 공간과 대상에 이르기까지 넓고 다양해요. 그런데 바로 이때 의미의 틀이 구축되기 때문에 아주 중요한 과정이기도 해요.

또 하나는 실질적인 부분인데, 작업 장소 선정과 모델 섭외 같이 사람들을 만나는 일이죠. 별거 아닌 것처럼 보여도 생각보다 어려운 점이 많습니다. 예를 들어, 제가 수영장을 찍고 싶다고 해서 아무 수영장에 가서 무턱대고 찍으면 안 되잖아요. 어딘가에서 모델을 세워놓고 사진을 찍기까지에는 무수한 노력과 인내가 필요합니다.

행정적인 절차를 밟아야 할 때가 제법 있는데, 이 경우 특히 시간이 오래 걸려요.
이런 일이 작업을 할 때 가장 힘든 부분이죠.

어떤 시인은 "사람만이 희망이다."고 했지만, 사람이 장애가 될 때도 많지요.(웃음)
그러고 보면 대지미술가인 크리스토와 장클로드 Christo and Jeanne-Claude 부부가
베를린의 국회의사당 건물 전체를 천으로 덮는 작업을 기획했을 때, 의사당 측과
수십 년에 걸쳐 설득해야 했다는 이야기를 보면 설득 자체가 작업의 일부분이 되기도
하는 것 같습니다.
네, 제가 어떤 도서관에서 책상 54개 전체를 촬영한 적이 있었는데요. 그때
그 도서관에서 근무하는 직원들을 비롯해서 공부하는 분 모두를 섭외해야 했어요.
수백 명 가까이 되는 사람들을 저와 스태프 단 둘이서 몇 시간 동안 공부에 방해가
되지 않겠다고 속삭이면서 설득했죠. 큰 카메라와 많은 조명 장비를 도서관 내부에
설치한 채 촬영해야 해서 공부가 될 리가 없거든요. 예술에 대한 사람들의 인식이
많이 나아지긴 했지만, 불편을 감수해달라고 부탁하는 건 역시 쉬운 일이 아니었죠.
결국 그날은 3회에 걸쳐서 다시 촬영해야 했어요.
수영장에서 촬영했을 때는 기술적인 문제로 심각했어요. 물이 있는 곳이니
습도가 높아서 카메라에 물이 맺혀서 떨어지는 거예요. 촬영 결과는 정말 참담했죠.
이 촬영을 위해 오랜 기간에 걸쳐서 촬영 허가를 받고 많은 모델들을 동원하는 등의
노력을 기울였기 때문에 그 실망감은, 아, 정말 컸죠. 재촬영을 하게 되면 다시
일정을 잡고 촬영 허가를 받는 일에서 모델 섭외까지 모든 걸 처음부터 다시 해야
하거든요. 그리고 물이 바로 근처에 있기 때문에 조명이 많이 필요한 이런 촬영에서는
매우 위험해요. 타일 바닥에 세워놓은 조명이 물에 빠지면 감전 등의 사고가 날 수도
있으니까요. 촬영 시간도 제한적이어서 메가폰으로 소리를 지르면서 촬영했죠.
결국 4번의 촬영 끝에 원하는 결과를 얻었어요.

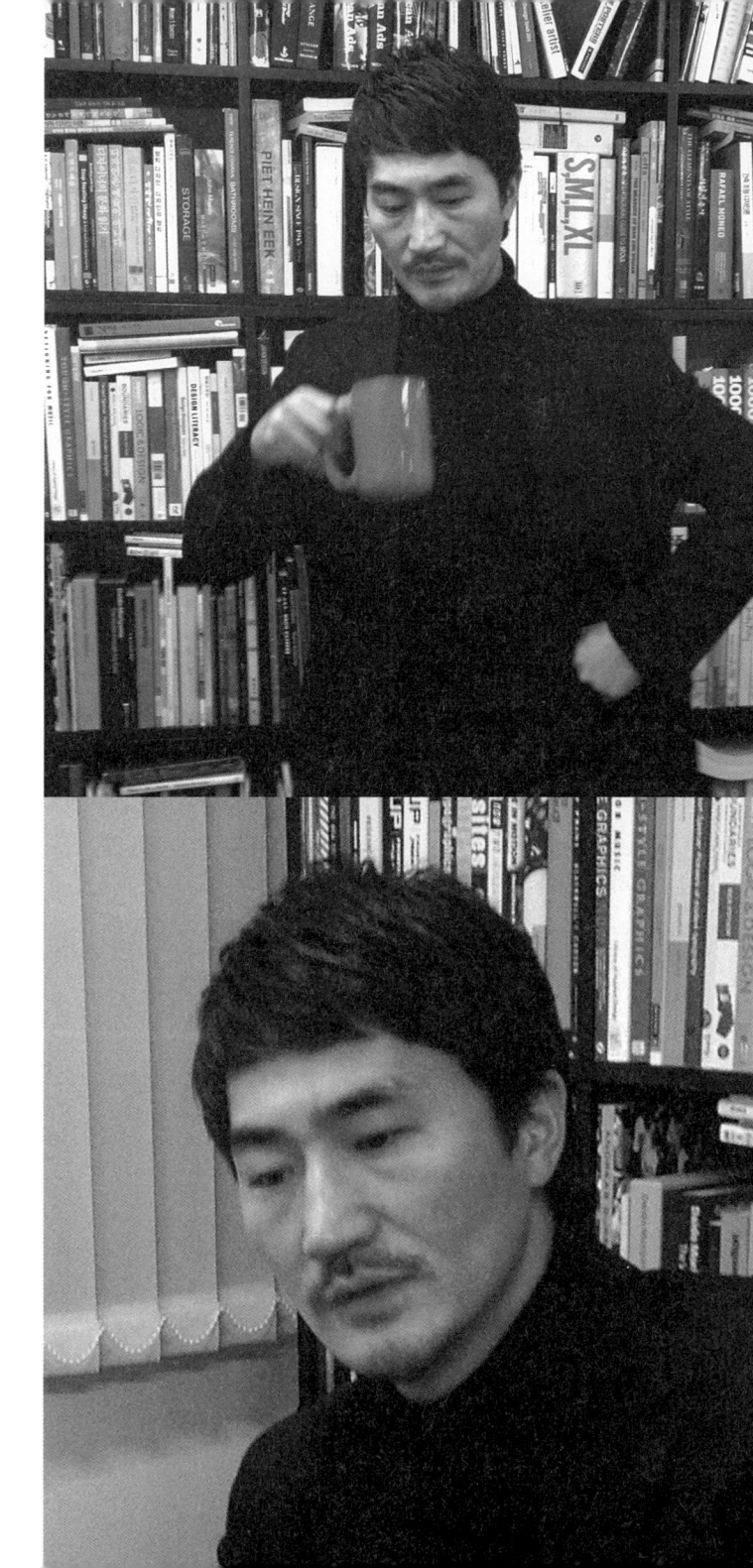

진로에 관한 질문입니다. 대학 입시를 준비하는 친구들에게는 아무래도 입시에 관한
팁이 솔깃하지 않을까 합니다. 당부하고 싶은 말씀이 있다면.

성적에 맞춰서 학교를 선택하는 것도 현실적인 면에서는 중요합니다. 하지만 그보다
어떤 선생님께 배울 것인가를 먼저 생각해봤으면 합니다. 선생님들은 생각보다 굉장히
친절하세요. 과 사무실에 전화해서 원하는 선생님과 통화하고 싶다고 하면
학생 신분이라도 얼마든지 선생님과 이야기할 수 있어요.

고3이 배우고 싶은 대학교수에게 전화한다는 건,(웃음) 그럴 배짱이 있으려면 작가에
관한 지식도 상당해야 할 것 같은데요, 작품을 감상하고 여러 생각을 품을 수 있는
방법이 있을까요?

가장 손쉬운 방법이 인터넷에 있는 많은 사이트를 둘러보는 겁니다. 몇 개의
사이트를 소개한다면, 우선 사진·회화·조각·설치·미디어 등 미술 전반에 걸쳐
여러 전시를 소개하는 네오룩[1]이 있죠. 이 사이트는 메일 매거진 형식을 취하고
있어서 메일링 리스트에 등록하면 전시 소식을 메일로 받아볼 수 있어요. 그리고
데이터베이스가 잘 갖춰져 있어서 관심 있는 작가와 그 작가와 관련된 전시를
손쉽게 찾아 볼 수도 있고요.

　　그리고 사진에 대한 소개를 전문으로 하는 fotoful.net이라는 사이트도 있죠.
이 사이트는 사진가이자 사진비평가인 최봉림 선생이 운영하는 곳인데, 사진의 역사나
국내외 작가론, 리뷰 등 사진과 글을 읽어볼 수 있어요.

　　그리고 사진 전시 소식을 손쉽게 찾아볼 수 있는 블로그가 있어요. 곽명우라는
분이 직접 전시 소식과 전시장 전경, 사진에 관한 많은 소식을 충실하게 올려놓은
사진바다[2]를 추천합니다. 이 블로그는 하루 방문자 수가 3,000명 가량 될 정도로
사진 동호인, 학생, 작가를 막론하고 많은 사람들이 자주 찾는 곳이에요.

1　www.neolook.com

2　blog.naver.com/foto3570

먼저 이런 곳에서 여러 작품을 감상해보면서 방향을 정하는 건 어떨까요? 관심 있는 전시는 미술관이나 갤러리에 직접 찾아가서 감상해보는 것도 좋을 것 같고요.

이제 본격적으로 직업 탐방을 시작해볼까 합니다. 사진학과를 졸업한 뒤에 선택할 수 있는 직업으로는 어떤 것이 있을까요?

사진학과를 졸업하면 여러 분야에서 일할 수 있습니다. 각자의 영역이 지향하는 가치와 목적, 그리고 태도 등을 기준으로 사진을 크게 예술 사진과 상업 사진으로 나눌 수 있어요. 예술 사진은 사진을 도구로 작가가 세상을 바라보는 기준과 방향 그리고 가치를 표현하는 사진이라고 볼 수 있습니다. 상업 사진은 여러분이 아시다시피 신문이나 잡지 등 매체에 게재를 목적으로 하는 사진, 광고를 목적으로 하는 패션 사진이나 제품 사진 등 현실적인 목적을 지닌 사진이라고 볼 수 있습니다.

사진작가는 전시 등을 통해 잘 알려져 있지만 상대적으로 상업 사진작가에 대한 정보는 적은 것 같습니다.

상업 사진작가가 다루는 건 제품에서부터 시작해 명함, 패션, 음식, 산업, 건축 등 다양합니다. 박물관에 소속돼 문화재를 찍는 분도 계시죠. 상업 사진은 촬영 대상과 하는 일의 형태에 따라 세분할 수 있습니다. 일의 형태로 보면 수중 사진, 항공 사진 등이 있을 수 있겠죠. 촬영 대상으로 보면 산악 사진이나 건축 사진 등이 있겠고요. 그런데 실제로는 이렇게 경계가 명확하게 규정된다기보다는 사진의 필요와 목적에 따라서도 분류될 수 있습니다.

그럼 상업 사진작가 분들의 수입은 어느 정도 될까요?

제가 상업 사진가가 아니어서 잘은 모르겠지만 하는 일의 종류나 능력에 따라 천차만별이겠죠.

실례되는 질문이지만 선생님의 수입은 어느 정도인지 여쭤 봐도 될까요?

제 수입은 고정적이진 않습니다. 어떨 때는 수입이 전혀 없다가 어떨 때는 대기업 다니는 분들의 연봉만큼 수입이 한꺼번에 생기기도 합니다. 그렇지만 거의 대부분이 다시 작업 비용으로 들어가기 때문에 엄밀히 말하면 수입이라고 할 수 없죠. 그래서 통장엔 돈이 드나든 흔적만 있어요.(웃음)

역시 수입 정도는 알기 힘드네요.(웃음) 말씀 감사했습니다. 인간이라면 누구나 남을 모방하려는 속성인 밈meme이 있다고 합니다. 그래서인지 많은 친구들이 프로 사진가는 어떤 장비를 쓰는지 궁금해 하는데요, 일단 저부터도 그렇고요.(웃음) 주로 쓰시는 카메라, 스트로보, 트라이포드는 무엇인지 궁금합니다.

제가 사용하는 장비는 종류가 너무 많아서 다 말하기는 힘듭니다. 간단하게 주로 쓰는 장비를 소개하면 주로 쓰는 카메라는 시나Sinar P2 8×10입니다. 필름 사이즈가 8×10인치예요. 소형 카메라로는 캐논 5D Mark2를 주로 쓰고요. 조명은 프로포토Profoto 2400, 엘린크롬Elinchrom 모빌, 그리고 때로는 지속광인 아리Arri를 쓰기도 합니다.

카메라를 고를 때 가장 흔한 질문이 입문자용 카메라에 관한 건데요, 혹시 추천해주실 만한 카메라 있을까요?

무책임한 말처럼 들릴 수도 있겠지만, 저는 아무거나 써도 괜찮다고 생각합니다. 너무 어렵고 부담스럽게 생각하지 않았으면 좋겠습니다. 처음에는 주변에 있는 작은 카메라로 찍어보는 연습을 해보는 게 좋습니다. 어떤 카메라로도 좋아요. 최근에는 대부분의 휴대폰에 카메라가 달려 있기 때문에 그런 카메라로도 충분합니다. 왜냐면 사진을 찍을 때 가장 중요한 점은 '무엇을 보고 느끼고 생각하는가'예요. 우리는 항상 이런 원론적인 점을 간과하고 있어요. 저는 사진에 처음 관심을 갖는 사람들이 크고 비싼 카메라를 통해서가 아니라도 자신의 눈으로 어떤 대상을 바라보고 느끼는 과정에서 스스로를 다시 보고 깨닫게 될 수

있기를 바랍니다. 이러한 관심과 경험이 어느 정도 지속된다면 그 다음에 저가의
보급형 카메라를 사용해봐도 된다고 생각합니다. 카메라 사용 방법이나 기초적인
사진 기술은 약간의 관심만 기울이면 어렵지 않게 배울 수 있기 때문에 도구에
너무 종속되지 않기를 바랍니다.

그럼에도 사진의 질이 주는 미적 감동들이 있습니다. 이른바 숭고미도 그중 하나일
텐데요. 혹자는 작품의 크기나 카메라의 성능이 작품을 결정하는 게 아니냐고 하는데요.
다시 말해, 돈만 있으면 누구나 숭고미를 살 수 있다, 또는 돈으로 예술을
할 수 있다는 건데, 그렇기 때문에 사진은 돈 없으면 할 수 없는 작업으로 생각하는
친구들도 있습니다. 이런 친구들에게 해주실 말씀이 있지 않을까요?
작품의 크기가 크거나 좋은 카메라로 찍었다고 해서 반드시 작품이 좋을 리는
없습니다. 작품이 보여지는 방식이나 형식은 어디까지나 내용과 관련이 있어요.
이러한 방식과 형식이 내용과 어떻게 효과적으로 상호작용하고 있는가가 중요합니다.
본인의 작업에서 작품의 크기가 내용과 일치하거나 어떤 효과를 위해서 꼭
필요하다면 그렇게 해야겠지만 그렇다고 좋은 작품이 될 수 있는 건 아닙니다.
　　　제가 뒷일은 생각 안 하고 일단 지르고 보는 '무대포 기질' 같은 게 좀
있어요.(웃음)
통장 잔고가 그야말로 바닥이었는데, 대학 다닐 때 어떤 미술관 전시에 제작비로만
상당한 돈이 필요했어요. 액자집에 주문을 넣었는데 돈을 안 주면 작품을
안 주겠다는 거예요. 통 사정을 했는데도 소용이 없더군요. 그래서 그날 가족,
친인척들한테 전화를 돌려서 결국 수백만 원을 빌렸습니다. 다행히 그 작품은
얼마 지나지 않아 어떤 미술관에 소장됐어요. 나에 여러 다른 지원금도 받고 상금도
받았고요. 지원금이나 상금을 받으려고 한 건 어디까지나 작업을 위해서였지만,
그랬기 때문에 그 또한 가능했다고 생각합니다. 경제적인 여유가 있다고 해서 좋은
작업을 할 수 있는 건 아닙니다. 작업에 대한 믿음과 신념, 그리고 그것을
얻기 위한 노력이 중요하다고 생각해요.

A Practice of Behavior. 54 Tables in Library 디지털 C 프린트, 244×180cm, 2009

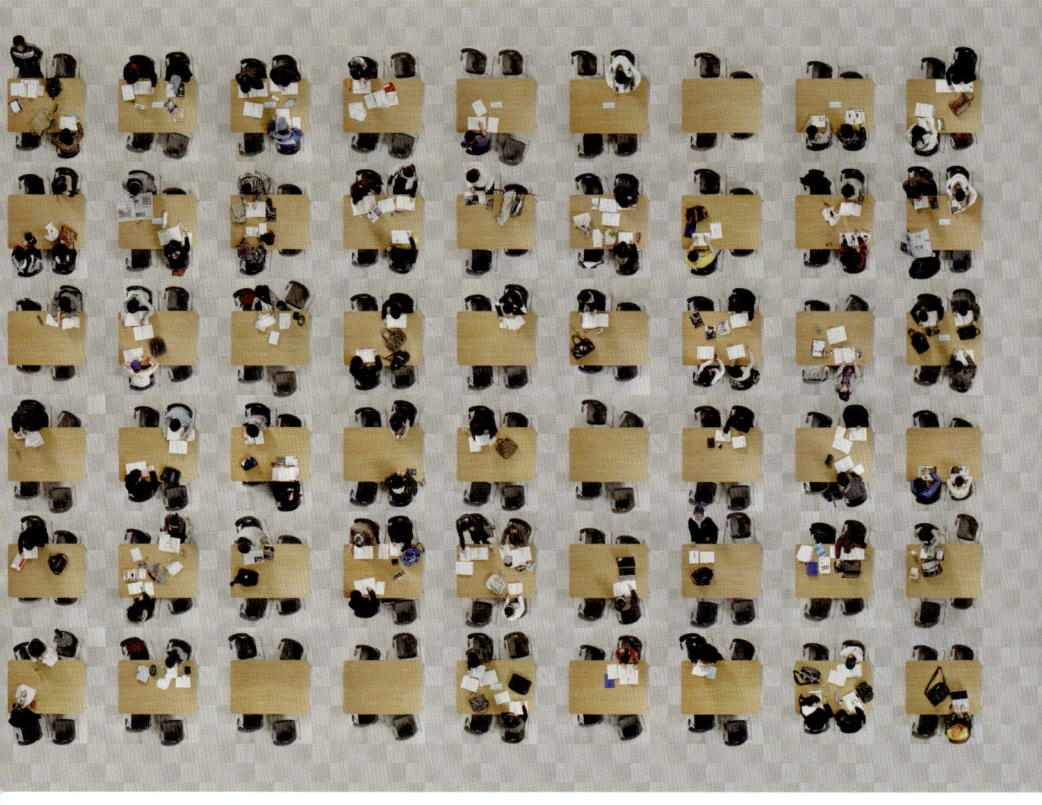

A Practice of Behavior. Gestures in Swimming Pool(아래) 디지털 C 프린트, 320×98cm, 2009
The Whole Picture of the Incident: A Hanging Old Woman(오른쪽) 디지털 C 프린트, 225×180cm, 2009

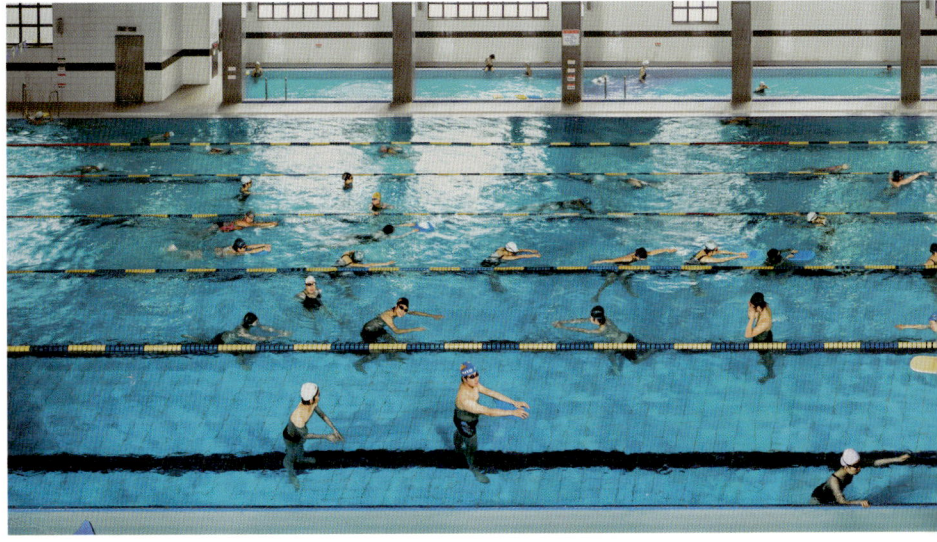

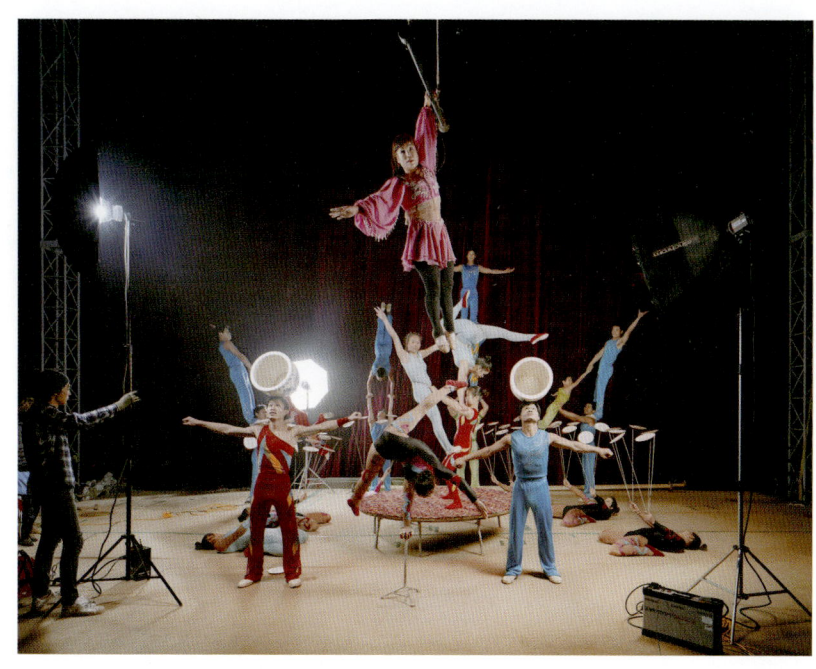

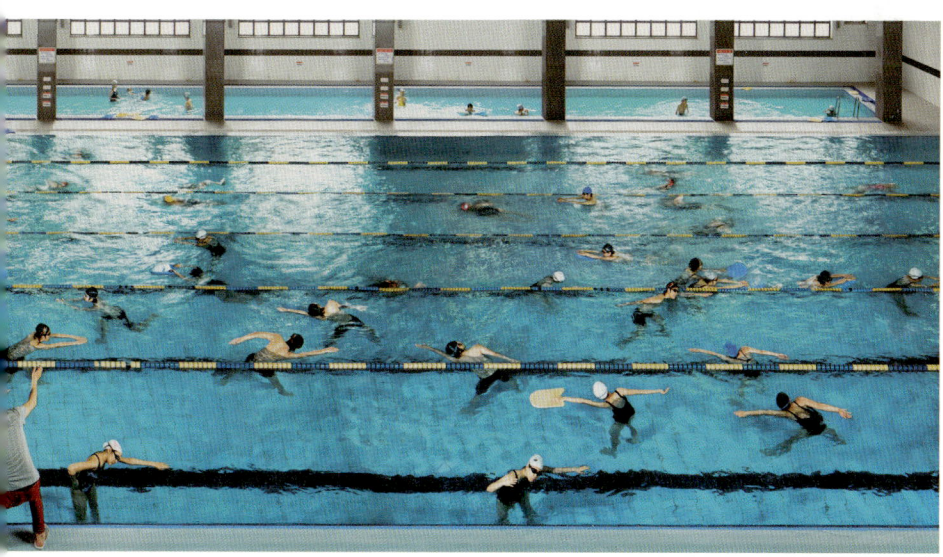

A Practice of Behavior. Gestures of Neighborhood Patrol 디지털 C 프린트, 273×135cm, 2009

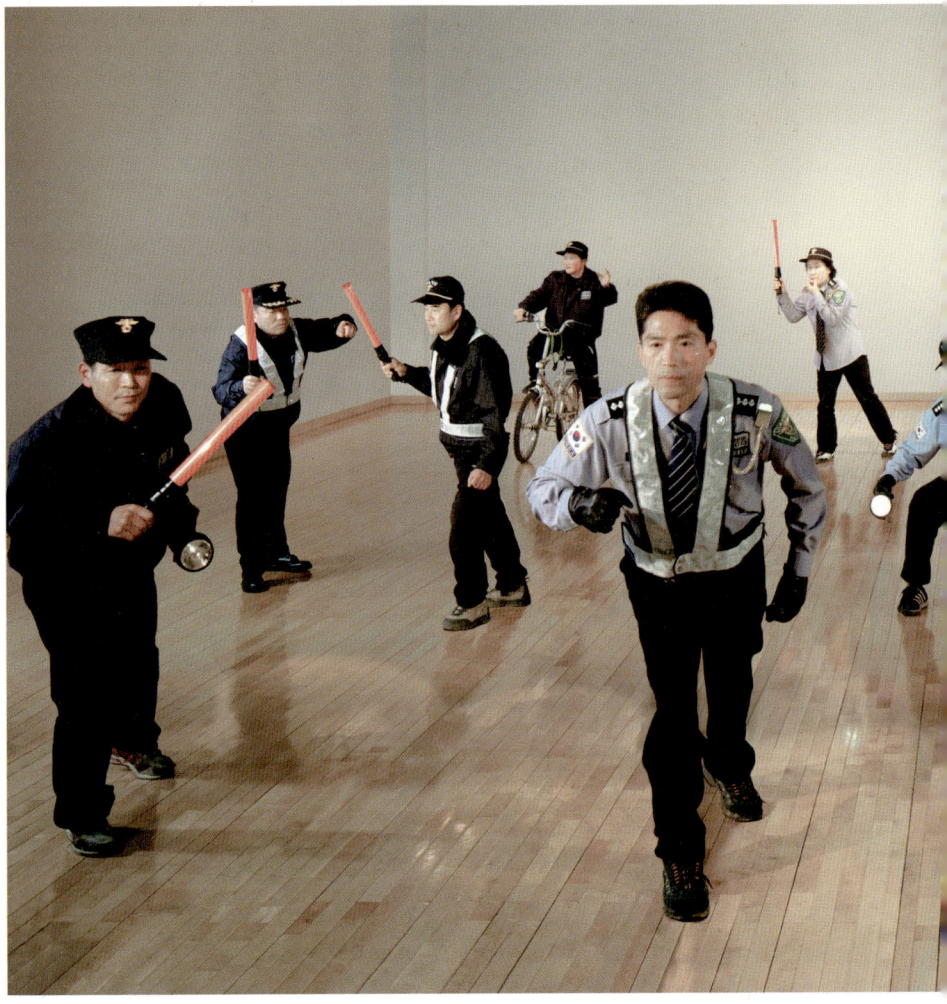

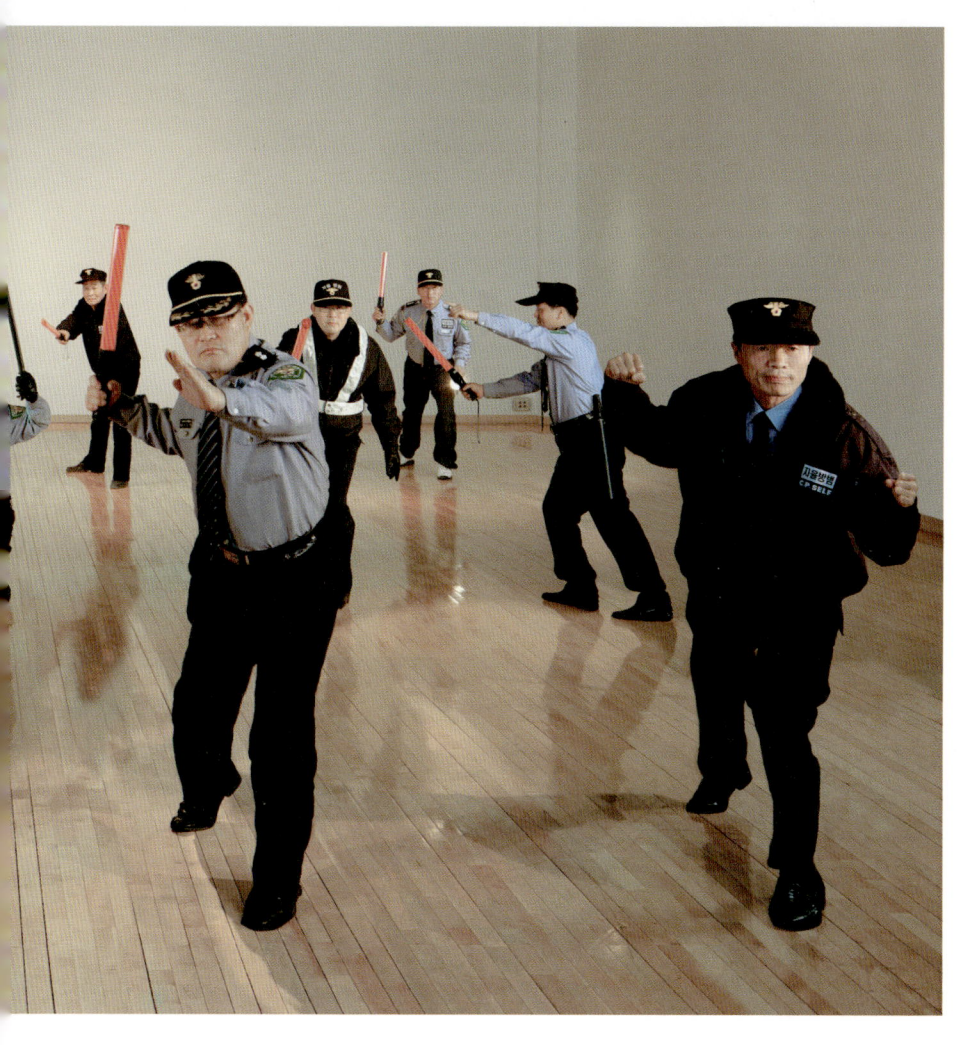

목적 없는 장비는 불필요하다는 말씀인데, 좋은 카메라를 쓸 경우 선택 가능한
목적의 스펙트럼도 넓어지지 않을까요?

말씀대로 도구가 내용을 만들기도 합니다. 도구가 태도를 결정하기도 하고요. 그런데
그건 어디까지나 역시 내용과 관련된 거예요. 예를 들어 옆으로 긴 파노라마 카메라를
선택하면 하나의 대상에만 집중하기가 어려워져요. 파노라마라는 특성 때문에
대상 자체가 아니라 대상과 상황의 관계에서 이미지를 도출하는 형태를 취하는 거죠.
파노라마 카메라는 사람을 찍을 때 화면 중심에 사람이 놓인다고 하더라도 주변이
다 나오죠. 그러니 대상 자체만 집중할 수가 없어요. 제가 어떤 카메라를 선택할 때는
카메라의 특징을 살펴보고, 그 과정에서 생겨난 의미가 제 작업에 영향을 주게 되죠.
결국 도구는 내용과 관련을 맺기도 하고 형식을 만들기도 하죠. 다시 한번
말씀 드리면 좋은 장비여서 형식의 폭이 넓어지거나 어떤 목적을 조금 더 수월하게
성취할 수 있는 건 아닙니다.

그러고 보니 한때 좋아했던 라이언 맥긴리^{Ryan Mcginley}도 '똑딱이 카메라'인
야시카^{Yashica} T4를 썼다고 들었습니다. 역시 '개념 없는 사유는 맹목적'이었네요.(웃음)
선생님 작품은 스케일이 무척 큰데요, 스태프에 모델까지 제작비가 엄청나지
않을까 합니다. 특히 학생 때 아르바이트 없이는 작업하기 힘드셨을 것 같은데요.

학생 때는 항상 작업비가 부족하죠. 하지만 아르바이트는 별로 해본 적이 없어요.
돈이 많아서가 아니라, 아르바이트를 하면 작업할 시간이 부족하거든요. 등록금을
마련하려고 아르바이트를 하는 것보다 작업이나 공부를 열심히 해서 장학금을
받는 게 훨씬 낫습니다. 그러면 전공에 관한 훈련과 지식도 쌓이고, 등록금도 아낄 수
있어요. 하지만 아르바이트를 꼭 해야 한다면 본인의 전공과 관련된 일을 해보는 게
좋겠죠. 사진작업이 다른 매체에 비해 상대적으로 돈이 많이 드는 작업인 건 맞지만,
중요한 점이 간과된 채 너무 돈만 강조되지 않기를 바랍니다. 자신의 경제 여건을
고려해 작업비를 절약할 수도 있고 상대적으로 비용이 적게 드는 작업을 할 수도
있습니다. 결국 작업을 위한 시간을 더 많이 늘리는 게 좋다고 봅니다.

앞서 언급한 적이 있지만, 미켈란젤로가 〈천지창조〉를 그리면서 최초의 인간인 아담의
배꼽을 그려야 할지 고민했다고 합니다. 최초의 인간에게 배꼽이 있을 리 없으니까요.
사진의 배꼽이 회화라면 비약이 될까요? 회화에 포토리얼리즘이라는 장르가 있고
요즘엔 사진에서도 포토숍을 이용해 후반 작업을 하고 보면, 회화와 사진이 점점 서로를
닮아가고 있다는 생각이 듭니다. 그럼에도 얼마 전 부산의 한 사진 공모전에서 대상작이
포토숍 처리를 했다는 이유로 당선이 취소되기도 했는데요, 아주 낡은 질문이지만
포토숍 등을 이용한 후반 작업에 대해 어떻게 설명할 수 있을까요?

아주 단순화해서 말한다면 사진의 '제작'과 '보임'이라는 차원으로 구분해서
생각해볼 필요가 있습니다. 그러려면 일단 사진이 지향하는 바를 먼저 생각해봐야
할 것 같아요. 사진에 찍혀 있다는 건 기본적으로 현실, 혹은 사실이라는 이해와
사고의 전통에 기반합니다. 사진에 찍혀 있다는 것, 즉 기록성은 항상 사실과 함께
논의됐기 때문입니다. 반면에 기록성을 기반으로 하되 이것을 주관적으로 해석하고
표현한다는 접근에서 보면 이 점이 다르게 이해될 수 있죠.

합성과 관련한 문제는 전자의 경우에 보다 크게 보입니다. 그런데 최근에는
기록성을 바탕으로 한 사진의 재현성에 대한 믿음이 무너지고 있습니다. 만약에
제가 사진으로 연인이 싸우는 장면을 찍었다고 합시다. 그런데 장면이 연기였다면?
이런 경우에는 사진의 재현성을 확증할 수 없는 상태에 놓이게 됩니다.

반영 이론에서의 인식 방법은 객관적 실재에 대한 정확하고 충실한 관념적
반영 혹은 모사라는 문제 설정을 기반으로 합니다. 이 입장에서 보면 이미지는
현실로부터 비롯됐지만 시간적, 공간적 단절을 통한 박제 과정에서 실재에 대한
유사물이면서 모사물이 된다는 것이기도 하고요. 이 과정에서 원래의 정보와
맥락으로부터 비롯된 평면의 전체상Gestalt 속에서 현실과는 다른 수사적 의미를
포함하는 또 다른 언어로 변형됩니다. 그래서 실재와 이미지는 각자 상이한 구조와
논리 속에서 구축되는데요, 그래서 양자는 각각의 존재 방식과 운동 원리에 의해서

구분된다고 볼 수 있습니다.

또 하나는 세계의 수많은 대상들을 구성해 내는 사진의 기능과 관련합니다. 사진은 수많은 대상들을 선택하거나 배제하는 과정을 통해 평면의 전체상 속에서 어떠한 이미지를 재현해 냅니다. 대상을 선택하고 배제한다는 것은 카메라 뒤에서 바라보는 자의 주관적인 판단 속에서 이루어지고 개입한다는 것을 의미합니다. 그래서 본다는 행위는 어떤 가치를 판단하는 사고의 과정이라고 할 수 있습니다. 그래서 이 기계적 과정만으로도 여러 의미를 구성하게 됩니다. 그래서 사진의 평면성으로 비롯된 전체상은 보는 자의 방향, 화면 전체를 이루는 개별적 대상의 순차적 위계, 인접한 대상과 대상 간의 관계, 그리고 바라보는 거리에 따라 대상의 의미를 달리 볼 수 있게 됩니다. 그래서 이러한 과정 속에서 만들어진 사진은 사실과 관계한다기보다는 견해를 노출시킨다고 할 수 있습니다.

그래서 그동안 우리가 자연스럽게 받아들였던 기록의 수단이자 사실을 확증하는 장치로서의 사진은 그 지위를 상실하게 됩니다. 그래서 사진에 조작이 이루어졌든 이미 사실에 대한 믿음을 가질 수가 없게 되는 거죠.

'보임'의 측면에서 보면 사진의 목적에 따라 달라지는 것 같습니다. 예를 들어, 대중매체에 들어가 공적인 목적으로 쓰이느냐, 아니면 개인의 표현 수단으로 미술관에서 보여지느냐에 따라 차이가 생기는 거죠. 결국 정해진 방법과 규칙을 확고하고 불변하는 것으로 받아들이기보다는 자신이 바라보는 기존의 가치에 대한 스스로의 질문을 통해 사고하고 반성하는 과정에서 생각이 정리되리라고 봅니다.

지금처럼 디지털카메라가 대중화되기 전에는 사진 한 장 찍는 게 여간 어려운 일이 아니었습니다. 학교 다닐 때 딱 한 번 대형 카메라를 잡아본 적이 있는데, 그때 무척 고생한 기억이 있거든요. 그런데 요즘에는 갖가지 '자동' 기능 덕에 프로페셔널 같은 아마추어 사진을 많이 봅니다. '사진의 대중화'에서 '대중의 사진화'가 이루어진 셈인데요, 아마추어와 프로페셔널의 차이는 뭐라고 생각하시나요?

아마추어리즘은 어떤 규범과 제도에 일체 얽매이지 않고 자유스럽게 실험적이며

창의적인 활동을 하려는 의지이자 태도라고 생각합니다. 그래서 아마추어는
이런 태도를 고양하면서 오직 자신의 만족과 유희를 위해 무언가에 몰두하는
사람이라고 볼 수 있겠죠. 반면 프로페셔널은 구체적인 목적을 위해 숙련된 경험과
기술을 바탕으로 일련의 활동을 하는 사람이고요. 그러니 책임이 그만큼 크다고
생각합니다. 전문 사진작가에게 요구되는 것은 직능에 대한 자부심이나 매너리즘에
대한 극복, 그리고 놀랍게도 아마추어리즘을 회복하는 것입니다. 아마추어 사진가는
오히려 직업 사진작가의 사진을 답습하는 것에서 벗어나 어떠한 규범과 제도에
얽매이지 않고 실험적인 태도를 갖는 것이 중요하다고 봅니다.

판화에는 에디션edition이란 것이 있지요. 만약 에디션을 50장까지로 정하고 그 50장을
다 찍었다면 원본을 파기해 작품의 가치를 유지하는데요. 그런데 사진은 얼마든지
출력할 수 있기 때문에 작품으로서의 희소성에 대해 의문을 가지는 경우가 있습니다.
사진에도 에디션이 있는지, 또 원본을 파기하는지 궁금합니다.
에디션은 있습니다. 하지만 원본을 파기하지는 않습니다. 에디션이 있다는 건
딱 그만큼만 팔겠다는 약속인데요, 이건 어떻게 보면 양심의 문제고, 사회적 약속의
문제기도 합니다. 만약에 제가 작업을 10장만 찍겠다고 하고 100장을 찍으면
작품으로서의 희소성이나 오리지널리티는 사라지겠죠. 덩달아 저에 대한 신뢰도
사라질 테고요.

그렇군요. 이제 가벼운 질문들로 인터뷰의 매듭을 지을까 합니다. 좋아하는
사진작가를 꼽는다면 누가 있을까요?
저는 정말 많은 이미지를 봅니다. 작가들의 작품뿐만 아니라 흔하게 볼 수 있는
전단지 사진부터 잡지, 신문 사진 등 여러 다양한 이미지들에서 아이디어를
얻기도 하죠. 모든 이미지가 좋은 스승이 될 수 있어요. 그중에서도 가장 좋아하는
작가는 볼프강 틸만스Wolfgang Tillmans입니다. 저를 가르쳐주신 선생님들도 작가로서
좋아하죠. 물론 비판할 지점도 있는데, 저는 그분들의 사진가로서의 태도를

좋아하는 것 같습니다. 다들 20여 년 동안 지속적으로 작업을 해오고 계세요.
저는 그런 분들을 보게 되면 경외감 같은 걸 느낍니다. 그리고 대중에게는
잘 알려지지 않은 사진가들 가운데 자기 신념과 가치관을 보여주고자 오랫동안
노력하는 분들이 많은데 그런 분들을 보면 정말 존경할 수밖에 없습니다.
작품이 좋고 나쁘고를 떠나서 삶에 대한 태도를 존중하게 됩니다.

영화, 연극, 책, 무엇이든 좋습니다. 어린 친구들을 위해 추천해주신다면?
책을 얘기하자면 알베르 카뮈Albert Camus의 『이방인』이 떠오르는데요, 소설에는
주인공의 심리 상태가 굉장히 건조하게 묘사되어 있어요. 저는 그런 주인공에
제 자신을 투사해서 주인공의 심리 지형을 추적한다고 할까요? 그러면 제가 작업을
하거나 삶을 바라볼 때 세밀하게 보려고 하는 면이 생기는 것 같습니다.

오랜 시간 말씀 감사했습니다. 끝으로 사진을 공부하려는 친구들에게
격려의 말씀 부탁드립니다.
하고 싶다면 망설이지 마세요. 하고 싶은 것을 하시길 바랍니다. '내가 해도 될까?
과연 될까?' 하는 생각은 당장의 조건 때문이죠. 그런데 조건은 얼마든지 바뀝니다.
상황을 기다리지 말고 상황을 만들어 내길 바랍니다.

| 연희동 카페에서 |

권순관

상명대학교 사진학과 졸업
한국예술종합학교 미술원 조형예술과 예술전문사 과정 졸업

2005 대안공간 풀 〈새로운 작가〉 선정
2007 성곡미술관 〈내일의 작가〉 선정
      518기념재단 〈올해의 사진가〉 선정
2008 한국문화예술위원회- 문예진흥기금(예술창작 및 표현활동 지원)
2009 KT&G상상마당 한국사진가 지원 프로그램(SKOPF) 선정

2000 개인전 〈응시(The Gaze)〉, 아트센터 나비, 서울
2001 개인전 〈A와 관계하다(Have relations to A~)〉, 서신갤러리, 전주
2005 〈Tipping the balance〉, 안양 공공예술 프로젝트 2005, 안양아트파크, 안양
      〈17 by 17〉, 토탈미술관, 서울
2006 개인전 〈영역으로부터 고립되다(Isolated from the Territory)〉, 대안공간풀, 서울
      〈Door to door 4〉, 대안공간풀, 서울
      〈친숙해서 낯선 풍경〉, 아르코미술관, 서울
2007 〈Beyond Art Festival〉, 대전시립미술관
      〈Double Take〉, Galeries d'exposition Salle Melpomene-Ensba, 파리
      〈견고한 장면〉, 아트비트갤러리, 서울
2008 〈아트 인 대구 2008: 이미지의 반란〉, KT&G, 대구
      〈쌈지스페이스 1998-2008〉, 쌈지스페이스, 서울
      〈The Game of Places〉, UTS갤러리, 시드니
2009 개인전 〈A Practice of Behavior〉, 성곡미술관, 서울
      〈City Ray: 도시의 속살〉, 스페이스빔, 인천
      〈시네로망과 서사〉, 쿤스트독갤러리, 서울
2010 〈이미지의 틈〉, 서울시립미술관, 서울
      〈The Street and Representing Public〉, 아를사진축제
2011 〈직면〉, 고은사진미술관, 부산
      〈백년몽원〉, 난지갤러리, 서울
      〈Media Season in Heyri 2011〉, 헤이리
      〈국경 없는 시간〉, 아트스페이스휴, 서울

윤현아

웹디자인디렉터

탈옥하듯 시위를 떠난 활은
요란한 과녁 밖에서 살로 박혔다
활 대신 긴 호흡이 시위에 걸리고
늙은 저녁은 하늘로 들판으로

닿는 곳마다 과녁이다

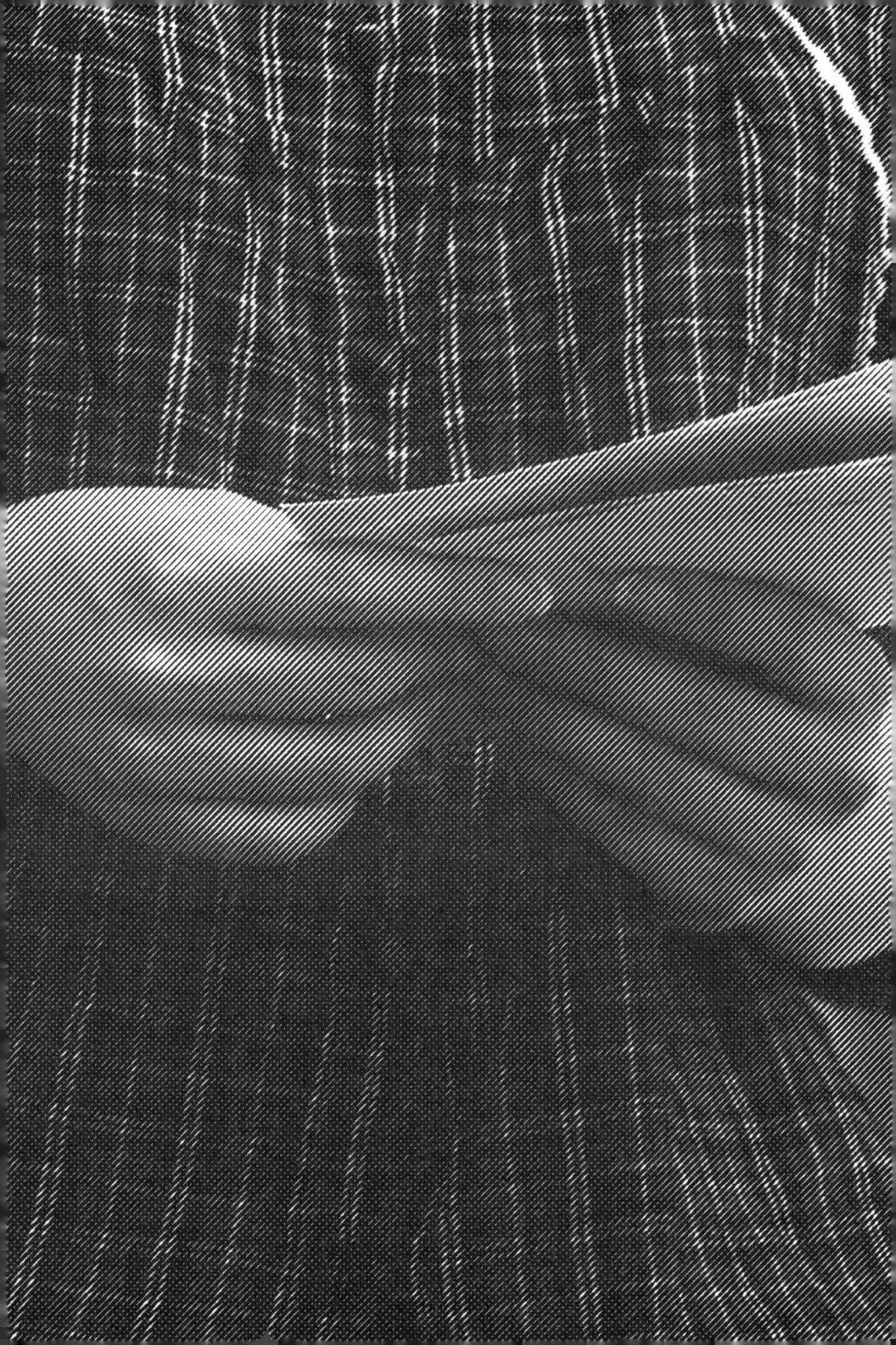

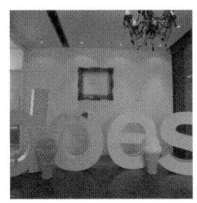

세계라는 공간에
거미줄 치기

바쁘신 와중에 인터뷰에 응해주셔서 감사합니다.

아니에요, 그보다는 제가 웹디자이너를 대표해 인터뷰할 자격이 있는지 걱정이네요.

저희가 미술계 각 분야의 전문가 분들을 모시려 할 때, 정보가 부족한 경우 종종
설문을 이용하곤 하는데요, 이번에도 한 달 동안 웹디자인 관련 커뮤니티에
'가장 알고 싶은 웹디자이너가 누구인가?'란 질문을 올렸습니다. 그런데 커뮤니티
구성원 대부분이 실장님을 가장 궁금해 하던데요.(웃음)

(수줍어하며) 그렇다면 좀 안심이 되네요.

저 말고도 궁금해 하는 친구들이 많던데, 직함을 사장이 아닌 실장으로 하신 특별한
이유가 있나요?

저는 관리자가 아닌 실무자의 입장에서 작업하기 때문에 실장이란 명칭을 쓰는 게
편해요. 사장이라고 하면 직원들이 거리감을 느낄 것도 같고요.

회사 이름이 더즈d.o.E.S인데 어떤 의미인가요?

여러 인터뷰에서 밝혀왔는데요, 제가 좋아하는 소설, 필립 K. 딕Philip K. Dick의
『안드로이드는 전자양의 꿈을 꾸는가?Do Androids Dream of Electric Sheep』에서 따왔어요.
〈블레이드 러너Blade Runner〉라는 영화의 원작으로 유명한 소설이죠. 이 소설에 나오는
'Dream of Electronic Sheep'이라는 구절이 좋아 더즈d.o.E.S라는 이름을 지었습니다.
그래서 저희 회사의 메인 심벌main symbol도 전자양이고요. 개인적으로 SF소설이나
영화를 좋아하는 편이에요. 그래서 초기에는 비주얼라이즈나 팬태스틱 계통의 작업도
많이 했습니다. 지금은 서비스 사이트에 더 중점을 두고 있지만요.

회사 로비에 오락실이 꾸며져 있는 걸 봤습니다. 직원 분이 근무 중에 게임을 하다
문을 열어주셔서 재밌기도 하면서 놀랍기도 했는데요.

저희는 일하는 시간과 쉬는 시간을 엄격하게 구분하지는 않고 있어요. 개인 재량에
맡기기 때문에 근무 시간이라도 다들 그렇게 놀곤 해요.(웃음)

회사 안에 오락실을 비롯해 재밌는 아이템이 많던데, 이런 것들이 직원들에게 긍정적인
영향을 준다고 보시는지요?

저는 결과중심주의라고 할까요? 야근하는 것을 굉장히 싫어해요. 창업하기 전,
회사에 다닐 때도 그런 것들이 불만이었어요. 하루 종일 앉아서 시간을 때우는 것.
저는 그보다 직원 스스로 자신의 리듬에 맞게 시간을 효율적으로 쓰는 것이 더 좋다고
봅니다. 낮에 무엇을 하고 놀든 제가 준 미션만 완수한다면 상관없어요. 사람들은
대개 결과보다 과정이 중요하다고 얘기하지만, 저는 정해진 기간 내에 훌륭한 성과가
나온다면 중간에 직원들이 자유롭게 노는 것도 상관없다고 생각합니다.

그럼 더즈의 근무 여건이나 처우에 대해 좀 더 말씀 부탁드립니다.

웹에이전시 계보에서 저희 회사는 2세대쯤에 속해 있다고 봅니다. 그래서 젊은 사장이
많은 편이에요. 사장들의 연령대가 낮은 만큼 사원들에 대한 이해나 근무 환경에

대한 생각도 유연한 듯하고요. 현재 더즈의 사원들에 대한 처우는 나쁘지 않다고 생각해요. 물론 대규모 에이전시와는 조금 다를 수 있겠지만. 대부분 웹에이전시의 근무 여건은 비슷하다고 보는데요, 저희 회사의 가장 큰 특징으론 해외 워크숍을 꼽을 수 있을 것 같아요. 주 5일제에 4대 보험은 기본이고요.(웃음)

해외 워크숍이라면?
작년에 두 차례 워크숍을 시행했어요. 보통 3박 4일에서 4박 5일 정도의 일정을 잡고 외국으로 떠납니다. 봄에는 직원 전원이 발리로, 가을에는 두 팀으로 나눠 각각 일본과 태국에 다녀왔습니다.

단체 휴가를 말씀하시는 건가요?
처음에는 건설적인 회의를 도모하는 워크숍으로 출발했는데, 나중에는 팀워크와 서로에 대한 이해를 높이는 '컴퍼니 트립company trip'으로 바뀌었습니다. 이 행사는 팀을 나눠 간단한 게임을 진행하는 식으로 이뤄지는데요. 그 과정에서 직원들끼리 서로 몰랐던 점을 알게 되고 더욱 친밀해질 수 있게 됩니다. 그런 점이 실제 업무에서도 많은 도움이 되고요.

저도 더즈 웹사이트에서 워크숍 사진들을 봤는데요, '과연 회사가 행복한 곳일 수 있을까?'란 질문에 사진들이 이미 답을 해주고 있다는 느낌을 받았습니다. 모두가 굉장히 즐거워 보이던데요, 그 외 더즈만의 장점으로는 어떤 것들이 있을까요?
우선 오락실을 들 수 있는데요.(웃음) 누구나 자유롭게 이용할 수 있어 업무 시간 외에도 인기가 많지요. 처음에는 〈더 킹 오브 파이터즈The King of Fighters〉 같은 격투 게임 토너먼트를 많이 했는데, 요즘은 위Wii로 대세가 바뀌었어요. 저희 회사의 두 번째 장점으로는 먹을 것이 무한정 구비된 스낵 코너를 들 수 있습니다. 이 부분은 구글Google을 벤치마킹한 건데요. 아마 이쪽 업계의 환경은 다 비슷할 거예요. 다만 다른 회사에서는 주로 컵라면 같은 걸 제공한다고 알고 있거든요.

반면 저희는 햇반과 레토르트 식품을 비롯해 비타민 워터, 유기농 과자, 스타벅스 커피 등을 다양하게 준비해 놓고 있습니다. 더 비싼 거죠.(웃음) 늦게까지 작업을 할 때 배가 고프면 사실 화가 나거든요. 그래도 먹을 게 있으면 짜증을 덜 내게 돼요. 업무 능률이 떨어질 때쯤 과자 한두 개씩 집어 먹으며 살짝 숨을 돌릴 수도 있고요. 이외에도 한 달에 10만 원의 자기계발비가 주어지는데요. 헬스나 요가 등 운동에 들어가는 물품 비용 및 학원비를 지원하죠. 프로그래머가 스크립팅을 배우기 위해 참고 도서를 구매하고자 할 때도 보조해주고요.

더즈의 단체 워크숍

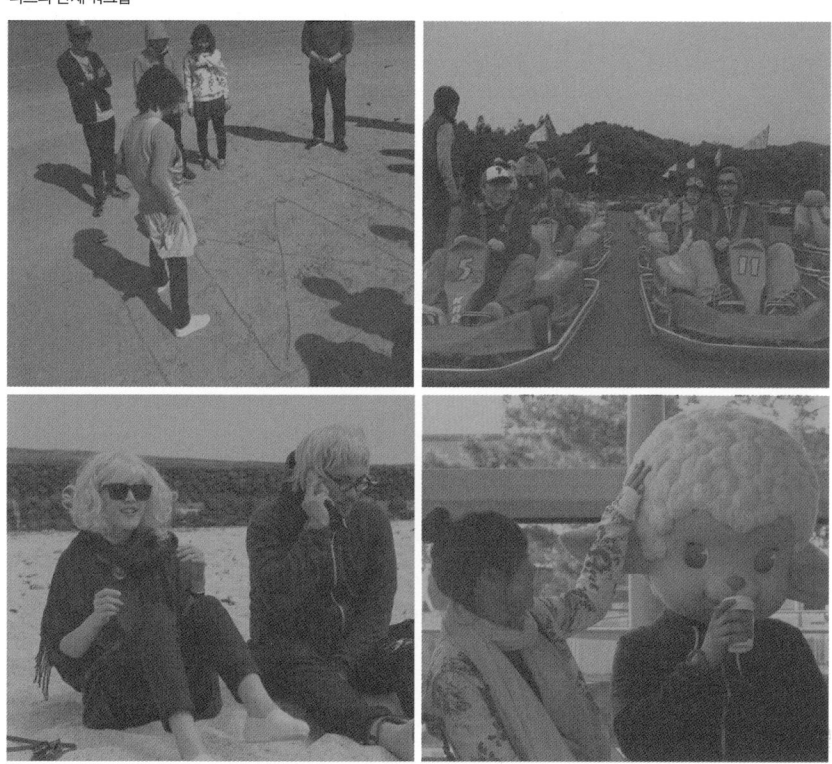

실제로 디자인 회사마다 간식 등을 무한대로 제공하는 휴게실이 있더군요.
아마 실무자들이 늦게까지 작업하는 경우가 많아 그런 듯합니다. 그럼 더즈의
출퇴근 시간은 어떻게 되나요?

삼성이 '8/5제(8시 출근, 5시 퇴근)'를 한다고 하는데, 저희는 '10/7제(10시 출근, 7시 퇴근)'를
쓰고 있어요. 한 가지 특이한 점이라면 누구든 실장보다 먼저 퇴근할 수 있다는 걸
들 수 있겠네요.(웃음)

(웃음) 제가 지금까지 인터뷰 한 회사 중 가장 근무 여건이 좋아 보이는데요.

제가 야행성이라 늦은 시간에 일하는 편이예요. 그런데 제 눈치를 보느라 사원들이
퇴근 못하는 건 싫거든요. 그렇지만 월요일 오픈을 기다리는 마감일 때는 주말에 일을
하기도 해요. 그런 경우에는 주말 수당이 있죠. 야근은 정말 싫지만 클라이언트가
퇴근 직전에 일을 주는 경우, 어쩔 수 없이 직원들에게 일을 시킬 수밖에 없어요.
그래서 올해부터 야근수당제를 도입했어요. 다른 대기업의 기준을 참고해 시간당
보수를 책정하고, 그 외에 교통비는 따로 지급하는 식으로요. 대개 야근비 안에는
교통비가 포함돼 있지만 그럴 경우 집이 먼 사람이 불리해지거든요.

　　사실 사람마다 작업 속도에 상당한 차이를 보이기 때문에 그동안 야근수당제를
시행하지 않고 있었어요. 일을 더디게 하는 사람이 일을 빨리 하는 사람과 같은
분량의 작업을 하고도 야근 수당을 받게 되더라고요. 형평성에 어긋나죠. 하지만
언젠가부터 불가피하게 야근해야 될 일이 자꾸 생겨 이 제도를 시행하기로 했어요.
대신 팀장급의 사원이 평사원의 개성과 사정을 살펴 야근 여부를 승인해주는
식으로 앞서 말한 문제점을 보완하고 있습니다.

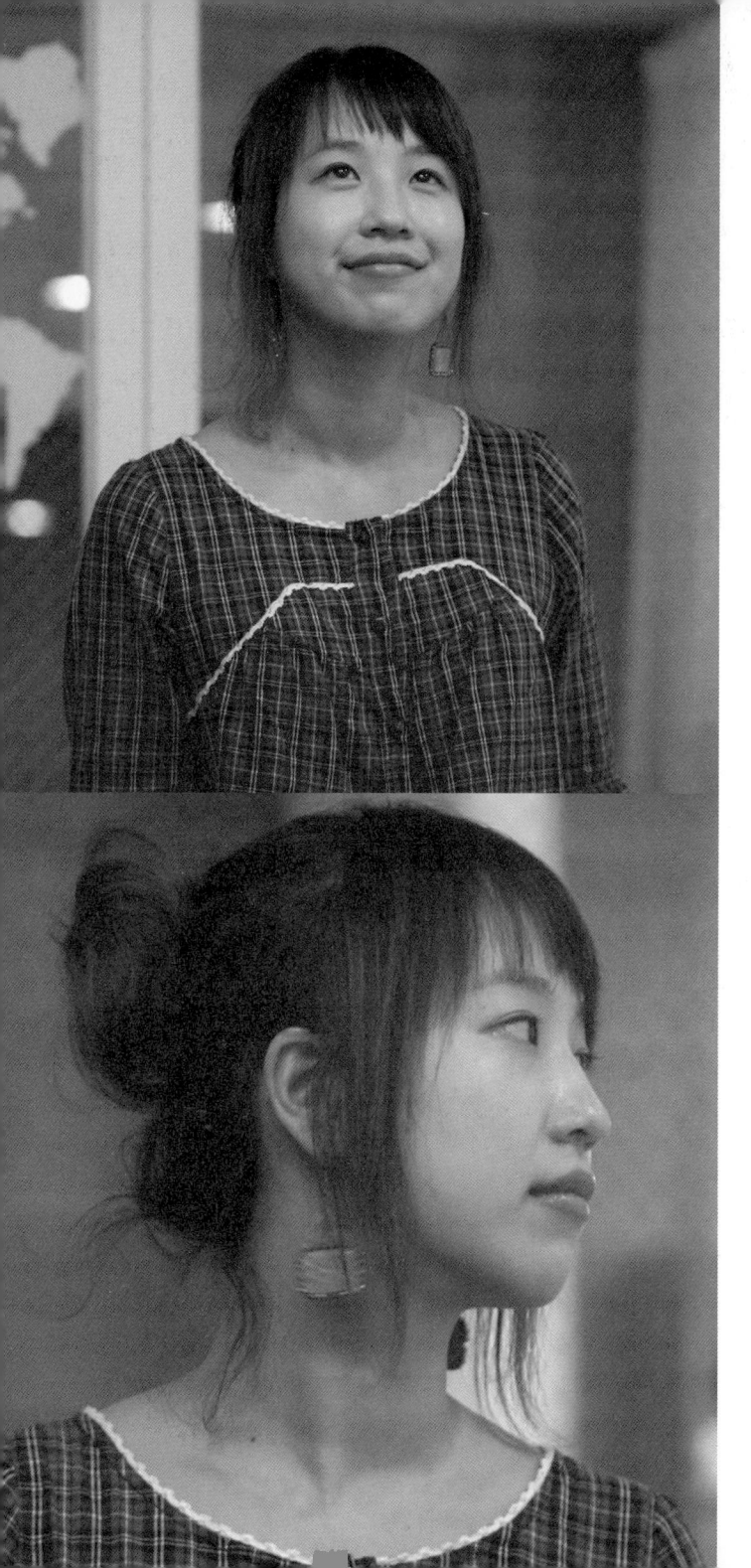

지금까지 근무 여건에 관해 들어봤습니다. 현재 상업용 웹사이트의 종류가 참 많던데요. 먼저 웹사이트에는 어떤 것이 있고 그중 더즈는 주로 어떤 영역을 담당하고 있는지 설명해주셨음 좋겠습니다.

웹사이트 제작 업체는 크게 영화 예매 사이트 같은 일종의 '서비스 사이트service site'를 만드는 곳과 온라인 광고가 중심이 되는 '프로모션 사이트promotion site'를 만드는 곳으로 나눌 수 있습니다. 그중 더즈는 후자에 가까운 회사예요. 두 개가 이렇게 나뉘는 이유는 각 사이트의 웹디자인 성격이 조금 다르기 때문이에요. 서비스 사이트는 비주얼라이징보다 UIuser interface나 이용자의 편의 구조를 중심에 두는 반면 프로모션 사이트는 이용자의 시선을 끌기 위한 화려한 비주얼과 모션 작업에 더 공을 들이거든요.

흔히 말하는 브랜딩 사이트branding site를 말씀하시는 거군요.

네, 브랜딩을 주로 하고 있어요. 보통 규모가 100명이 넘는 웹에이전시도 꽤 많이 있는데요, 저희 회사처럼 30명 이하 인원으로 구성된 경우엔 '부티크boutique'라 부르죠.

그렇군요. 그럼 웹디자이너를 한마디로 정의한다면 뭐라 말씀하시겠어요?

말 그대로 '웹사이트를 디자인하는 사람'이죠.(웃음) 그런데 요즘 웹디자인의 영역은 보다 광범위해지고 있어요. 웹상에서 보는 페이지 외에도, 넓게 보면 디지털 디바이스digital device에 나오는 모든 페이지가 웹디자인의 대상이라고 할 수 있어요. 요즘 화제가 되고 있는 아이폰이나 아이패드 같은 디바이스의 화면이나 그밖에 가상 화면도 웹디자인의 한 종류라고 할 수 있고요. 그런 면에서 웹디자인이란 웹사이트뿐 아니라 '디지털 화면을 디자인하는 작업'이라고 설명하는 것이 더 적절하다고 생각해요.

그러고 보면 디지털 화면이나 웹페이지나 디자인에 사용되는 도구는 비슷한데, 우리가
주로 웹사이트를 통해 접했기 때문에 웹디자인의 의미를 웹에 한정해 이해하고
있는 듯하네요. 그럼 실장님은 다른 디자인과 비교해 웹디자인의 차별점이 뭐라고
생각하세요? 그리고 웹디자인만의 강점으론 무엇이 있을까요?

초기 웹디자인의 가장 큰 화두는 '인터랙티브'였어요. 특히 웹디자인은 '웹'의 특성상
사용자와의 커뮤니케이션이 중요하고 또 실제로도 활발하게 이루어지잖아요.
웹디자인은 디자이너가 사용자의 반응을 실시간으로 살필 수 있고, 또 그걸 바탕으로
여러 의견을 다음 작업에 바로 적용할 수도 있어요. 그만큼 자신의 디자인에 대해
즉각적인 피드백을 받을 수 있다는 게 제일 큰 특징이죠.

직접 작업도 하시나요?

지금은 디렉터의 위치에 있기 때문에 사실 웹디자이너라는 직함은 쓰지 않아요.
사이트 디자인만 하는 게 아니라 전반적인 프로젝트를 지휘하기 때문에 디렉터라고
봐야겠지요. 물론 제 업무 안엔 세부 디자인 작업도 포함되어 있지만, 굳이 부르자면
웹디자이너보다 웹디렉터web director나 웹크리에이티브디렉터web creative director 쪽에
더 가까울 것 같아요.

웹사이트 제작이 손쉬워지면서 이제는 한글 문서 다루듯 누구나 간단하게 웹사이트를
만들 수 있는 환경이 됐다고 봅니다. 그만큼 일반 사용자들의 안목도 높아진 듯하고요.
웹디자인에 대한 실장님의 취향이랄까, 예전에 좋아했거나 혹은 영향을 받은
웹디자이너나 사이트가 있을까요?

웹디자인계는 디자인 세계에서도 순환이 가장 빠른 곳 중 하나예요. 아무리 화제를
불러일으킨 디자인이라 해도 1년 뒤에 보면 굉장히 촌스럽게 느껴질 정도로 트렌드
전환이 빠르죠. 디바이스 역시 빠른 속도로 변하기 때문에 짧은 기간 안에 판단이
갈리게 돼요. 그만큼 트렌드에 민감한 분야이기 때문에 자사 웹사이트를 가진
기업들도 각 사이트를 지속적으로 리뉴얼할 수밖에 없고요. 그럼에도 불구하고

제가 여전히 좋아하는 사이트가 있다면 '유니클로 시리즈Uniqlo serise'에요.
그중 '유니클락UNIQLOCK'이라는 유명한 마케팅 위젯widget[1]이 있죠. 클리오광고제
CLIO Awards 인터렉티브 대상을 비롯해 세계 3대 광고제에서 모두 좋은 평가를
받기도 했는데……. 혹시 보셨나요?

아뇨.(웃음) 유니클로라면 일본 의류 브랜드로 알고 있는데요.
네, 유니클로는 전 세계적으로 유행하는 스파Specialty Store Retailer of Private Label Apparel, SPA
브랜드 중 하나예요. 스파 브랜드는 자라ZARA나 H&M 같이 약간은 제조와 유통을
일체화시켜 패션의 주기가 빠르게 바뀌는 중저가 브랜드를 가리키는 말인데요,
그런 면에서 유니클로의 이미지 브랜딩은 정말 감각적이죠. 패션을 단지 패션만으로
보여주지 않고 춤과 노래 등 젊은이들을 움직일 수 있는 이미지 메이킹을 중심으로
브랜딩을 하고 있거든요.

그럼 웹디자인계에도 소위 스타 디자이너라 부를 만한 사람이 있겠네요?
많이 있죠.(웃음) 이제 웹디자인은 부흥기를 지나서 안정기에 들어서고 있어요.
스타 디자이너는 부흥기 때 많이 생겨났죠. 디자이너 한명수가 그중 한 분이신데,
이 업계에서 일하는 분들에게 존경과 선망의 대상이 되고 있어요. 보통 디자이너들은
스스로 회사를 차리는 경우가 많은데, 그분은 현재 대기업(SK 커뮤니케이션즈) 이사로
계세요. 기업 디자이너로서 최고의 자리에 올랐다는 점도 대단하시죠.

---

1 휴대폰, 블로그 등에서 웹 브라우저를 통하지 않고도 날씨, 달력, 계산기 등의 기능과
   뉴스, 게임, 주식 정보 등을 바로 이용할 수 있도록 만든 미니 응용프로그램

한명수 씨는 어떤 작업을 하셨나요? 실장님께선 그분이 왜 매력적이라고 생각하세요?
만나본 적은 없지만 프레젠테이션 능력이 대단하시다고 들었어요. 디자이너에게는
단순히 대상을 아름답게만 만드는 기술뿐 아니라 자신의 철학을 표현하고 그것을
잘 전달할 수 있는 능력도 필요한 것 같아요. 그런데 미술을 공부한 사람 중에는
언변이 어눌한 이가 많아요. 결국 디자이너가 디렉터 급으로 올라가기 위해선
커뮤니케이션 능력을 길러야 하는데, 그분은 그런 면에서 탁월하시다고 생각해요.

앞으로 모바일이 PC를 추월할 것으로 예상하는 기사가 있었습니다. 스마트폰이
확산됨에 따라 웹 환경에도 변화가 일 것으로 보이는데요. 웹사이트 제작자 입장에서
현재의 중구난방식 변화를 어떻게 보시나요? 표준안이 필요하지 않을까요?
제 생각은 좀 다른데요. 모바일과 PC는 공존할 것 같습니다. 모바일 웹은
여러 장점을 갖고 있지만 PC에 비해 화면이 너무 작거든요. 큰 화면 안에서만 가능한
섬세하고 다양한 기능을 소화하는 데도 무리가 있고요. 물론 저도 표준안은
필요하다고 보는데 아직 HTML5는 미숙한 단계입니다. 스티브 잡스가 플래시^{flash}
와의 전쟁을 선포하는 바람에 이 부분이 화두가 되긴 했는데요. 아직 플래시의
인터랙티브함을 완벽히 대체할 방법은 나오지 않은 상태고 결국 이 부분이 해결되지
않으면 아이폰,아이패드 같은 툴과 PC의 페이지가 완벽히 공존하기는 어려워질 거라
봅니다. 게다가 최근 구글의 안드로이드가 플래시를 지원하게 된 터라 앞으로
어떻게 흘러갈지 저도 궁금합니다. 추이를 지켜보고 있습니다.

표준안에 따른 한국의 역할은 어때야 한다고 보실까요? 국제 웹 시장에서의
한국의 위상과 관련해 답해주신다면?
지금 많은 사람들이 이야기하듯 웹사이트의 표준안은 필요하다고 봅니다.
제가 서비스 사이트 부분의 전문가가 아니라 정확하게 얘기할 수는 없지만
파이어폭스^{Firefox}를 브라우저로 사용해보니 액티브엑스^{Active X}로 점철된 한국 웹의
문제성을 많이 느낄 수 있었어요. 동시에 수월하게 진행되는 외국 사이트의 편리함도

알게 됐고요. 국제 웹 시장에서 한국의 위상과 역할에 대해서는 저도 말씀드리기 어렵습니다. 제 전문 분야가 아니고 사실 다른 많은 분야에서 그렇듯 웹 시장 역시 인구도 많고 인프라도 풍부한 미국이 주도하면 다른 나라는 따라갈 수밖에 없는 환경에 있으니까요. 이건 단순히 웹 분야만이 아니라 각 나라의 경제와 인구, 문화 등이 복잡하게 얽히며 발생되는 문제라고 생각합니다.

그렇다면 웹디자인의 미래는 어떻게 되리라 예상하십니까?

앞서 말했듯이 웹디자인은 단순히 PC 모니터를 디자인하는 것뿐 아니라 여러 디지털 디바이스 화면을 디자인하는 것으로 확장되고 있습니다. 실제로 많은 회사들이 모바일이나 홈디바이스의 UI와 영화 〈마이너리티 리포트Minority Report〉에 나오는 가상 화면 같은 3D 화면을 디자인하고 있습니다. 아이패드가 생기면서 아이패드를 위한 디자인 시장이 자연스럽게 형성된 것처럼 앞으로 웹디자인의 영역도 디지털 디바이스의 기능과 함께 변화하지 않을까 해요.

디자인의 오랜 화두 중 하나가 바로 '창의성'인데요. 남보다 독창적인 작업을 하기 위한 실장님의 개인적인 노하우라든지, 자기계발 팁이 있다면 소개 부탁드리겠습니다.

호기심이죠. 호기심을 갖고 주변 사물을 살피고 영화, 공연, 책 등을 많이 봐요. 그런 경험이 차곡차곡 자기 안에 쌓이다 보면 작업할 때 자연스럽게 드러나게 되거든요. 앞서 이 업계가 트렌드에 민감하다고 말씀드렸는데, 사실 저는 오히려 그때그때 트렌드를 크게 의식하지 않고 작업하는 편이에요. 웹디자이너지만 웹디자인과 무관한 것을 즐기는 편이라고 할까요. 이를 테면 최근 재미있게 본 영화는 〈렛 미 인Let the Right One in〉이고, 인상 깊게 읽은 책은 진화론에 관해 쓰인 『눈먼 시계공』이라는 작품이었습니다. 사실 이 두 작품 모두 웹디자인과 직접적인 관계가 없지요. 하지만 이런 것들은 디자이너서로의 제게 항상 예술적, 철학적 영감을 줍니다. 또 저는 인형집을 꾸미는 취미가 있어요. 그러다 인형의 집 콘셉트로 사이트를 만들면 재밌겠다 싶어 아이디어를 낸 적도 있고요. 이렇듯 다양한 취미를

통해 좋아하는 것들을 자기 안에 쌓아두면 언젠가는 그것들이 스스로 발아發芽하는
크리에이티브한 순간들이 온다고 봐요.

실장님 말씀을 들으니 신해욱 시인이 쓴 시의 "귀가 몇 개만 더 있었으면 정말
좋았을 텐데" 하는 구절이 생각나네요. 작년에는 참 괜찮다고 생각한 디자인이
해가 바뀐 뒤 촌스럽게 느껴진다고 하셨는데, 역시 오랫동안 두고 봐도 좋은
웹디자인이란 불가능한 걸까요?
웹의 특징 중 하나가 디자인과 기술이 상호작용하며 발전한다는 점이에요. 인터넷
초창기에는 전용선 자체가 미비했잖아요. 그러다 보니 사용자들은 예쁘게 디자인된
페이지 하나로도 만족했어요. 그러다 보니 저용량 플래시 모션이 인기를 끌었죠.
그런데 점점 동영상의 기능이 향상되면서 활용도도 높아졌어요. 요즘은 웹에서 3D를
구현하는 것이 트렌드가 돼버렸지요. 웹이라는 세계에서는 이처럼 기술 발전이 매우
빠르게 이루어지기 때문에 과거의 웹디자인이 낡아 보이는 건 당연한 거라고 봐요.

비틀즈의 음악이 국경과 시대를 불문하고 많은 이들의 사랑을 받듯, 오래된 사이트
중에서도 매력적인 곳은 있지 않을까요?
옛날 사이트 중 아직도 유명한 곳이 떠오르네요. 유고 나카무라中村勇吾라는 유명한
일본 디자이너가 있는데, 앞서 말한 유니클로 시리즈도 몇 개 만든 분이에요.
이분은 특이하게도 디자이너 겸 프로그래머예요. 사실 플래시 세계에서는 플래시를
도구로 보았을 때 그걸 운용하는 사람을 프로그래머보다 스크립터scripter에 가깝게
보거든요. 여기서 스크립터란 스크립팅scripting을 통해서 비주얼을 구현하는 사람을
말해요. 우리나라에서는 스크립팅과 비주얼라이징 두 가지를 완벽하게 소화하는
사람이 드물어요. 그런데 유고 나카무라는 스크립팅도 완벽할 뿐만 아니라 그것을
시각적으로 표현하는 것, 그것을 통해 사용자들의 마음을 끌어당기는 것 전부를
완벽하게 해내기로 유명합니다.

이분 작업 중 '에코토노하ecotonoha'2라는 환경 캠페인 사이트가 있어요. 일본 기업인
NEC가 2003년에 제작한 것으로, 웹디자인에 조금이라도 관심이 있는 사람들은
다 알고 있고, 모든 클라이언트들이 관심을 보일 만큼 유명해진 사이트인데요. 간단히
말해 '온라인상의 나무 심기 운동'이었어요. 나무 심기라는 누구나 생각할 수 있는
행위를 비주얼적으로 그리고 수학적으로 아름답게 구현해서 사람들에게 어필한 거죠.
사이트에 접속한 사람들이 글을 남기면 나뭇가지가 자라나서 한 그루의 아름다운
나무가 되고, 이렇게 온라인에서 자란 나무를 NEC에서 실제로 땅에 심어주는
프로젝트였어요. 당시에 큰 호응을 얻었죠. 자신이 온라인에서 투자한 것이
오프라인에 구현되는 것을 본 사람들은 뿌듯함을 느꼈을 거예요. 최근 네이버의
'해피빈 캠페인'도 그런 운동의 하나라고 볼 수 있죠. 에코토노하의 경우 NEC에서
단순히 '이름을 남기세요, 나무가 심어집니다.'라고 했다면 그만큼의 반응을
이끌어낼 수 없었겠죠. 그런데 유고 나카무라에 의해 나무가 자라는 과정이
타이포그래피로 매우 아름답게 구현되었거든요. 이런 개념의 사이트는 몇 년이
지나고 봐도 멋지다고 느낄 것 같네요.

프로그래머로서의 기획 능력과 디자이너로서의 표현 능력, 이 두 가지를 동시에
잘하기가 어렵다는 말씀은 디자이너 교육이 그 다리 역할을 제대로 못하고 있다는
말씀으로도 들립니다.
미술을 전공한 디자이너는 수리에 약하기 때문에 주로 비주얼에 중점을 두게
되잖아요. 플래시의 경우 초기 언어가 액션스크립트 1.0이고 지금은 2.0을 지나
3.0버전까지 왔거든요. 1.0과 2.0까지는 디자이너들도 알기 쉬운 언어였기 때문에
직접 스크립트를 짜면서 디자인 수정이 가능했죠. 저도 마찬가지였고요. 자신이
표현하고자 하는 것을 직접 만들 수 있으니 좋았어요. 그런데 액션스크립트가

3.0으로 버전이 올라가면서 객체지향Object-Oriented Programming, OPP으로 바뀌자
자바스크립트Java Script에 가까워졌어요. 결국 디자이너가 소스 하나를 수정하기도
어려워진 거예요. 예전에는 디자이너가 플래시 안에 비주얼라이징과 함께 코드를
삽입했다면 이제는 아예 코드와 디자인을 따로 짜게 된 셈이에요. 작업 환경이 이렇게
순식간에 바뀌다 보니 교육도 그걸 따라가는 데 한계가 있을 수밖에 없었던 것 같아요.

실제 필드에서 프로그래머와 디자이너 사이의 구분은 모호해 보였는데 결국 각자 따로
작업을 해야 상황이 된 거로군요. 그럼 현장에서는 웹사이트를 만들 때 디자이너가
스크립터에게 작업 개요를 요구하는 방식으로 일이 진행되나요?
네, 그래서 디자이너와 스크립터 둘 사이의 커뮤니케이션이 상당히 중요해졌어요.
스크립터도 단순히 DBdata base에서 어떤 정보를 받아서 뿌려주는 능력 외에 디자인적인
감각을 요구 받게 되었고요. 예전에는 디자이너가 웹상에 어떤 글자가 뿌려지는 것을
시각적인 감각으로 해석해서 만들었지만 요즘은 그런 작업에 수학 공식을 대입합니다.
그 움직임을 아름답게 하려면 당연히 스크립터가 미적 감각을 지니고 있어야
하는 거죠. 한 사람이 두 가지 작업 모두에 능통한 것은 현실적으로 힘들기 때문에
디자이너와 스크립터가 커뮤니케이션을 통해 생각을 맞춰나가고 있어요. 그래서
현재 웹디자이너 지망생 분들 중 두 가지 능력을 모두 갖춘 사람이 있다면 업계에서
굉장히 좋은 대우를 받고 높은 곳까지 오를 수 있을 거라 생각해요.

이제 미대 다니는 친구들도 수학을 공부해야겠는데요.
네, 그렇죠. 그림 그리는 분들 가운데 학창 시절부터 수학을 싫어했다는 분들이
많아요. 그래서 프로그램 언어를 공부하는 것에 부담을 느끼시는 분들이 꽤
계시죠. 이것도 일종의 틈새라고 봐요. 미대생 중에 흔치 않은 능력을 갖고 있는
디자이너가 있다면 상당한 경쟁력을 갖게 되지 않을까요? 카이스트의 산업디자인과가
엔지니어링에 익숙한 학생들에게 디자인 능력을 길러주고 있는 것도 비슷한
이유에서이지 않을까 싶네요.

카이스트의 산업디자인과나 최근 서울대의 디자인학부, 경영학과, 기계항공공학부가
연계전공이 된 것으로 알고 있습니다. 카이스트는 오래된 얘긴데요, 처음 카이스트에
산업디자인과가 생긴다고 했을 때 다소 의아해했던 했던 기억이 납니다. 하지만 지금은
연계전공이야말로 미술대학에서 가장 필요한 교류의 형태가 아닐까 생각합니다.
실장님께서는 예전에 프로그램 문서를 직접 코딩coding을 하셨다고 들었는데, 학부 때
전공이 무엇이셨는지요?

아, 저는 디자인을 전공하지 않았어요. 건축을 전공했으니 저는 사실 '공대 여자'에요.
그나마 공대 중에서도 건축과는 설계 분야가 있으니 미술하고 관련이 있죠. 그런데
어떤 면에서 건축은 지금 제가 하고 있는 일과 비슷한 점이 많아요. 비주얼라이징과
구조를 합리적으로 세우는 게 건축가의 일이거든요. 보기 좋을 뿐 아니라 살기 좋게
만드는 것. 웹디자인도 마찬가지에요. 비주얼라이징을 하면서 아름답게 꾸미는 것도
중요하지만 구조를 짤 때 사용자의 편의성을 고려하는 것도 중요합니다.

현재 더즈에 스크립터가 따로 있습니까?
네, 프로젝트당 두셋 정도로 전부 합해 네 명이 있습니다.

그럼 나머지 분들은 모두 디자이너시고요?
네, 크게 디자인팀과 모션그래픽팀이 있어요. 웹디자인이란 게 예쁘고 정적인
이미지로만 끝나서는 안 되거든요. 그래서 움직임을 개발하고 연구하는 분들은
모션팀에, 비주얼을 주로 담당하는 분들은 디자인팀에 계세요. 그리고
프로그래머와 스크립터로 구성된 개발팀이 있죠.

영화 〈싸이보그지만 괜찮아〉 웹사이트 2006

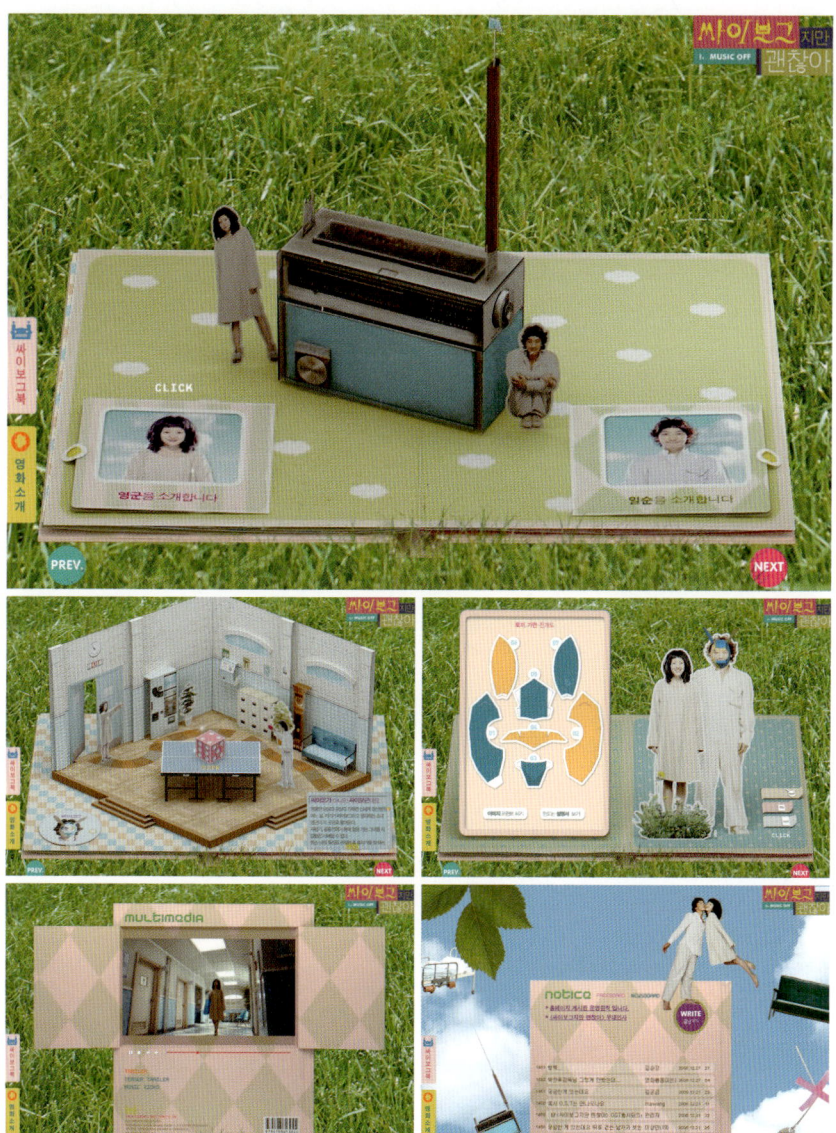

CYON 롤리팝 2 프로모션 사이트 메인 페이지(아래)와 인트로 영상(오른쪽) 2010

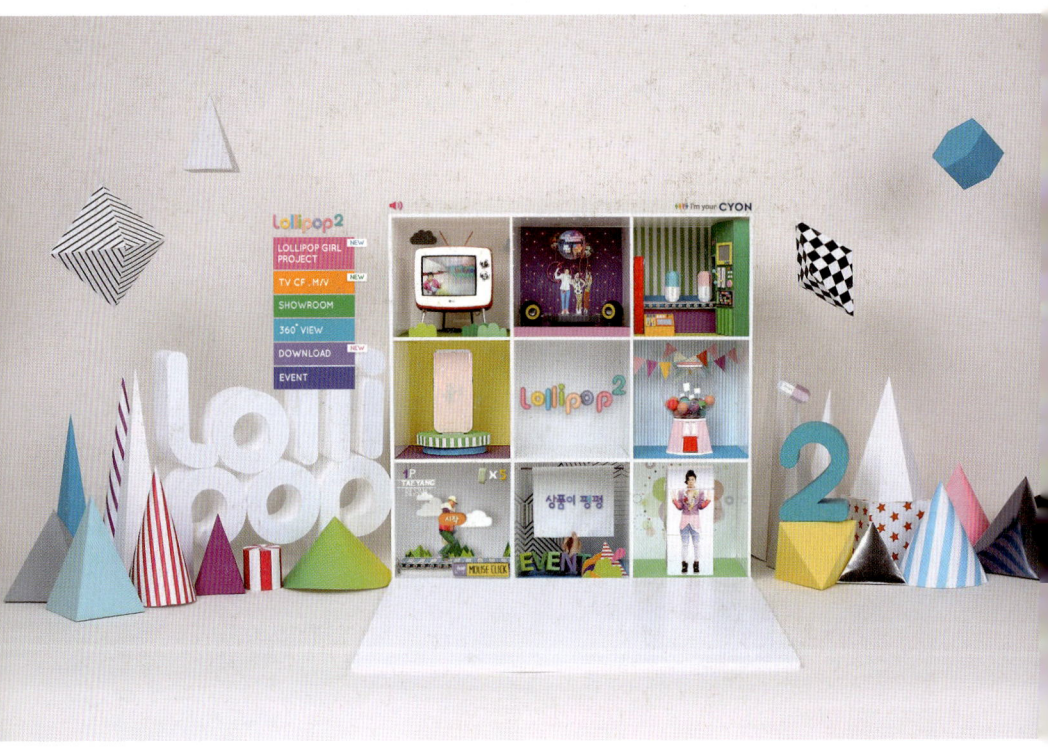

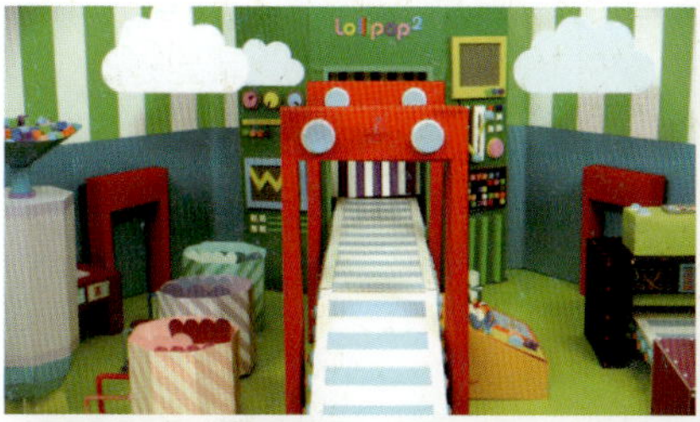

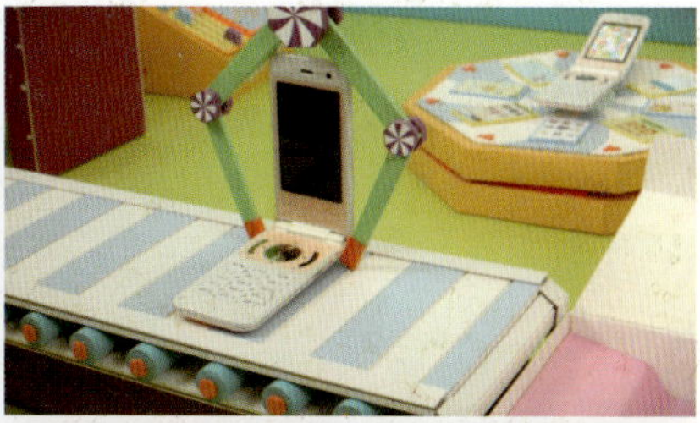

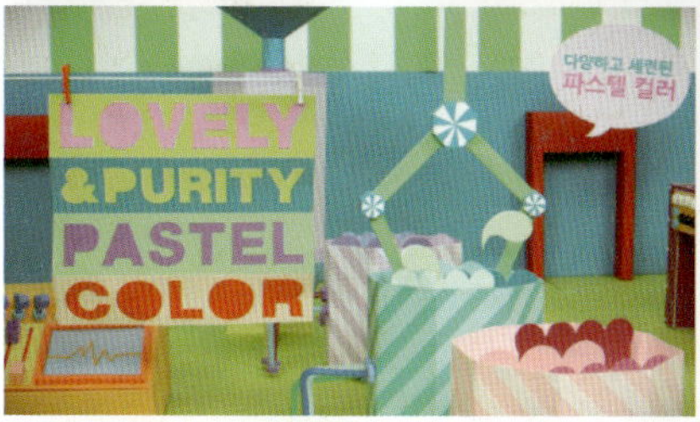

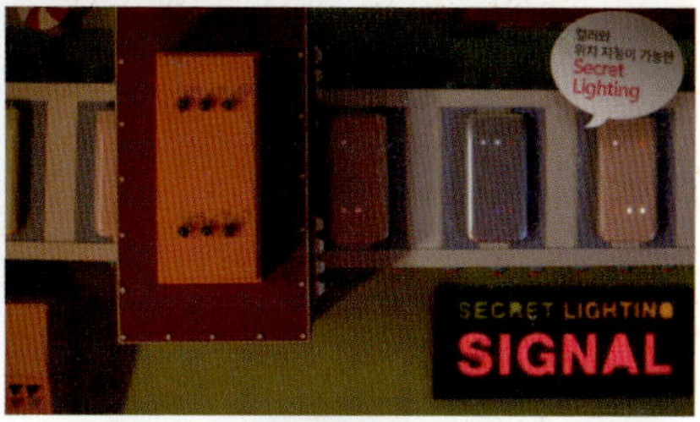

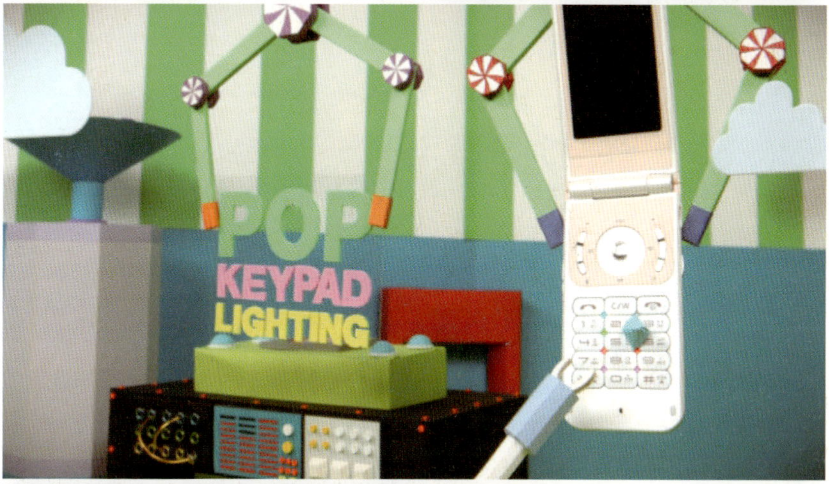

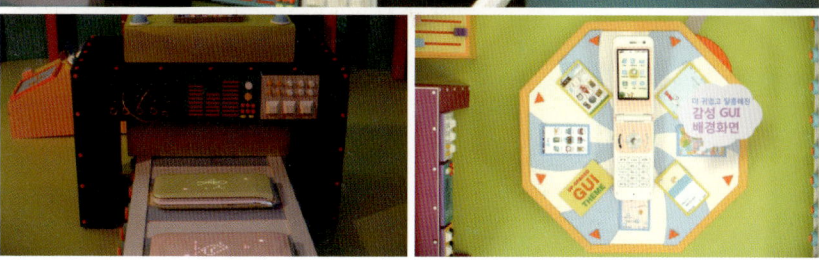

웹디자인을 할 때 가장 중요하게 여기는 핵심요소는 무엇인가요?

앞서 언급했듯이 웹디자인하면 따라오는 말이 바로 '인터랙티브'입니다.
웹디자인이야말로 인터랙티브 최우선으로 생각하며 만드는 것이 핵심이라고 봐요.
단순히 보기 좋고 예쁜 것을 만드는 것이 아니라 이것을 접한 사람들이 어떻게
반응할지 그 심리적 요소까지 염두에 두고 디자인을 해야죠. 사용자들과의
원활한 커뮤니케이션 여부가 바로 핵심 요소라고 할 수 있겠죠.

세계적으로도 한국 웹사이트의 수준은 이미 상당한 위치에 와 있지 않나 생각합니다.
그렇다면 해외 진출도 가능하지 않을까 짐작되는데요. 한국 웹디자인 수준은
어느 정도라고 할 수 있을까요?

'웹'은 각 나라의 문화와 밀접한 관련이 있습니다. 물론 세계적으로 통용되는
감성도 있지만 나라마다 선호도도 다르고 취향이 각각이죠. 글로벌 사이트의
디자인 작업을 하다 보면 그 차이를 확실히 알 수 있어요. 한국인의 기준에서
한국 웹사이트, 특히 서비스 사이트들은 상당한 수준에 올랐다고 봅니다.
다만 크리에이티브나 아이디어 분야에서는 아쉽게도 점점 뒤처지고 있다는 느낌이
들어요. 제가 칸에서 상을 받았지만, 지금은 다른 작업들의 수준이 점점 높아져
우리 작업이 두각을 나타내지 못 하는 것이 사실입니다. 또 매일 전 세계의
좋은 웹사이트가 올라오는 FWA[3]라는 사이트가 있는데, 우리나라 광고업계에서도
이곳 정보를 많이 참고하고 있어요. 해외에서는 이제 웹 영역과 TVC 영역의 구분이
모호해지고 있어요, 스케일이 점점 커지고 있는 거죠. 앞서 이야기한 유니클로 같은
온라인과 오프라인을 아우르는 홀리스틱 캠페인holistic campaign이 큰 상을 받고 있어요.
반면 우리나라의 경우 두 영역이 아직 나뉘어 있는 상황이고요.

TVC가 무엇인가요?

TV CF, 쉽게 말해 TV 광고를 가리키는 말이에요. 저희 회사는 온라인 광고를 만드는
제작사에 가깝고, TVC 제작사는 따로 있어요. 저희 회사의 경우 촬영 작업도 해서
일반 웹에이전시의 서비스 사이트와는 다른 작업을 많이 하는 편이에요. 그런데
아쉬운 점은 우리나라의 경우 재기 넘치는 광고보다 스타를 기용한 광고의 효과가
더 크다는 거예요. 그 때문에 기발한 아이디어가 들어간 것보다 아이돌이나 스타를
이용한 캠페인에 더 집중할 수밖에 없는 상황이고요. 반면 해외 캠페인을 보면
감동적인 것부터 기발한 것까지 다양한 브랜딩이 많아요. 그런 걸 볼 때마다 '우리도
할 수 있는데' 하며 아쉬워합니다.

실례지만 웹사이트의 제작 가격은 어느 정도인지 여쭤봐도 될까요?

일반적으로 억 단위에서 제작된다고 생각하시면 됩니다. 사실 웹사이트는
수십만 원짜리에서 몇 억 단위를 넘어가는 것까지 가격이 다양합니다. 동네 상점
사이트부터 대기업 사이트까지 종류와 성격이 다양하니까요. 다른 업체들도
마찬가지겠지만 가격 선정은 국가에서 정한 소프트웨어 임금 단가 기준에 충실하게
따르고 있어요. 경력이나 학력 등에 따라 기술자를 초·중·고급으로 분류하고
그에 따라 시간당 임금에 차등을 두는 거죠. 그런 뒤 작업에 투자되는 시간을 고려해
견적을 산출합니다.

웹디자이너의 초임 임금은 어느 정도인가요?

보통 업계 초임이 2,000만 원 정도입니다. 높은 편은 아니지만 자신의 능력에 따라
더 높일 수 있어요. 사람마다 승진 속도가 다르겠지만. 저희 회사는 디자이너들을
업계 최고 수준으로 대우하려고 노력하고 있어요.

기술 수준에 따라 직원 연봉을 초·중·고급으로 나눈다고 하셨는데, 어떠신가요?
학력이나 출신 학교에 따른 실력 차가 있다고 보세요?

웹 업계만큼 실력만으로 승부할 수 있는 세계가 없다고 생각해요. 이 업계가 생긴 지
이제 10년 남짓 되었기 때문에 소위 말하는 학벌 '라인'이 없다고 봐도 좋아요.
미술을 전공하지 않았지만 뛰어난 실력을 가진 분들도 이 업계에 대단히 많이 계세요.
저 역시 비전공자고요.

반가운 말씀입니다. 웹디자이너를 희망하는 친구들은 어떤 학원이나 학교에
가야 할지 고민이 많을 텐데, 혹시 추천할 만한 교육기관이 있을까요?

대학교에서는 디자인에 관한 기초를 배울 수 있습니다. 툴을 배우기 위해서는
학원을 다니는 것도 상관없다고 봅니다. 툴은 기본적인 거고요. 이를 바탕으로
어떤 디자인을 하느냐는 개인의 능력에 달려있겠죠.

미대를 나오지 않은 친구들에게 들려주고 싶은 얘기가 있으신지요? 이를테면
'이런 마음과 태도가 있었으면 좋겠다.' 하는. 실장님께서 이 낯선 업계에
처음 뛰어들었을 때의 고민과 관련해서 한 말씀해주셔도 좋을 것 같습니다.

아, 굉장히 어려운 질문이네요. 저도 아직 이 분야의 왕도를 잘 모르겠어요.(웃음)
일단 많이 만들어보라고 하고 싶습니다. 처음에는 '아, 저거 쉬워 보인다,
나도 할 수 있겠다.'는 생각으로 가볍게 시작하는데, 막상 작업에 착수하고 나면
간단해 보이는 웹 페이지 하나에도 여러 기술이 필요하다는 것을 알게 되거든요.
직접 작업을 해보면서 깨닫는 거죠. 제가 이 일을 시작했을 때는 정말 온종일
컴퓨터만 붙잡고 앉아 있었어요. 일이 너무 재미있었거든요. 처음 7개월간
아무 수익이 없었는데도 버틸 수 있었던 건 아마 그때문이었던 것 같아요. 집에 있던
컴퓨터와 약 100만 원 가량의 창업자금으로 일을 시작했어요. 당시 제 나이가
스물일곱이었는데, 원룸 월세를 충당하기 위해 따로 아르바이트를 하면서 사이트
작업을 해나갔어요. 한번 작업을 시작하면 몇 개월간 작업에만 몰두해야 했고요.

웹디자이너로서 실력을 늘리고 싶다면 디자인 작업을 직접 많이 해보는 것이
가장 중요하다고 생각합니다.

창업한 뒤 처음 일을 맡게 되셨을 때 더할 나위 없이 기쁘셨을 것 같은데,
그때 이야기를 좀 들려주시겠어요?

앞서 말씀 드렸다시피 저는 운이 좋은 편이었어요. 그땐 정말 웹의 부흥기라
웹에 대한 사람들의 관심이 컸고, 여기저기에서 작업 의뢰가 많이 들어 왔거든요.
사회 전반적으로 아직 웹에이전시 체계가 자리 잡기 전이었기 때문에, 창업 후
일단 괜찮아 보이는 곳에 모두 연락을 돌렸습니다.

그때가 영화 웹사이트가 한창 인기를 얻기 시작한 무렵이었어요. 초기에는
회사 형태는 아니지만 내실 있는 소규모 그룹에서 많은 의뢰를 해주셨어요.
저희 회사의 웹사이트를 만들어 반년 정도 꾸준히 홍보했을 때 즈음 영화사로부터
연락이 왔어요. 제작 의뢰가 들어온다고 무조건 계약이 성사되지는 않아요.
프레젠테이션을 통해 다른 업체와 경쟁해야 되기도 하고요.

한 번은 어느 영화의 웹사이트 제작을 위한 프레젠테이션 경쟁에 참여한 적이
있었어요. 어떻게든 눈에 띄기 위해 의상도 신경 쓰고 녹음도 미리 해보고 열심히
준비했죠. 결과는 아쉽게도 탈락이었지만. 저희 프레젠테이션을 인상 깊게 본
영화사 쪽에서 결국 다른 영화의 웹사이트 작업을 의뢰했어요. 그 작업을 멋지게
해내자 또 다음 작업이 이어졌고, 그게 또 다른 일과 연결되는 식으로 경력을
쌓아온 것이죠.

이번에는 창업을 희망하는 디자이너에게 조언 한마디 해주시겠어요?

사실 저는 운이 좋았다고 생각해요. 제가 사업을 시작했던 때는 웹이 막 부흥하던
시기였고, 지금에 비해 창업도 수월했어요. 그 시절의 막차에 올라 운 좋게 창업을
할 수 있었죠. 저는 젊은 시절에는 조금 실패해도 된다고 생각해요. 많은 사람들이
개인 사업을 시작하는 것보다는 안정된 대기업에 입사하는 걸 선호하지만, 20대에는

실패해도 다시 시작할 수 있는 시간이 충분하니까 뭐든 겁 없이 저질러보고 과감한 시도를 해보는 것이 좋은 것 같아요. 물론 회사에서 일하면서 조직이란 무엇인가를 맛보는 것도 도움이 되겠지만요. 음, 제 경우 회사를 두 군데 다녔지만 1년을 채우지 못하고 그만두는 바람에 사실 조직 생활이 뭔지 배우지 못했어요. 그러다 보니 직접 회사를 차리고 운영하는 과정에서 크고 작은 시행착오를 겪을 수밖에 없었고요.(웃음) 회사원 생활을 좀 더 했다면 거대한 조직체가 돌아가는 원리와 시스템을 익히며 뭔가 더 배울 수 있었을 텐데. 조직 생활이 싫다고 그곳의 특성을 전혀 눈여겨보지 않고 뛰쳐나온 것이 가장 후회돼요. 다시 창업을 한다면 그런 점에서 조금 더 신중해질 것 같네요.

| 홍대 앞 더즈 사옥에서 |

윤현아

연세대학교 건축공학과 졸업
공간 건축설계사무소 재직
더즈(d.o.E.S) 웹디자인디렉터

2005 칸광고제 금사자상, 뉴욕광고제 은상(〈달콤한 인생〉 웹사이트)
      월간 『w.e.b』 선정 올해의 디자이너

2006 서울넷페스티벌(SENEF) 인터랙티브 광고전
      웨비어워드 파이널리스트(〈달콤한 인생〉 웹사이트)
      런던국제광고제 파이널리스트, 대한민국광고대상 금상(삼성애니클럽, 애니스타일)

2007 칸광고제 파이널리스트(〈싸이보그지만 괜찮아〉 웹사이트)

2008 대한민국광고대상 우수상(KT 와이브로 W 브라더스 캠페인)

2009 칸광고제 은사자상 및 동사자상, 뉴욕광고제 은상(리슨 캠페인)

2011 대한민국광고대상 사이버 부문 대상(갤럭시탭 탭택시)

김일호

애
니
메
이
션
제
작
자

비등점을 지난 땀이
하늘로 오르고 있다

해가 뜨면
붉고 푸른 하얀 구름이여

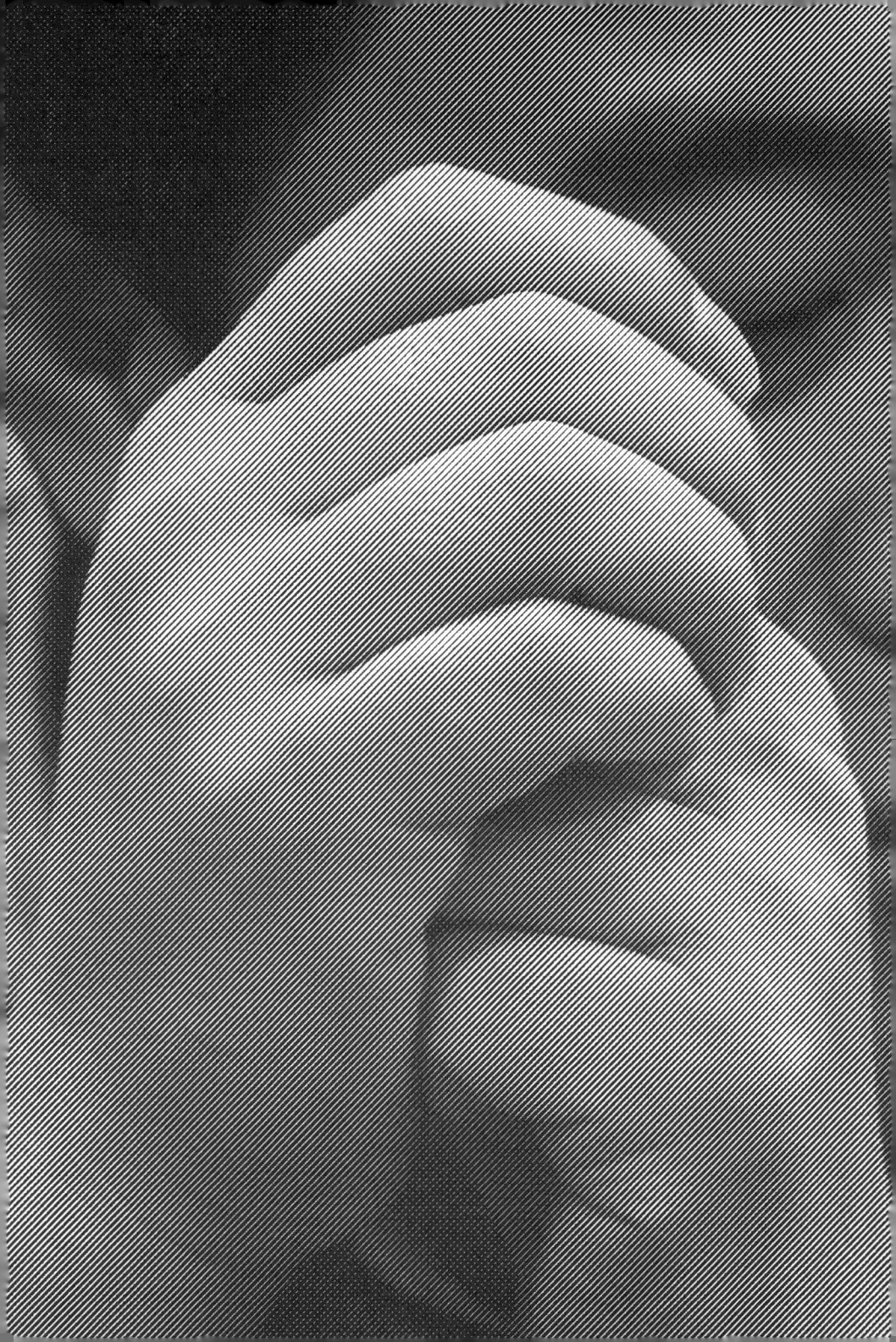

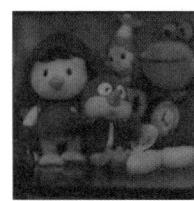 자기 자신을
믿는 힘

익숙한 길에 진리가 있다고 합니다. 진부해 보이는 정의가 때로는 큰 자극이 되기도
하는데요, 대표님께서 생각하시는 애니메이션의 정의는 무엇인가요?
원래 애니메이션이란 어떤 장르라기보다는 영상 표현 방법의 한 종류라고 봐야겠죠.
한 동작을 여러 컷의 정지된 그림으로 나눠 그려 연속적으로 보여주면 움직이는
영상이 만들어지는데, 이러한 영상 작업을 모두 애니메이션이라고 할 수 있겠죠.
애니메이트animate란 말이 '생기를 불어 넣다.'란 뜻인데요. 그런 면에서 정지된 그림에
생명을 불어 넣는 작업이라고 할 수 있습니다.

최근에는 지브리[1]를 제외하고 대부분의 애니메이션 작업이 컴퓨터를 이용해 이뤄지고
있습니다. 컴퓨터 애니메이션으로 한정한다면 그 정의가 조금쯤 다를 것도 같습니다만.
스틸 컷을 연결시킨다는 기본 원리는 사실 같습니다. 단지 그 스틸 컷을 컴퓨터로
그릴 뿐인데요, 정확히 말하면 CGIComputer Generated Image 기술을 이용해서 가상의 공간에

---

1 지브리 스튜디오(Ghibli Studio). 일본의 거장 감독 미야자키 하야오(宮崎駿)가 이끄는 애니메이션
   스튜디오이다. 지브리는 사하라 사막에 부는 뜨거운 바람을 의미하는 리비아어이다. 1984년 《바람 계곡의
   나우시카》를 시작으로 〈이웃집 토토로〉 〈원령 공주〉 〈센과 치히로의 행방불명〉 등 많은 화제작을 제작했다.

인물과 배경을 설정해 놓고 움직임과 조명 정보를 입력하면 컴퓨터가 알아서 영화 촬영하듯 1초에 20-30프레임의 이미지들을 만들어내게 되죠. 이렇게 되면 직접 손으로 그렸던 이전의 셀 애니메이션cells animation[2]보다 훨씬 더 정확하게 작업할 수 있고 시간과 비용도 절약할 수 있어요. 그래서 예전엔 엄두도 못냈던 실사 같은 이미지까지 만들 수 있게 됐죠. 그래서 최초의 3D 애니메이션 〈토이 스토리Toy Story〉를 만든 존 래스터John A. Lasseter는 이런 말을 했습니다. "예술은 기술을 변모시키고, 기술은 예술에 영감을 준다."

대표님께선 대기업에 몸담고 계시다가 창업을 하신 것으로 알고 있습니다. 애니메이션을 해야겠다는 충동 또는 확신을 느낀 계기가 있었나요?
사실 드라마틱한 계기가 있던 건 아니에요. 대학을 졸업했고, 첫 직장으로 모 전자 회사에 들어갔어요. 전자 제품 디자인 개발이 제가 하는 일이었어요. 입사 후 2년 정도 지난 어느 날, 불현듯 그냥 변하고 싶다는 마음이 들었어요. 그것도 막연하게. 계속 회사를 다니고 있었지만 속으로는 다른 뭔가를 해봐야겠다는 생각을 놓지 않고 있었던 거죠. 그런데 변화를 갈망하면서도 가진 걸 포기 하지 않고 기회만 노리고 있는 건 왠지 비겁하다는 생각이 들었어요. 손에 이미 뭔가를 쥐고 있으면서 다른 걸 쥐려고 했으니 될 리가 없죠. 그래서 회사를 그만뒀어요. 무작정 두어 달 놀다가 퇴직금을 몽땅 털어 매킨토시 한 대를 샀어요. 그러고 나서 혼자 살던 원룸에서 이 선배 저 선배 연락해서 얻은 일로 그렇게 시작됐죠.
　　그러고 보면 그땐 정말 여러 일을 했었죠. 인터넷과 관련된 일부터 보석 브랜드 컨설팅, 심지어는 닭요리 전문점 브랜드 컨설팅도 하다가 직접 메뉴까지 개발하기도

2　1915년 얼 허드(Earl Hurd)가 고안해 낸 애니메이션 기법. 정지된 배경 위의 투명한 셀룰로이드에 대상을 그린 다음 한 장으로 촬영해 연결하는 기법이다. 배경 그림은 그대로 두고 캐릭터만 움직이는 이 기법으로 인해 이전의 페이퍼 애니메이션보다 제작기간이 훨씬 단축되어 제작비를 줄일 수 있게 되었다. 또한 동시에 많은 사람이 셀을 나누어 작업할 수도 있다는 점 때문에 상업주의적인 작품은 대부분 이 방법을 택하고 있다.

했죠.(웃음) 그때 시뮬레이터 CG 영상 개발 프로젝트를 진행했는데 그게 애니메이션 사업을 한 계기가 됐어요. 그렇게 1년 정도 하다가 보니 어느새 회사가 돼 있더라고요. 운이 좋았던지 1년 만에 직원 서른 명이 일할 정도로 사업이 꽤 커졌고, 수익도 제법 내게 되었죠.

그러다 IMF가 왔어요. 갑자기 하던 일 90퍼센트가 없어졌죠. 승승장구할 때는 몰랐는데 망할 지경에 다다르니까 지난 시간을 돌이켜보게 되더군요. 그때 크게 느낀 바가 있었어요. 결국 나는 내 것을 만든 게 아니었구나. 남이 망하면 나도 망하게 된다는 사실을 그때 알았어요. 그래서 그때까지 하던 일을 포기했어요. 두 번째 포기였죠. 그리고 비로소 내 작품, 내 브랜드를 만드는 일을 시작한 겁니다. 물론 그때부터 고통스런 날들이 시작됐죠.(웃음) 거의 10년 동안 매년 적자였으니까요. 실패도 여러 번 했지만 어쨌든 미래에 대한 자신감과 꿈을 팔아서 투자를 유치했고 그렇게 10년 뒤 세상에 내놓은 첫 번째 작품이 〈뽀롱뽀롱 뽀로로〉였어요.

애니메이션회사에서 실제로 하는 일이 궁금합니다. 어떤 직업이 있고, 어떤 일을 하고 있나요?

영화를 가리켜 종합 예술이란 말을 많이 쓰잖아요. 심지어 건축, 요리, 정치에까지 종합 예술이란 표현을 쓰고 있습니다. 애니메이션도 마찬가지예요. A부터 Z까지 예술과 떼어놓고 생각할 수 없을 만큼 종합적인 예술이라고 할 수 있습니다.

제작 과정별로는 이렇습니다. 첫 번째, '생각하기'. 좀 근사하게 말하면 기획이라고 할 수 있겠죠. 두 번째는 '만들기(제작)', 세 번째는 사람들에게 '보여주고 알리기(방영, 프로모션)', 네 번째는 '돈 벌기(브랜드 사업)'입니다. 이 네 가지 모두가 애니메이션 영역에 들어간다고 할 수 있어요.

그럼 영역마다 다양한 전공자들을 필요로 하겠군요.

그렇죠. 그런데 어떤 전공이 적합한가 하면, 워낙 다양한 분야가 결합되어 있기 때문에 정확히 딱 잘라 말하기는 어렵습니다. 영역 안에서 문학을 전공한 스토리작가가 있는가 하면 디자인을 전공한 작가도 있어요. 심지어는 공학을 전공했는데 감각적인 디자인을 하는 분도 있고요. 비전공자이지만 애니메이션이 좋아서 이 일을 선택한 사람들이 전공자만큼이나 많다는 얘기죠. 그런 면에서는 학교 다닐 때 전공과 실제 회사에서 하는 일이 꼭 일치하는 건 아니라고 볼 수 있어요.

그런 경우는 자기도 몰랐던 능력을 발견한 사례라고 할 수 있겠네요. 반대로 전공 외에 여러 능력을 요구한다고도 볼 수 있을까요? 세부적인 영역 설명과 함께 말씀 부탁드립니다.

경우에 따라 다르겠죠. 정해진 영역별 역할이 있긴 하지만 다소 유동적이라고 봐야겠죠. 애니메이션 사업 분야는 크게 기획 제작 분야와 마케팅 사업 분야로 나눌 수 있는데 기획 제작 분야에는 프로듀서, 기획자, 감독, 스토리작가, 캐릭터디자이너 등 과정마다 전문가들이 투입됩니다. 이렇게 애니메이션이 완성되면 국내외 방송사에 방영을 하기 위해 배급하는 과정에서 글로벌 매체 배급, 마케팅 전문가까지 필요하게 됩니다. 만약 성공적으로 배급, 방영이 되고 방영 결과가 좋으면 비로소 여러 사업을 전개하게 되는데요. 예를 들어 완구나 책, 학용품 등에 캐릭터 상품을 넣어 출시하거나 캐릭터를 활용한 아동복 브랜드 매장 등도 예가 될 수 있죠. 더 나아가서는 디즈니랜드처럼 테마파크를 개발하기도 하고요. 이 시점에서는 그런 사업을 하기 위한 라이선싱licensing[3]전문가, 브랜드디자이너 같은 인력들이 투입됩니다. 디즈니사의 미키마우스처럼 100년 가까이 사랑받으며 지속적인 브랜드로 유지하기 위해서는 브랜드 매니지먼트 전문가 등이 필요하기도 합니다. 결국 애니메이션은 콘텐츠 영역과 브랜드 영역이 결합된 매우 복합적인 사업인 셈이에요. 영역별, 시기별로 다양한 사람들이 팀을 이뤄 함께 일을 하고 있다고 볼 수 있습니다.

---

3 상표 등록된 재산권을 가지고 있는 개인 또는 단체가 타인에게 대가를 받고 그 재산권을 사용할 수 있도록 상업적 권리를 부여하는 계약.

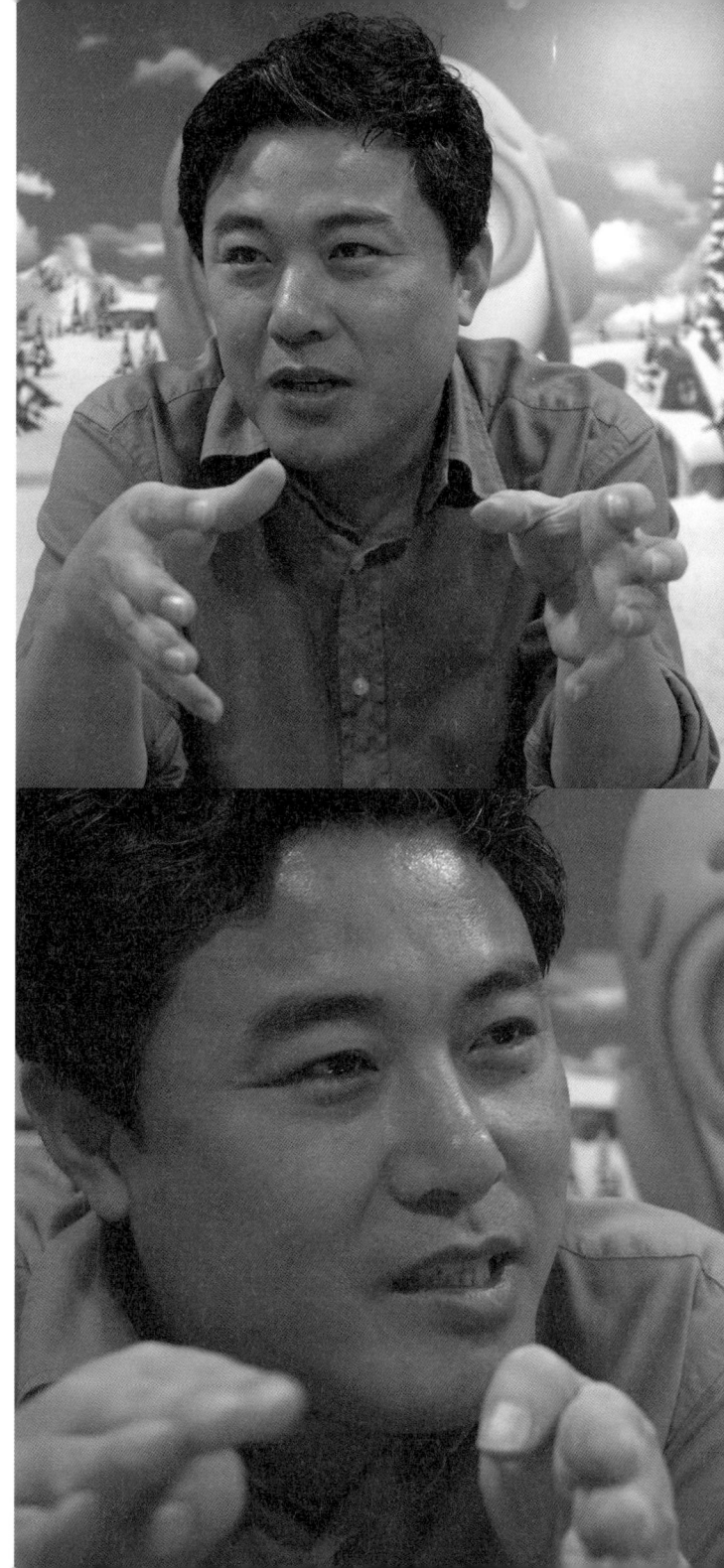

방대한 영역이 존재하는군요. 그림 그리는 친구들은 애니메이션 회사에서 그림으로
할 수 있는 일이 무엇인지 궁금할 텐데요, '오콘'의 미술 파트에서 하는 일로는
어떤 것이 있을까요?

앞서 언급했다시피 제작 과정에는 많은 분야별 전문가들이 필요합니다. 작품을
기획하는 기획자부터 제작 진행을 담당하는 프로듀서, 시나리오를 쓰는
스토리작가, 작품 연출을 담당하는 감독, 작품의 시각적 요소들의 방향을 결정하는
콘셉트아티스트, 시나리오를 콘티로 그려내는 스토리보드아티스트, 캐릭터나
배경 소품 등을 디자인하는 프로덕션디자이너, 컴퓨터로 입체 형태를 만들어내는
모델러modeler, 캐릭터의 동작을 만들어내는 애니메이터, 조명과 카메라 렌더링을
총괄하는 비주얼슈퍼바이저visual supervisor, 그 외에도 스페셜이펙터special effector, 에디터,
작곡가, 성우, 사운드이펙터sound effector 등이 그런 사람들이죠.

　　하지만 여기서 그림을 그리는 디자이너든, 동작을 만드는 애니메이터든 모두가
가장 중요하게 생각해야 하는 점은 '감동'입니다. 감동이 목적이 되어야 한다는 거죠.
다시 말해 감동을 만드는 기술자여야 하고, 디자이너이며, 애니메이터여야 합니다.
결국 최고의 전문가란 자기 영역에 대한 전문성뿐만 아니라 전체적인 스토리를
이해하고, 작품 본질을 깊이 있게 이해할 수 있는 해석력을 동시에 갖춘 사람이라고
할 수 있어요.

앞서 원래의 전공과 다른 일들을 하고 있는 분들도 적잖이 있다고 하셨는데요, 그럼에도
역시 '나는 비전공자인데 괜찮을까?' '나는 동양화 전공했는데 애니메이션 할 수
있을까?' 같은 고민들을 하지 않을까 합니다. 전공자와 비전공자의 관계나 위치도
궁금합니다. 고민 많은 친구들을 위해 조언해주신다면요?

분명 처음에는 전공자가 유리하겠죠. 그렇지만 그 차이가 열정이나 노력으로
뛰어넘지 못할 정도는 아니라고 생각해요. 즉 전공자라고 자만해서도 안 될 것이고
비전공자라고 좌절할 이유도 없어요. 실제로 이 바닥에 있는 비전공자인 분들은
뒤늦게 자신의 진짜 분야를 찾아낸 분들인 만큼 정말 열심히 합니다.

결국 그 분야에서 최고가 되는 경우도 많이 있고요. 저는 개인적으로 전공자냐
비전공자냐보다 그 사람의 인성과 상식의 깊이 같은 부분을 더 중요하게 봐요.
원목原木이 전공을 우선한다고 보는 거죠.

감사합니다. 이제 애니메이터의 연봉과 근무 여건에 대해 여쭤보고 싶습니다.
처음 입사하게 되면 어느 정도 받게 되나요? 오콘에서가 아니라 일반적인
수준이 궁금합니다.
일반적으로는 2,000만 원에서 2,500만 원 정도이지 않을까요. 다른 콘텐츠,
크리에이티브 분야도 마찬가지겠지만 이 분야는 특히나 경험 없는 사람들에게
그 처우가 박한 편입니다. 그렇기 때문에 초기 몇 년은 고생할 각오를 해야 합니다.
아직 한국의 경우 애니메이션 산업이 완벽하게 자리 잡은 단계가 아닌 만큼 아직은
어려운 회사들이 더 많아요. 하지만 제가 보기에는 이 점이 오히려 좋은 기회라고 봐요.
지금이 도약기인 만큼 머지않아 획기적으로 좋아질 거라고 생각하거든요.(웃음)

그러면 근무 시간은 어떤가요? 야근이 많다고 알고 있는데요.
이 문제는 항상 이슈issue가 되는 민감한 사안입니다. 상황이 받쳐준다면 근무 시간이
줄어들고 탄력적으로 가는 것이 맞겠죠. 그렇지만 한편으론 우리가 가진 경쟁력의
핵심은 개인적으로 남들 잘 때 일하는 근성이 아닐까 해요. 사실 그것 빼면 우리로서는
가진 장점이 별로 없지 않나요? 자원이 풍부한 것도 아니고요. 그런데 최근 그런
열정조차 점점 사라지고 있다는 느낌을 많이 받고 있어요.

늦게까지 야근해야 하는 초년생의 의무는 어느 정도 이해가 되지만 이후 합리적인
보상이 이루어지는지에 대해서는 의문이 듭니다. 추상적인 보상을 빌미로 일방적인
희생을 강요하고 있는 것은 아닌지 시작 단계에서부터 상생相生할 수는 없는가 하는
반문이 있을 텐데요. 말씀은 비용 부담이 늘기 때문에 경쟁력이 생길 수 없고, 그래서
보상을 좀 미뤄두어야 한다고 이해가 됩니다.

희생이 초년생에게만 강요되는 것은 아니라고 봅니다. 만약 사장은 배불리 먹는데 직원들은 굶는다면 그건 문제가 있겠죠. 현재 한국의 애니메이션 시장이 열악하다는 점은 틀림없습니다. 일하는 모두가 같이 희생하면서 회사를 키우고 이후 공정하고 합리적인 방법으로 이윤을 나누자는 의도로 이해되었으면 좋겠습니다. 분명한 것은 결과가 좋으면 결국 성공과 보상은 자연스럽게 따라온다는 점입니다. 그런 면에서는 믿음도 매우 중요한 덕목이지요. 정의는 항상 승리하잖아요.(웃음)

직원 채용 방법에 대해서도 궁금합니다. 지원자의 능력이나 적합성에 대한 검증은 어떤 방법으로 이뤄지는지요?
인턴 과정과 수습 사원 과정이라는 것이 있습니다. 인턴은 학생들을 대상으로 합니다. 일종의 교육 과정인 셈인데 채용을 전제로 이뤄지는 과정은 아니지만, 인턴 후 평가가 좋은 학생은 소정의 장학금을 주기도 하고 졸업 후에 회사에서 채용하기도 합니다. 수습 사원 과정은 채용을 전제로 이루어집니다. 일종의 검증 과정으로 이 과정을 통해 그 사람이 회사에 적합한지 여부를 판단하게 됩니다. 보통 기간은 6개월 정도이며 그 후 정식 계약 여부를 결정하고 있습니다.

여건상 모든 회사가 애니메이션 작업을 항상 하고 있는 건 아니라고 알고 있습니다. 그건 필요한 인력이 상시 운영되지는 않는다는 뜻인데, 그럴 경우 애니메이터는 프로젝트를 따라 다니면서 일을 해야 하는 만큼 고용이 불안정할 수밖에 없지 않나 싶습니다. 그런 면에서는 영화 산업과 닮아 있단 생각이 드는데요. 어떻게 보시는지요?
예를 들어 프로덕션을 전문으로 해서 계속 외주 형태로 이끌어 나가는 회사라면 계속해서 고용을 유지할 수도 있습니다만, 말씀대로 아주 드문 경우죠. 창작을 위주로 하는 스튜디오 대부분은 프로듀서라든지 감독, 각 분야에 한두 명 정도의 슈퍼바이저들은 정규직으로 고용하지만 그 외 인력들은 프로젝트마다 상황에 맞게 인력을 고용하게 됩니다. 이것은 세계적으로 보아도 큰 차이가 없으며, 어떤 업계든 운영 방식에서는 비슷합니다. 말씀하신 대로 영화 산업과 비슷한 운영 방식이지요.

아쉬운 점이 없는 것은 아니지만 저 역시 피고용인이었던 상태에서 일을 시작했던 만큼 현실이 그렇다면 받아들여야 한다고 봅니다. 불만만 해서는 나아질 것이 없어요. 그래서 저는 억지스러울 수 있지만 이런 고용 환경이 여러 좋은 작품을 두루 경험할 수 있게 만들어준다는 의미에서 내 자신이 성장하기 좋은 시스템이라고 받아들였습니다.

결국 한국 애니메이션 시장은 '선성장 후분배'의 상태라고 봐야 하는군요. 경제학에서 말하는 누출효과漏出效果, spill over effect⁴처럼 한 곳이 잘 되면 그 이윤이 흘러 넘쳐 나머지도 같이 성장할 수 있길 희망해 봅니다. 그럼 픽사Pixar정도의 크기가 되는 회사는 어떨까요? 상시 채용이 가능해 보이던데요.
픽사는 디즈니라는 쟁쟁한 후원자가 있기 때문에, 이미 10년 이상 만들 분량이 모두 확보되어 있는 것으로 알고 있습니다. 그러니까 스태프들을 내보낼 이유가 없죠. 하지만 결과물이 제대로 나오지 않을 경우 당장에라도 짐을 싸야 하는 냉정한 조직이기도 해요. 어찌 보면 당연하고요. 세계적으로 픽사 같은 몇몇 스튜디오를 제외하고는 대부분 비슷하다고 봐야 합니다.

당장은 불리하더라도 현실을 일단 인정하라는 말씀하셨는데요. 하지만 최근 고용이 불안정해지면서 공무원에 대한 직업선호가 그 어느 때보다 높아지고 있는 상황입니다. 그렇다 보니 미대졸업생 중에서도 공무원 시험을 준비하는 경우도 적잖이 있는데, 다른 직업군도 아니고 미대생이 그럴 수밖에 없다는 것은 역시 이상을 따르기에는 현실의 조건이 너무 가혹하다는 반증이 아닐까 싶은데요. 조금 질문의 폭이 넓혀지는 감은 있지만 삶에서 직업이란 무엇이어야 한다고 보시는지요?

---

4 하나의 기업 혹은 단체가 생산, 소비, 분배 등을 효과적으로 진행함으로써 시장 활동에 참여하지 않고 있는
   다른 소비자 또는 생산자에게 영향을 미치는 것을 의미한다.

인생에서 직업은 세 가지 조건을 갖춰야 한다고 봅니다. 첫 번째는 내가 좋아하는
일을 해야 한다는 거고, 두 번째는 돈을 벌 수 있어야 하며, 세 번째는 내가 하는 일이
사람들을 행복하게 해주어야 한다고 생각해요. 만약 이 세 가지가 모두 갖춰진 직업을
가지고 있다면 성공했다고 말할 수 있지 않을까요. 저는 직업을 선택할 때 가장
중요한 점은 돈을 많이 주든 아니든 내가 원하고 내가 꿈꿀 수 있는 분야를 고르는
것이라고 생각합니다. 그렇기 때문에 이제 막 사회로 진출하는 젊은 분들이
약간의 금전적인 차이를 받아들이지 못해 자신의 꿈을 접어버리는 실수를 하지 않기
바랍니다. 결국 꿈이 있는 사람만이 분야를 막론하고 크게 성공할 수 있지 않을까요?

먼저 자신이 무엇을 좋아하는지부터 찾아야겠지만 일단 좋아하는 것,
하고 싶어 하는 것이 생겼다면 망설이지 말라는 말씀이시죠.
그렇습니다. 지름길을 찾지 말고 끈기를 가지고 기본을 지키라는 겁니다. 저도
그렇게 노력할 겁니다.(웃음)

다시 실제적인 질문을 드리겠습니다. 현재 오콘과 같은 국내 애니메이션 회사는
몇 개나 될까요?
모두 성격이 같지는 않지만 유관 분야를 합치면 전체적으로 300개 이상의 스튜디오가
있는 걸로 알고 있습니다. 그런데 실제 방영되는 창작 애니메이션을 만드는 회사는
30-40개 정도 되지 않나 생각합니다. 전체적으로 점점 늘어나고 있는 추세입니다.

그럼 애니메이션을 통해 수익을 내고 있는 회사는 어느 정도일까요?
정확하진 않지만 창작 애니메이션으로 수익을 내는 회사로는 5-7개 정도 될까요.

〈선물공룡 디보〉 콘셉트 스케치

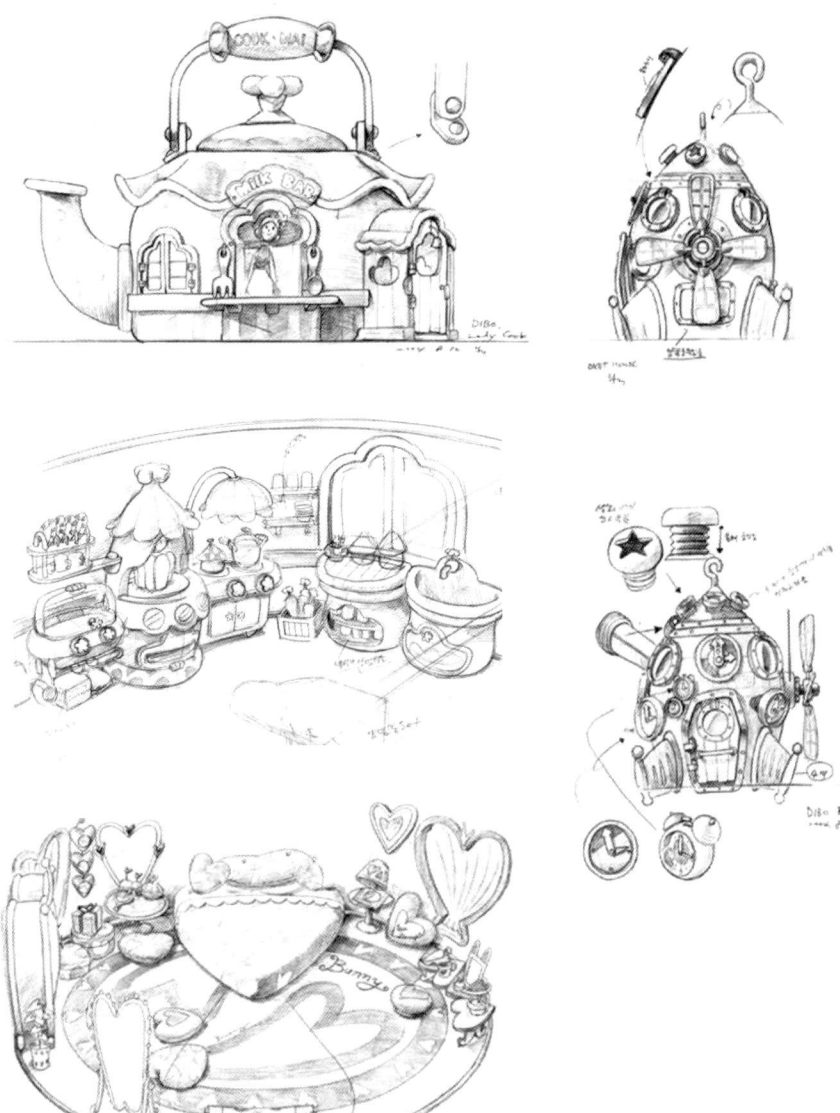

〈선물공룡 디보〉 포스터. 2005

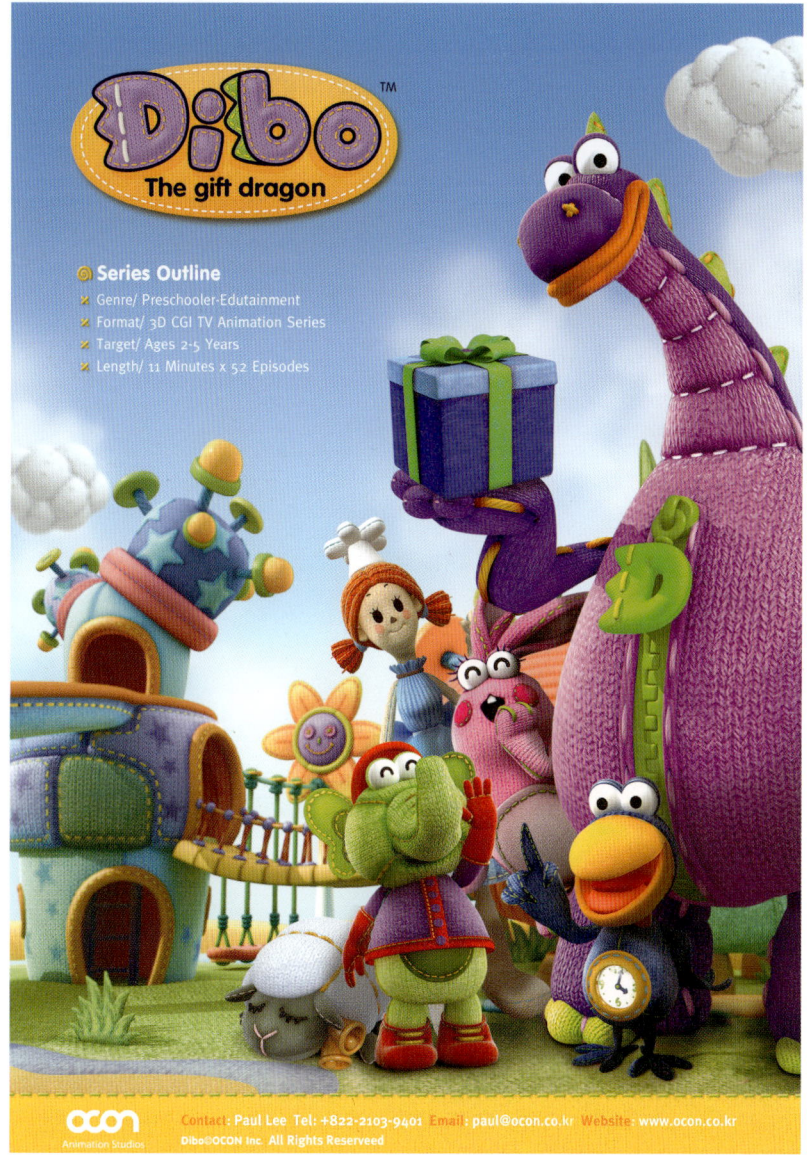

〈선물공룡 디보〉 캐릭터 상품

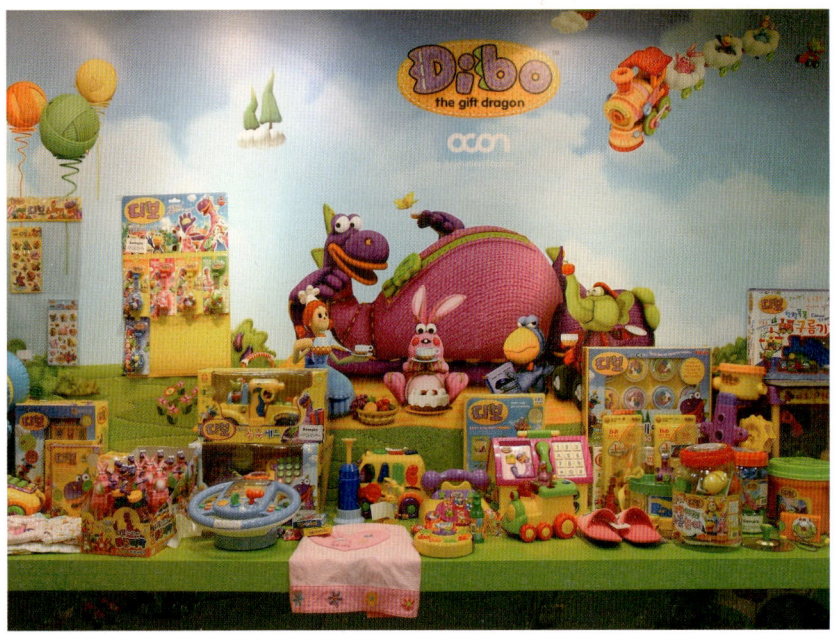

《뽀롱뽀롱 뽀로로》 포스터. 2003

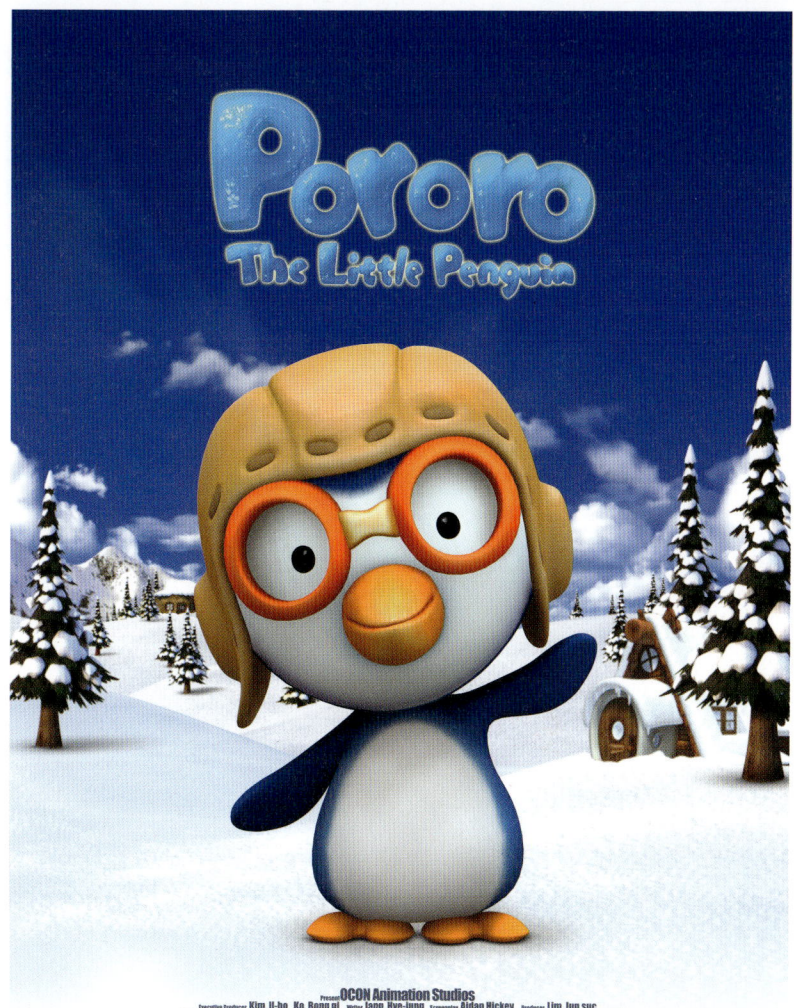

그만큼 힘들다는 말씀이군요. 매체를 통한 방영만으로는 회사를 꾸려가기 쉽지 않다고 들었습니다. 애니메이션 회사로서 살아남기 위해 힘써야 하는 부분은 무엇일까요?

TV 시리즈의 경우 수익모델은 1차적으로 개발된 애니메이션을 국내외 공중파, 케이블, 모바일 등 다양한 매체를 대상으로 방영할 서비스 권리를 파는 것입니다. 그렇게 다양한 매체를 통해 방영된 뒤 인지도나 호감도가 확보되면 2차로 비디오, 완구, 출판, 팬시 등 머천다이징merchandising을 중심으로 라이선싱을 전개해 출고가 기준으로 상품 매출의 6-12퍼센트 정도의 로열티 수익이 가능해집니다. 3차적으로 회사가 2차 사업 중 전략 사업을 선택해서 직접 제조, 유통, 서비스, 매장 전개를 진행하는 자체 브랜드 사업이 진행됩니다. 이 과정을 통해야 대규모 수익을 창출할 수 있게 되죠.

점점 창대해 지네요.(웃음) 애니메이션 회사 같은 크리에이티브 영역 또한 규모가 커지면 어쩔 수 없이 매니지먼트가 중요하지 않을 수 없는데요, 말씀의 뉘앙스도 여기에 힘이 실려 있는 느낌입니다. 대표님의 매니지먼트에 대한 생각은 무엇인지요?

우선 작품을 만들 때 외골수의 작가주의는 필수라고 생각해요. 그래야 감성이 나오거든요. 저는 작가주의가 없는 집단은 결코 감동적인 작품을 만들 수 없다고 생각해요. 하지만 반대로 객관성이 결여된 작품 역시 결코 성공할 수 없습니다. 결국 크리에이티브 비즈니스 매니지먼트란 감성적인 영역과 논리적인 영역을 조화시켜 균형을 유지하는 지점을 찾아내는 일이라고나 할까요? 사람과 조직 관리도 마찬가지입니다. 감성적인 크리에이터들과 논리적인 사업 전문가들을 잘 연결해 좋은 팀워크를 만들어내는 것이 크리에이티브 비즈니스 조직 관리의 핵심이라고 할 수 있어요.

인터뷰 말미에 드리는 질문으로 '무엇이든 추천해주세요!'란 고정 질문이 있습니다.
시작하는 친구들을 위해 권해주고 싶은 무언가가 있다면 말씀해주십시오.

애니메이션으로 나온 것 말고, 뮤지컬로 올려진 〈라이언 킹〉을 꼭 추천하고 싶어요.
가능하면 오리지널을 보라고 권하고 싶고요. 원작 애니메이션을 뮤지컬이란 새로운
장르로 재창조했는데, 내용, 표현, 예술성 등 모든 면에서 훌륭하다고 봐요.
엘튼 존Elton John의 음악이 정말 압권이었어요. 또 최근에 우연찮게 읽었던
『박사가 사랑하는 수식博士の愛した數式』이라는 일본 소설이 잔잔해서 좋았던 것 같네요.
국내 영화 중에는 큰 히트는 못했지만 〈맨발의 꿈〉이라는 영화가 좋았습니다.
배우의 연기가 특히 좋았고, 영상도 아름답더군요. 가벼운 소재인데 잔잔한 감동을
준 것 같아 권하고 싶습니다.

감사합니다. 마지막으로 애니메이터를 희망하는 친구들에게 꼭 전해주고 싶은
말씀이 있다면 해주시죠.

지금까지 가장 많이 받았던 질문이 '왜 〈뽀롱뽀롱 뽀로로〉가 110개국에 가게
되었죠?' '〈뽀롱뽀롱 뽀로로〉가 히트한 비결은 무엇인가요?'와 같이 성공의 이유를
묻는 질문이었습니다. 그때마다 제 대답은 늘 '기본'입니다. 그러니까 작품을 만들 때
중요한 접근법이자 그 모든 문제점에 대한 해답은 '기본에 충실한가?'입니다.

　　그 기본이라는 것의 첫 번째 핵심은 '작품에 대한 순수한 열정'이라고 말하고
싶어요. 너무 추상적인가요? 그런데 이것이 참 중요합니다. 좀 더 풀어 말씀드리자면
동기에 관련된 얘기인데요. 누군가를 사랑할 때 그 대상을 위해 만들고 불렀던
세레나데가 이후에 명곡으로 남게 되듯, 작가의 순수하고 강한 동기는 작품에 열정을
불어넣고 더불어 작품의 본질에 가장 가까이 접근하도록 만들어 주죠. 바로 이 점이
작품을 만드는 사람들에게 가장 중요하지 않을까 생각합니다.

　　두 번째는 '자기 확신'인데요. 제 경우 평소에는 여러 장르의 작품을 두루 보는
편이지만, 일단 작품에 돌입하면 작품 콘셉트가 완료될 때까지는 외부로부터의
정보와 평가로부터 철저하게 저를 차단시키는 버릇이 있습니다. 회사 직원들에게도

권하는 방법이죠. 작품은 기본적으로 객관성을 갖춰야 하지만 그것이 성공의
필요조건이라면, 내 작품만의 분명한 정체성이, 즉 차별성이 성공을 위한 가장
중요한 충분조건이죠.

　　새로운 어떤 것을 만들어야 하는 크리에이터에게 리서치 과정이나 수작秀作의
벤치마킹 과정 등 주어진 정보가 너무 많다 보면 오히려 독이 되는 경험을 여러 차례
했습니다. 자기도 모르게 참고만 해야 할 정보를 흉내 내게 되고 이것저것 섞여
이도저도 아닌 결과물이 나오는 경우가 많더라고요. 때로는 그냥 자기 자신을 믿고
몰입해 가는 것, 그런 자기 확신이 창작자에게는 필요하다고 생각합니다.

|　서초동 오콘 사옥에서　|

김일호

1994   서울대학교 산업디자인과 공업디자인 전공 졸업

1996   (주)오콘 설립

2001 – 2004   성균관대학교 대학원 영상학부 겸임교수

1993   국제가구디자인공모전 특별상

1999   오사카국제디자인공모전 입상

2003   아니마문디영화제 본선
        앙시국제애니메이션페스티벌 본선

2003, 2005, 2006   카툰스온더베이 본선

2005   바르셀로나영화제 본선
        시카고국제아동영화제 본선
        풀치넬라어워드 심사위원상

2007   슈트트가르트영화제 본선

동양화가

도예가

사진작가

시각디자이너

미술작품보존전문가

패션디자이너

혁명은 미친듯이
달려나가는 것이 아니라
달리던 기차를 멈추고
뒤돌아보는 것이다

무대디자이너

아트스토리텔러

미술대학교수

웹디자인디렉터

애니메이션제작자

영화미술감독

김용철

미 술 대 학 교 수

거울 넘어 쪽풀의 세상은
내가 기르는 짐승의 주인이자 살아 있는 화석의 사육장이었다*
아니다
푸른 여름에 하늘이 진동하는 것은
쪽풀의 순교를 먹은 파란 혈흔이고
뿌리 잃은 나방들을 불러 모으는 것은 흰 수건이다
'이제 링에서 내려와도 좋아'
밤하늘의 별을 부수는 조명탄이 펄럭인다

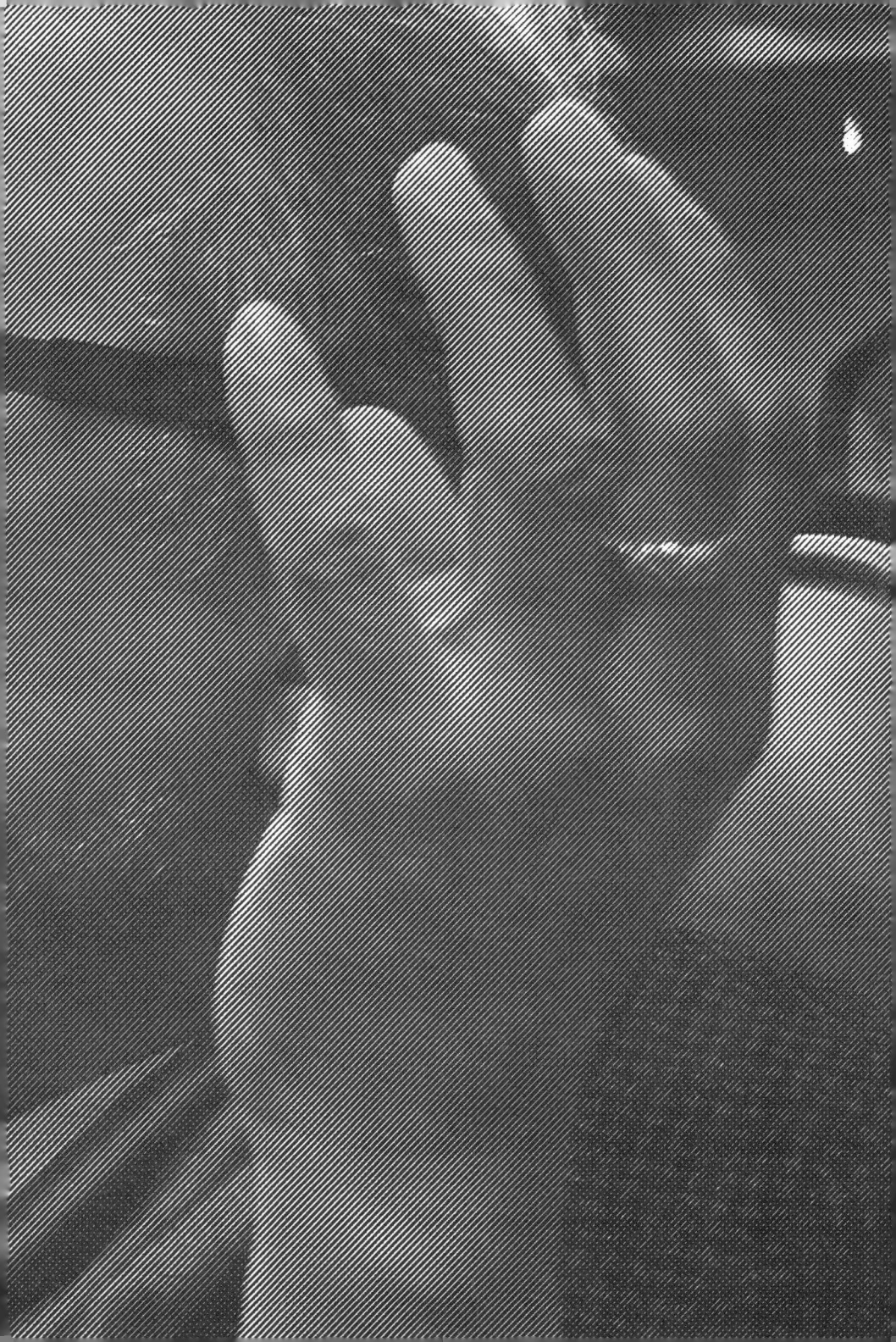

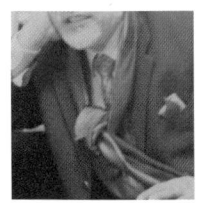

틀을 부수는
상상력의 조력자

고교 시절의 교무실이 긴장된 공간이었듯이 학부 때의 교수 연구실도 마찬가진데요,
이렇게 연구실에서 선생님을 뵙고 있으니 역시나 긴장이 됩니다.(웃음) 첫 번째
질문은 한국의 미술교육에 관해서입니다. 오랜 시간 대학교수로 학생들을
가르쳐 오셨는데요, 평소 우리 대학의 미술교육을 어떻게 보고 계시는지요?
어려운 질문이네요. 여러 문제가 있겠지만 역시 미술교육에 대한 (사회전반의) 인식의
부재가 있을 듯합니다. 디자인 분야는 좀 다르겠습니다만, 사실 순수미술 전공자들의
생계 수단은 작가 아니면 교직이에요. 그런데 대부분이 화가 하고 싶어서 미술대학에
들어왔지 원래부터 교사 또는 교수 하고 싶어 하지는 않았다는 말이에요.
(반문하는 표정을 보이자) 물론 요즘은 교사나 교수를 하고 싶어 하는 학생들도 많아요.
(웃음) 그런데 그건 먹고 살려고 하는 거지요. 그런데 그것은 결국 교수면서
동시에 화가를 하려고 하는 거잖아요? 교수가 수단이지 목적이 아닌 자세들이 더러
있다는 거예요. 더구나 화가는 자기 그림 그리는 법은 잘 알지만, 미술을 어떻게
가르쳐야 하는지는 따로 교육을 안 받지요. 작품이 좋은 것과 학생을 잘 가르치는
것은 다른 문제입니다.

공감이 갑니다. 저 역시 어떤 일을 하건 그림을 그리기 위한 수단으로만 생각하는
버릇이 있었는데요, 공통의 딜레마였네요.

예전에 대학에서 미술 관련 학과를 만들 때는 미술교육학과를 많이 만들었어요.
그래서 10년 전만 해도 여러 대학에 미술교육학과가 있었습니다. 그런데 지금은
어때요? 전부 '미술실기학과'로 바꿨어요. 이게 무슨 뜻이겠어요? 일단은
우리 사회가 미술교육에는 관심이 없다는 거지요. 그리고 학생들은 미술교육보다
작가가 되기 위한 개인의 예술 전공에 중점을 둔다는 것이겠지요. 그리고 대부분의
교육대학은 초등 미술교사 교육에 중점을 둡니다. 그리고 중등교육이나 대학에서
어떻게 미술을 가르치면 좋을지 연구되는 교육기관이 있는가 하면, 그렇지 못해요.

그래도 미술교육을 위한 세미나라던가 교수 개인의 자발적 노력은 있지 않을까요?
교수를 판단하는 기준이 연구 실적이에요. 그런데 미대 교수 연구 실적이란 것이
전시를 얼마 동안 어디서 몇 번이나 했는지를 본단 말이에요. 이건 미술대학의
시스템 자체가 교수에게 이중의 역할을 요구하고 있는 거라고 봐요. 학생도
잘 가르쳐야 하고, 좋은 학생들을 유치하려면 또 유명한 작가가 되기도 해야
하지요. 여기서 딜레마가 발생합니다. 작품이 아니라 교수법으로 유명해질 수는
없는가 말이죠.

보통은 이런 생각도 할 수 있을 것 같습니다. 교수가 개인 작업을 하면서
알게 되는 기법이나 생각의 메커니즘 같은 것들이 학생을 지도할 때 중요하게
작용하지 않는가 하고요.

물론이에요. 생각의 메커니즘은 중요합니다. 그런데 기법은 다른 문제라고 봐요.
객관적으로 판단할 수 있는 정답이 있는 그림이라면 가능한 이야기지만 예술이라는
것이 그렇지가 않죠. 나는 근본적으로 미술에 대한 오해들 때문에 지금의 기법 위주
기술 교육이 이뤄지고 있는 거라 보고 있어요. 미술교육은 그런 기법 전수에만
있는 것은 아닌데 말이에요.

옛날 루벤스Peter P. Rubens가 그릴 때는 그림이 워낙 크니깐 혼자 못 그리죠. 그래서 "물감 갤 때는 이렇게 해야지." 하고 가르친단 말이에요. 그 당시는 이런 교육은 필요했어요. 그런데 현대미술은 어떤가요? (침묵) 전에 본 적 없는 새로운 생각이 더 중요해졌잖아요.

그럼 현재 우리의 중등 미술교육의 문제점은 무엇이라고 보시는지요?
제대로 된 미술교육은 사실 중·고등 과정에서부터 시작돼야 해요. 그런데 지금 중·고등학교에서 진행되는 미술교육은 어떤가요? 아직도 소묘나 수채화 같은 장르 위주의 편의적인 학습을 하고 있지는 않나요? 미술교육학과가 줄어들면서 미술교육을 전공한 교수는 줄어들고 일반대학에서 미술교육만을 담당하는 교수 없이 교직 이수만을 하게 되는 실정입니다.
　　우리가 미술을 홀대하고 과목을 세분화할 때, 미국에서는 이미 1980년대에 통합교과를 만들었어요. 미국도 전에는 수학이나 물리가 중요하다고 봤지요. 그래서 미술, 음악 같은 재능 교육은 수를 줄였단 말이에요. 그런데 예술이 없으면 더는 발전할 수 없다는 것을 이해하기 시작했어요. 그래서 만든 것이 통합교과예요. 통합교과란 것이 뭐예요. 수학을 가르치면서 미술을 이해하고 사회를 가르치면서 인문학을 배울 수 있는 과목이지요.

말씀 중에 죄송합니다만, 통합교과 시점에서 예술의 중요성을 깨달았다고 하셨는데, 이 부분에서 외국과 우리나라의 사례를 비교해주셨으면 합니다.
우리가 교과목들을 세분화시킬 때 미국은 그걸 통합했다고 했습니다. 왜 그랬겠어요? 자동차를 정밀하게 만드는 건 과학이에요. 과학은 더 정밀한 차를 만들기 위해 필요한 과목이죠. 그런데 전에 없던 새로운 걸 만들어 낼 수 있는 건 결국 예술적 소양이거든요. 이런 소양이 새로운 욕망을 일으키고 상상하게 만드는 거예요. 달에 가보고 싶다는 욕망이 상상을 불러일으키고, 이 상상을 실현하고자 할 때 과학 기술이 동원돼요. 상상력이란 예술적 측면이 강하게 작용하는 법이죠. 그래서 미국은 초등교육에서부터 예술과 수학을 접목해 예술을 자연스럽게 익히도록 만든 것입니다. 이게 '통합교과'예요.

반면 우리나라는 어떤가요? 1970년대 정책적으로 대학을 많이 만들면서 미술학과가 많이 생겼습니다. 그러다 보니 공부하다 안 되는 학생들이 전공을 미술로 바꾸는 경우가 많아졌습니다. 그게 바로 미술을 '기술 교육'으로 치닫게 한 계기가 되었다고 봅니다. 그러니 대학 입시에서도 수채화니 구성이니 포스터니 하는 식으로 매체와 관련된 교육만 해왔던 거고요. 그래서 미술을 주요 과목이 아니라 마이너리티minority 과목으로 생각하는 우리 생각들부터 고쳐야 한다는 것입니다.

생각이 굳어진 시간의 양만큼이나 그것을 바꾸는 것은 쉽지 않은 일일 텐데요, 그렇다면 선생님께서 생각하시는 중등미술교육의 모습은 어떤지 알고 싶습니다.
중등미술의 교육 목표는 엘리트 교육이 아닙니다. 미술 시간이 미술가를 만드는 수업이 돼서는 곤란하다는 말이에요. 그런데 창작 교육이 중심이 되면서 손재주가 있는 몇몇의 학생을 제외한 나머지 친구들은 미술을 못하는 열등생으로 만들어 버리고 있잖아요. 그러니 "에이, 나는 그림 못 그리니깐 미술 하면 안 되겠다." 하지요.

그런데 그림을 그리지 않고도 미술교육은 얼마든지 가능해요. 외국에서는 미술 시간에 집에서 옷가지를 가지고 오라고 해요. 그럼 자신이 가져온 옷과 다른 친구들이 가져온 옷의 질감, 색, 모양을 비교, 구성해보면서 조화를 익힌단 말이에요. 이런 것도 미술교육이지요.

이런 방식이 미술 수업으로 가능한 것은 미술이 우리 일상에서 실용적인 학문 중 하나기 때문이에요. 우리는 항상 미적인 선택을 해야 합니다. 옷을 고를 때나 집안의 가구를 배치하는 것도 모두 미적 선택이지요. 그렇기 때문에 중등미술교육은 미술, 더 나아가 예술을 사랑하는 사람으로 키우는 것이어야 하고, 다른 말로는 미술을 소비하는 교육, 또는 향유하는 교육으로 가야 한다고 봅니다.

정리해보면 미술의 중요성에 대한 인식이 부족해 미술교육학과가 점점 사라지고 있고, 제대로 된 중등미술교육이 이뤄지지 못했다. 그래서 매체 중심의 기술교육만 해오다 보니 미술에 대한 인식의 악순환이 계속되고 있다고 이해했습니다. 그럼 문제의 첫 단추인 미술의 중요성에 대한 인식은 어떻게 바뀔 수 있을까요?

미술은 창의력을 위한 교육이란 점이에요. 그래서 앞으로는 매체 중심의 기술 교육이 아니라 소위 표현 요소와 관련된 시각언어 교육이 중심이 돼야 한다고 봐요. 그런데 이게 쉬운 일은 아니에요. 이미 매체 교육에 익숙해 있다 보니 미술 교과서에서도 다양한 재료를 사용해야 개성이 표현된다고 이야기하고 있어요. 아니죠. 재료, 장르에서 벗어나야 합니다. 유화로 사진 같이 그리면 좋은 그림이었죠. 그런데 그건 이미들 했잖아요. 그런 걸로는 더는 새로운 미술가를 만들어 낼 수 없어요.

표현 요소와 관련된 언어 교육이라고 말씀하셨는데, 좀 더 부연 설명을 해주시겠습니까? 언뜻 그 개념이 잡히지 않는데요.

요즘 덕수궁미술관에서 〈보테로Fernando Botero〉전을 하고 있던데, 작품이 재밌잖아요. 볼륨을 키워서 우스꽝스러운 것이 현대인들의 욕심을 보여주면서도 또 그게 얼마나 가벼운지를 풍선처럼 표현한 거예요. 자코메티Alberto Giacometti는 왜 그렇게 비싼 작가가 됐을까요? (잠시 답변을 기다린 후) 반대로 볼륨을 줄였잖아요. 자코메티의 괴로움, 그 우울한 표현은 매체 교육으로는 알 수 없는 거란 말이에요. 볼륨을 늘리고 줄이는 작업을 통해 '볼륨감' 자체를 시각언어화시킬 수 있는 교육이 있었기 때문에 가능했던 것입니다. 문학에서도 낱말들이 짜임새 있게 조합되어 리듬을 만들면 전체적인 운율이 돼서 어떤 느낌을 받잖아요? 미술은 어때요? 바로 문학의 낱말처럼 문맥에 따라 어떤 색채를 배열하느냐에 따라 그게 화끈한 느낌이 되기도 하고 차분한 느낌이 될 수도 있지요. 그게 시각적인 언어 교육이란 말이죠. 그런데 우리 교육에서는 그런 부분이 빠져 있었다고 생각합니다.

흔히 그림은 말로 설명할 수 없는 것을 표현하기 때문에 가치 있다는 생각들을 하곤
하는데요, 그렇기 때문에 그림을 언어의 수사법대로 그린다면 '차라리 글을 쓰지.' 하는
생각을 하게 되지 않을까요? 말씀하신 시각적 언어가 혹 이런 수사법을 말씀하시는
것인지요?

아니지요. 그림에서 큐피트를 그리면 그게 사랑이 되고, 해골을 그리면 인생사의
헛됨을 말하는 것으로 읽히는 것은 일종의 상징체계인 것이고, 그림은 작가로서의
표현 행위와 감상 행위가 서로 왔다 갔다 하면서 만들어지는 것 아닌가요? 어떤 것을
표현하려 할 때 그 형상이 부스스하고 아리송하다면 그걸 어떻게 표현하면 좋을까요?
회색조로 표현할 수도 있겠지요. 그럼 이때 회색조가 표현 요소가 되는 거고,
애초에 대상을 그렇게 느꼈던 그런 감각이 언어화되는 거지요. 보테로가 볼륨을
늘렸던 것은 보는 사람들로 하여금 우스꽝스러운 느낌과 의미를 전달할 수 있겠다는
생각의 언어화가 그렇게 표현된 것입니다.

결국 표현 요소를 이해한 뒤 그것을 시각적으로 풀어내는 것을 시각적 언어라고
할 수 있겠군요.

물론 언어도 표현의 한계는 있어요. 생각과 언어가 완전히 닮을 수는 없지요. 그림도
마찬가지입니다. 문제는 어떻게 감동을 주느냐, 어디서 감동을 받을 수 있게 하느냐
지요. 사람은 미묘하잖아요. 어떤 사람이 춥고 떨린다고 하면 날이 차구나 생각할
수도 있고, 애절한 사연이 있나 할 수도 있는 거예요. 표면적 현상과는 다르게
속에 안고 있는 진정은 얼마든지 다를 수 있거든요. 이런 걸 시각언어로 표현할 수
있는 교육을 해야 한다는 것입니다.

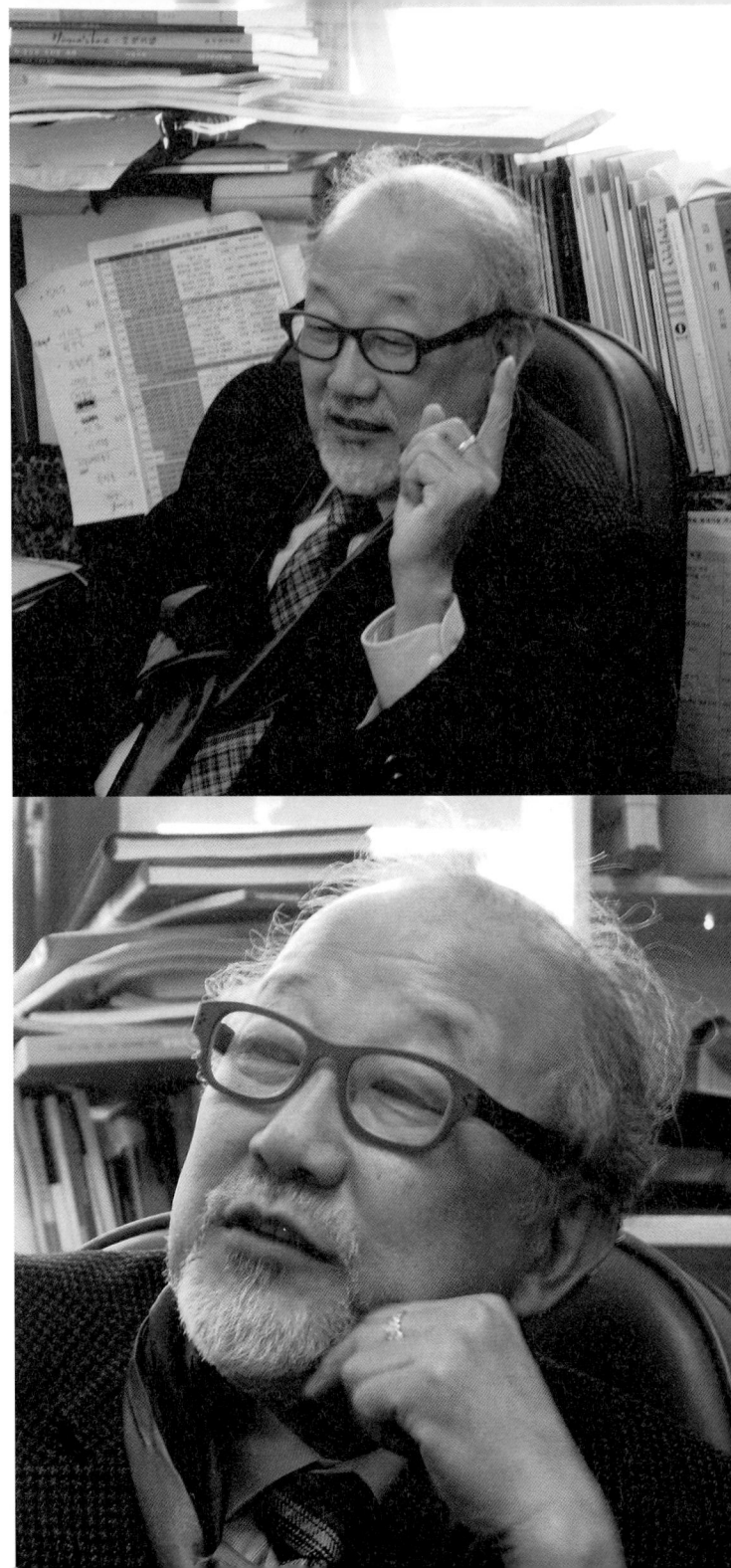

그럼 말씀하신 시각적 언어교육을 위한 구체적인 방법으로는 무엇이 있을까요?
최근의 학제 간 교류처럼 생각의 진폭을 넓히는 방법이 떠오르는데요.
학제 간 교류도 좋지만 미술 자체의 현상에 대한 연구가 필요합니다. 그래서
미술하는 사람들 스스로가 자신감이 있어야 해요.

　　작가들 스스로 예술이 삶을 풍요롭게 한다고 말하잖아요. 근데 뭐가 풍요로워?
집에 비싼 그림 하나 걸어 놓으면 부자 된 것 같아서 풍요롭다는 건가?(웃음) 그런 게
아니잖아요. 전에 본 적도 없는, 생각도 하지 못했던 것을 보여주는 것으로 갇혀 있던
감성을 흔들어 깨우는 게 미술 아닌가요? 그런데 작가는 뭐하는 사람이야? 누구보다
창작과 감상을 왔다 갔다 해야 하는 사람이 아닐까요.

창작과 감상이 왔다 갔다 한다는 건 어떤 의미인가요?
미술학원 가면 선생님이 뭐래요? "연습 많이 해서 예쁜 선 그어야 된다." 그래서 선
긋는 것부터 가르치고 하잖아요. "학원 벽면에 붙여 놓은 그림처럼 똑같이 그려야
대학에 간다."고 가르치지요. 그런데 이건 근대 미술교육에서 하던 걸 아직도 하고
있는 거지. 이런 것들이 문제가 있다고 봐요. 그건 매체의 숙달 교육이지 언어 교육이
아니라는 거예요. 감상 과정이 없잖아요. 감상이 뭐겠어요? (빛이 들어오는 창문 한쪽을
가리키며) '이런 데 햇빛이 드니까 빛이 반사되어 대상을 반짝이게 하는 게 뭔가 다른
곳보다 돋보이네.' 하는 거잖아요. 그런데 감상 과정 없이 무조건 앞에다 턱 놓고
이건 입체거든, 볼륨을 만들려면 이런 방법으로 무조건 따라 해라? 이것은 결국은
기술 숙달 위주, 매체 중심의 실기 교육이지요. 국영수 가르치는 것과 다를 바 없는
일방적인 주입식 교육인 거지요.

　　이런 상황에서는 제작과 감상이 왔다 갔다 넘나들 수가 없지. 왜? 몸에서
반응하는 그 사람만의 '감상 순간'을 잘라낸 거예요. 이건 기계를 만들어 내는 거란
말이죠. 기술대로 옮기는 것만을 반복하니 실재를 그리는 게 아니라 껍데기만
흉내 내게 되는 거예요. 제작과 감상을 넘나든다는 것은 가령 그림을 그리면서 작가가
대상으로부터 받는 느낌을 어떤 색채로 표현했는데, 그 색채가 그 느낌을 전달하지

않았다고 인식될 때, 색상을 이렇게 저렇게 바꾸어 칠해 봅니다. 이런 것이 바로 창작 행위에서 제작과 감상, 감상과 제작이 넘나드는 것이지요. 정답을 상정해 두고 하는 작업은 '스텝 바이 스텝step by step'하면 누구나 얼마든지 할 수 있어요. 그런데 그건 공장의 공정工程이지 창작이 아니예요. (앞에 놓여 있는 책상을 가리키며) 이미 수치가 세밀하게 적혀져 있는 도면이 나와 있고, 규격 모델의 형틀을 따라 잘라내고 칠해 나오는 게 이 책상이에요. 그런데 이건 예술이 아니잖아요?

그렇다면 작가 역시 스타일이라는 미명 아래 매번 비슷한 작품을 찍어내고 있는데, 말씀대로라면 이것도 문제가 있는 게 아닐까요.
방금 말한 대로 요즘의 창작 활동은 미리 결과를 던져 놓고 공장처럼 작업을 찍어내고 있어요. 미국에서는 미술 활동을 워킹working이라 말하기도 하지만 실제로 익스플로링 exploring이라 해요. 탐구를 하는 거지요. 물론 탐구 과정에서 작품의 깊이를 위해 반복적으로 작업하는 것은 필요합니다.

피카소가 "나는 라파엘로처럼 그리기 위해 4년이라는 시간을 소비했다. 그러나 아이처럼 그리기 위해서 평생을 바쳐야 했다." 했지요. 일단 배우고 나면 그 관성 때문에 이전 상태로 돌아가는 것이 어렵다는 것일 텐데요, 그렇다고 해서 배우지 않을 수도 없고, 쉽지 않는 문제라고 봅니다.
그래서 미술교육에서 '가르친다'는 것은 무엇인지, 과연 미술이 교사에 의해 가르칠 수 있는 대상이 될 수 있는 것인지 생각을 많이 합니다. 보통 교육이라는 것은 교사가 알고 있는 것을 학생에게 전달해주는 거잖아요. 너는 모르고 나는 아니까 가르쳐 주마. 그런데 미술은 그런 것이 아니거든요.

미술은 가르치는 것이 아니라고 한다면 교육기관의 존립 자체를 부정하는
것일 수도 있는데요.

그런 의미가 아니라 내가 생각하는 미술교육은 이렇게 해라 저렇게 해라 하고 정답을
찍어주듯 가르치는 게 아니란 거예요. 학생들이 이 시대를 살아가는 작가로서
올바른 예술 의식을 갖게 하고 이로써 새로운 예술가를 창안하고 하는……. 그런 것이
미술교육은 아니란 거지요. 올바른 예술 의식은 뭐고 새롭단 것이 과연 뭘까요?
그런 결과를 내가 어떻게 알겠어요. 문제는 결과가 아니라 어떻게 볼 것인가에 있어요.
나도 모르는 걸 어떻게 가르쳐요? 그러니 이제는 정보를 전달하는 일방적인 낡은
관계를 다시 생각해 볼 때가 됐다고 보는 거예요.

그럼 잘 유도해야 한다는 말씀인가요?

유도는 아니지. 유도는 선생이 끌고 가는 거잖아요. 학생의 개성과 미술적 가능성을
알아차리는 것이 선생의 역할이란 거예요. 미술을 하겠다는 학생은 이미 미술적인
관심도 있고 열망도, 소질도 있어요. 학생이 창작한 미술 작품은 아직 예술적 완성이
안 된 것뿐이지요. 예술적 완성이란 건 시간이 필요해요. 자신이 가르치는 학생을
상도 받게 해주고 싶고, 주목 받게 하고 싶기도 하고 빨리 가르친 결과물을
보고 싶어 하지요. 그러니까 대학에서 "이런 식으로 말고 이렇게 해라. 저렇게 해라."
하는 거잖아요. 그런데 봐요, 나이든 내가 '이런 식'이라고 하는 건 이미 나와 있는
몇 가지 패턴 가운데 하나예요. 거기 맞춰서 빨리 가자는 건데 그거야 말로 복제지.
기존의 것과 비슷한 복제품을 만드는 거예요. 그렇기 때문에 유도하는
미술교육은 해서는 안 된다고 보는 거예요.

파란 하트 캔버스에 유채, 메탈릭 색소, 200×116cm, 1984

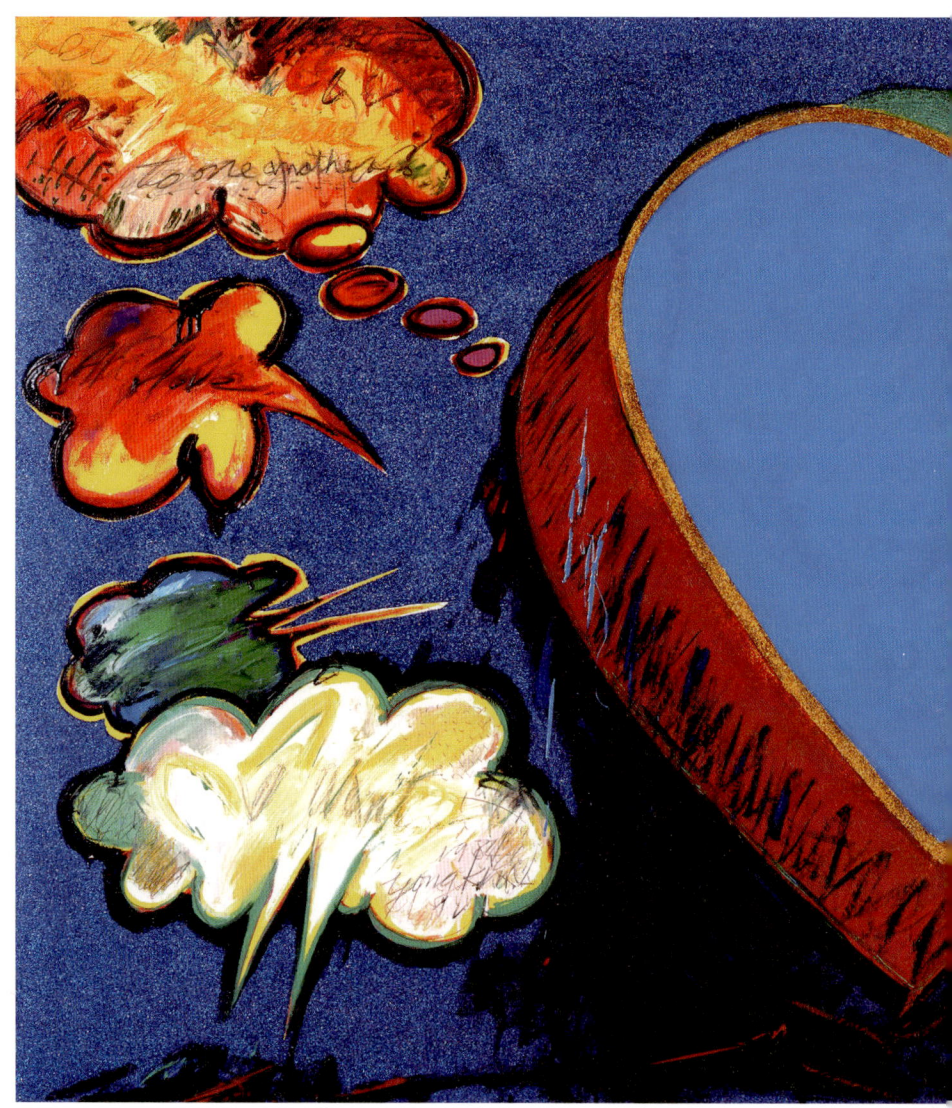

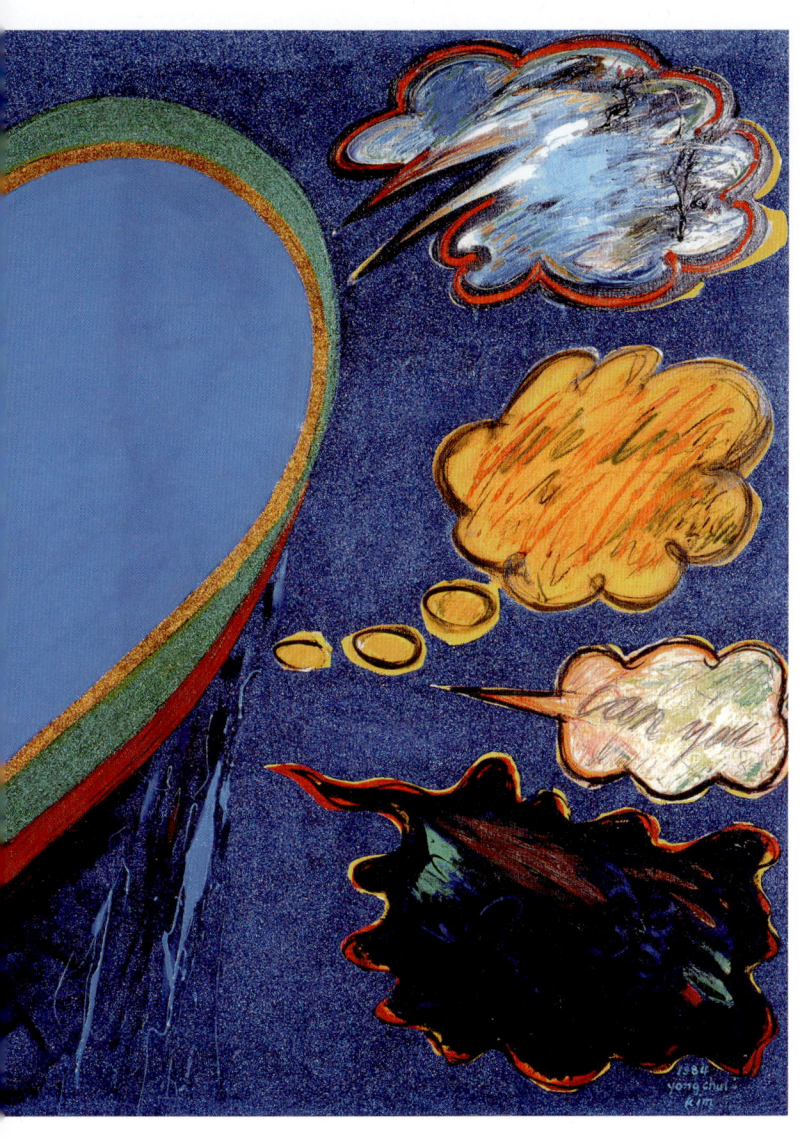

노란 하트 캔버스에 유채, 메탈릭 색소, 200×116cm, 1984

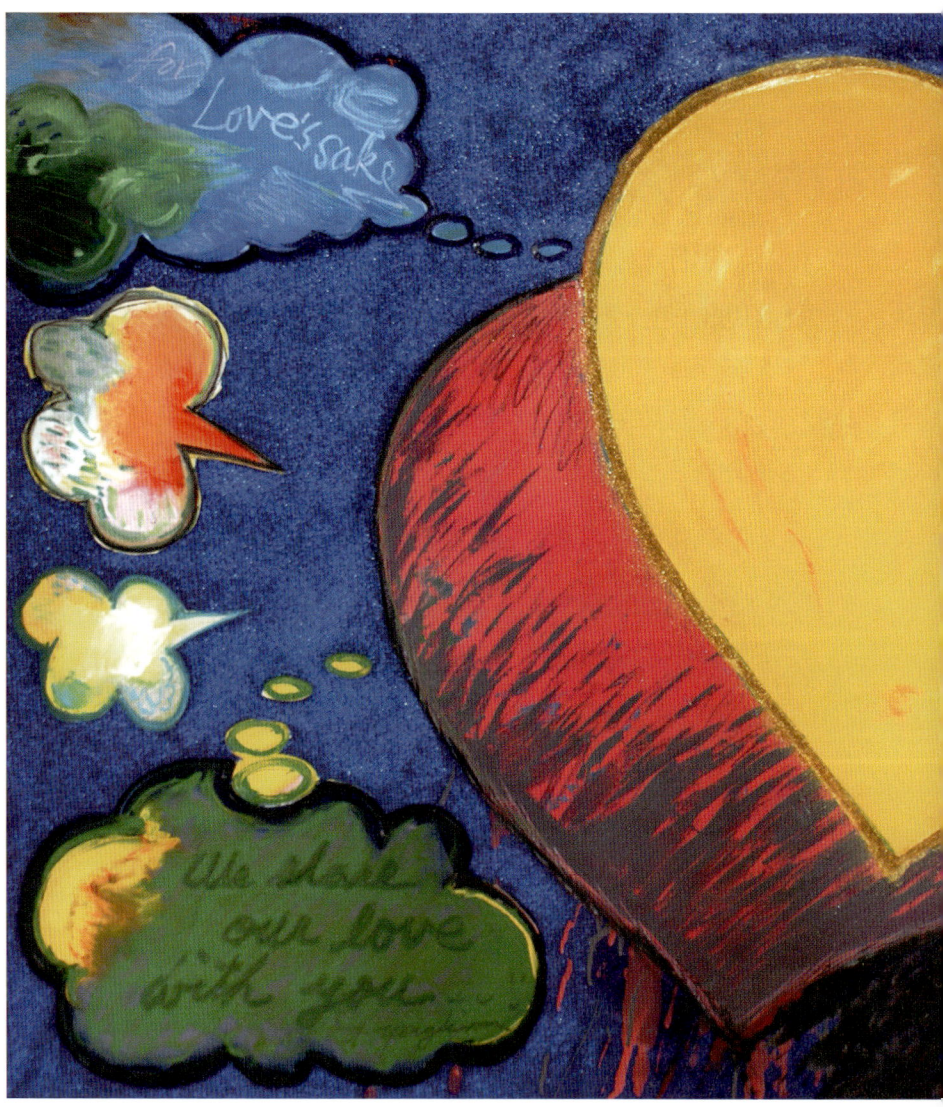

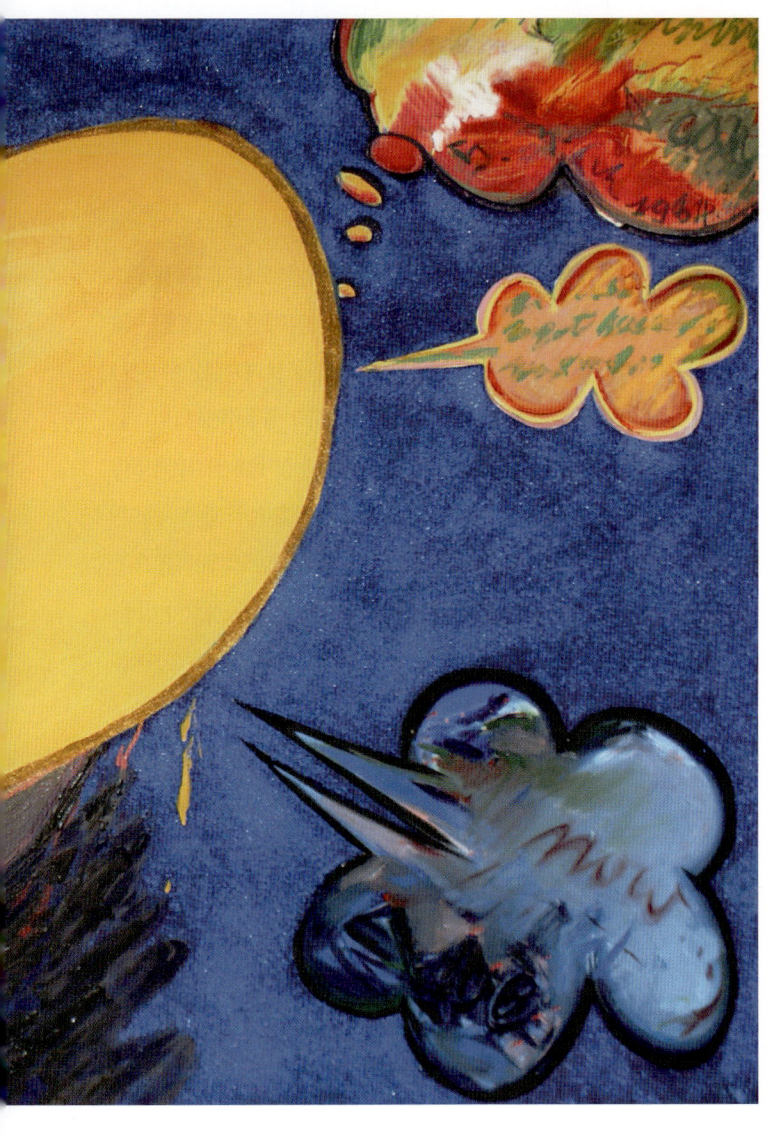

(인터뷰를 경청하던 학생이) 선생님, 저는 미대를 다니고는 있지만 제가 그림에 재능이 있긴
한 건지 궁금할 때가 많습니다. 선생님께서는 학생을 보면 소질이 있는지
바로 아시나요?

나도 젊었을 때 그런 질문을 했어요. 그땐 잘 몰랐는데 이제 나이도 들고 오랫동안
가르쳐보니 이런 생각은 해요. 나는 세 가지로 생각하는데요, 첫째는 우리가
모방하려고 하는 충동을 갖고 있잖아요. 구석기 사람들이 제일 먼저 한 행동이
뭐예요. 잡아 먹어야 할 놈들을 자꾸 보다가 그림으로 남겼잖아요. 처음에는 발만
그렸다가 나중에는 털도 그리고 윤곽을 잡아가면서 제법 생생하게 그려냈지요. 그렇게
구석기 사람들은 사물을 관찰하고 그대로 표현했어요. 그런데 두 번째 신석기인들은
재현을 안 했어요. 절대로 뭘 닮게 그리는 그림을 안 그렸거든. 그네들은 처음부터
만들었어요. 재현이라는 건 자연에 있는 걸 보고 흉내 낸 건데, 어디 토기가 자연에
있어요? 필요에 따라 없던 것을 빚어 만든 거예요. 그런 행위가 뭘 의미할까요?
그게 소위 추상적 조형 능력이에요. 구약성서 창세기편을 보면 세상의 갖가지 것들을
일단 만들어 놓은 다음에 저녁에 뭐라고 했어요? "보기에 좋았더라." 보기 좋은 게
미술이야. 그런데 재미있게도 신석기 사람들은 그리는 능력을 보여 주지 않았어요.
한반도에 살던 사람들도 그랬지. 그릇 만들어 놓고 빗살무늬 넣었지요. 고인돌과 같은
추상적인 조형물을 만들려고 했지 재현하려고 하지 않았어요.

    그리고 또 다른 미술적 능력이 상상이에요. 뒤샹^{Marcel Duchamp}은 그리지도 않고
만들지도 않았잖아요. 변기 뒤집어 놓고 미술이래. 대동강 물 팔아먹는 것
아니에요?(웃음) 바로 아이디어예요. 다른 시각을 갖고 있었던 거죠. 옛날 사람들은
그래도 손으로 직접 하기라도 했는데, 이건 뭐 아이디어 하나 가지고 싹 바꿔
놓은 거예요.

    난 이 세 가지. 재현 능력, 추상 능력, 상상 능력이 미술적 능력이라고
보고 있어요. 이 중 자신의 능력이 어디에 있는지 찾아야 하고 또 선생은 학생이
어떤 부분에서 가능성이 있는지 발견해야 한다는 거예요. 다른 말로는
재현 능력만이 미술 능력의 전부가 아니란 거죠. 나는 닮게 못 그리니깐 그림에

재능이 없다고 생각한다면 그건 섣부른 판단이에요. 앞에서도 이야기했지만
우리 교육에서 이런 것들을 구분해 학생들에게 일러줘야 하는데, 그러지 못하고
있기 때문에 아쉽습니다.

뒤샹이 상상력 하나로 모두 뒤집어 놓은 것처럼 현대미술의 화두는 상상입니다.
다들 어떻게 하면 상상력을 개발할 수 있을까 궁금해 하는데요, 상상에 대한
선생님 생각은 어떠신지 듣고 싶습니다.
나는 상상력이 대단한 것인 줄 알았어요. 그런데 그게 아니에요. 현재 우리가 살고
있는 문화 속에서 다른 뭔가를 갈망하는 것이 상상력이라고 봐요. 주변이 편해지고
당연한 것이라고 생각하면 상상은 없는 거예요. 한 애는 압구정에서 왔고 다른 애는
시골에서 왔어요. 같은 시대를 살고 있지만 서로 다른 오늘을 살아 왔단 말이죠.
시골 아이가 서울에 와서 보니 에스컬레이터가 신기해요. 저게 한 번에 천장까지
갔으면 좋겠다고 상상할 수 있지 않겠어요? 그런데 매일 에스컬레이터를 타 봤던
압구정 아이는 모른단 말이에요. 익숙하거든.(웃음)

당연하다고 받아들이는 태도가 상상력을 가로막는군요.
그렇지요. 그런데 상상력은 선생의 입장에서는 알 수 없어요. 자신의 환경에서
살아 온 아이가 또 다른 삶을 끊임없이 갈망하는 순간 상상력이 생겨나는 것이란
말이죠. 우리는 한 사람의 아이디어와 그 상상력이 다수의 사람들을 유익하게
할 때 그것을 창의적 상상력이라고 말하고 가치가 있다고 평가합니다. 그런데
그것이 가치 있는지는 지금은 알 수 없어요. 상상력은 오늘의 가치가 아니에요.
미래의 가치죠. 그렇기 때문에 모든 상상은 존중받아야 하고, 그 상상이 진정
가치 있는 그 무엇이 될 수 있도록 사회가 함께 노력하고 북돋워줘야 하는 거죠.
그런데 우리는 어때요? 그냥 무시해 버리죠. "야, 그런 거 하면 안 돼. 그냥
이렇게 해야 돼!" 하고 기존의 틀 속에서 판단하고, 관행대로 가르치려고만 하니
상상력이 위축된다고 봐요.

문제점들이 보이니 역설적으로 실마리가 보이는 것 같습니다.

흔히 우리는 감수성이 발달해야 훌륭한 화가가 된다고 말하곤 합니다. 그런데 이 감수성이라는 게 뭐예요? 인위적이고 주입적인 교육을 통하기보다 매섭게 추운 바람도 맞아보고, 미끄러운 장어도 만져보고, 날 것 그대로의 상태에 노출돼본 애가 감수성이 발달하지 않겠어요? 감수성이라는 것은 자연 상태의 모든 것을 통해서 오는 자극에 대한 반응입니다. 감수성이 풍부할수록 현상에 대한 직관과 사물에 대한 감각이 발달하는 것 아닐까요? 그렇기 때문에 어릴 때 기능적인 미술교육을 많이 받는 것보다는 그런 감수성을 키울 수 있는 경험에 노출되는 것이 더 중요하다고 봅니다.

뜨거운 말씀 감사드립니다. 이제 교직을 생각하고 있는 분들을 위해 교직 환경에 대한 실무적인 질문을 좀 드리겠습니다. 힘들 때를 알아야 각오를 충분히 세울 수 있을 텐데, 교수로서 가장 힘든 순간은 언제인가요?
입시 미술 채점할 때가 제일 힘들어요. 그 속에서 우열은 보이지만, 구분하고 가려내는 그 자체가 나는 싫어요. 그런데 하긴 해야 되니. (긴 한숨을 내신 뒤 헛웃음을 지어보이며) 그래서 힘든 거지요.

그러고 보면 홍익대에서는 2013년부터 미술 입시가 완전히 없어지는데요, 학생의 능력을 재현 능력 외에 남은 두 곳에서도 찾겠다는 뜻일까요?
그게 현재로서는 최선의 답이라고 생각해요.

개인적으로는 긍정적인 선택이 되길 희망하고 있습니다. 다만 이런 조치가 지난 홍익대의 입시 문제로 인한 불가피한 선택으로 보이진 않을지, 그래서 원래의 취지가 희석되지 않을까 하는 우려의 시선도 있습니다. 먼저 입학사정관제를 통해서 학생을 선발할 예정으로 알고 있는데, 사정관이 미술과 관련 없는 분들인 것으로 알고 있습니다. 재능 있는 친구들을 어떻게 변별할 예정이신가요?

뽑는 건 교수가 해야 할 몫이고요. 그런데 부득이한 선택이라고 보진 않아요.
이미 홍익대에서는 지난 몇 년간 여러 형태의 전형을 병행하면서 준비해오고 있어요.
농어촌 특별전형도 그중에 하나예요. 아직 미숙하지만 그간 준비해왔던 데이터들을
이후에 진행되는 입시에 반영하면서 여러 방안을 연구 중인 것으로 알고 있어요.
어찌 되었든 앞서 말한 미술적 재능에서의 세 가지 능력에 따른 재능 있는 학생들을
골고루 선발하는 방향으로 가야 된다고 보고 있어요. 다만 어떻게 선발할 건지도
대학 차원에서 계속 연구하고 있으며, 가장 최선의 입시 방식을 찾아내려고 현재도
끊임없이 노력하고 있습니다.

알겠습니다. 인터뷰이에 대한 질문 중엔 항상 수입과 관련된 질문들이 있습니다.
교직에 계신 분에게 금전적인 부분을 여쭙는 것이 죄송하기는 하지만 미술대학의
교수는 어떤 대우를 받는지 궁금합니다. 같은 학교 내에서도 미대와 의대, 공과대의
수업료가 훨씬 비싼데요. 교수 연봉에서도 차이가 나는지도 궁금합니다.
교수도 직급마다 다른데 처음에 시작할 때 얼마 주나? 음, 난 잘 모르겠어요.
뭐 보통 교수급 정도 되면 한 1억 몇 천 정도 되나? 정확히는 모르겠네요.

부교수면 나이가 대략 40대쯤 되는 걸까요?
50대는 돼야지. 요즘 미대교수는 늦게 돼요. 공대 교수들은 20대에도 임용이 되는
모양이지만, 다른 단과대학들은 40대에도 어렵잖아요. 인문대학 쪽은
더 어렵고요. 그런데다 요즘은 미대가 점점 줄고 있어요. 그러니 교수되기가
더 어려워진다고 봐야겠죠.

50대에 연봉이 1억 원이라면 그간 들인 노력의 보상으로는 부족하다고
생각할 수도 있겠는데요.
그렇긴 한데 교수 연봉이 생각보다 높지 않은 이유가 예순다섯까지 하기
때문이지. (웃음) 사회에서의 일반 기업들은 이사 정도의 위치에 오르면 몇 억씩 받기는

하지만 50대 초반 정도 되면 나가야 되잖아요. 그런데 교수는 정년이 그보다 기니까 그 점도 생각해야겠지요.

국공립대는 어떤가요?

그런데 그게 참 어려워요. 서로 잘 몰라요. 아무래도 교직이라는 것이 돈에 좌우되는 것은 아니니 은근히 대충 어느 정도겠다 하는 정도랄까. 그리고 연봉이 알려지면 대학 차원에서 서로 경쟁이 되니 학교 자체에서도 발표를 꺼리겠지요.[1]

마지막으로 무엇이든 좋습니다. 어린 친구들에게 선생님께서 좋아하시는 뭔가를 추천해주신다면?

뭐든? 그렇다면 제임스 조이스 James A. Joyce의 『젊은 예술가의 초상 A Portrait of the Artist as Young Man』을 읽어보라고 하고 싶어요. 대학교 정도 들어왔으면 읽어봐야지요. (웃음) 젊은 친구가 예술가가 되기까지 사회에 나와 여러 일을 겪으면서 거기에 반응하는 과정을 다룬 건데, 스토리텔링이 중요한 것이 아니라 여러 자극들에 예술가는 어떻게 반응하는가, 그런 것이 담담하게 표현되어 있어서 미술을 하는 친구라면 특히 읽어보라고 하고 싶어요.

| 홍익대 연구실에서 |

---

1 2010년 통계에 따르면 국립대인 서울대의 평균 교수 임금은 각각 전임강사 6,087만 원, 조교수 7,107만 원, 부교수 7,883만 원, 정교수 9,486만 원으로 조사됐고, 사립대인 고려대는 같은 순서로 각각 4,608만 원, 8,870만 원, 1억1,467만 원, 1억5,468만 원인 것으로 알려졌다. (출처: 교육통계데이터서비스)

김용철

홍익대학교 미술대학 서양화과 졸업
홍익대학교 대학원 회화과 졸업
현, 홍익대학교 미술대학 회화과 교수

미국 테네시주립대학교(Knoxville) 교환교수
미국 테네시주립대학교(Chattanooga) 방문작가
숭의여자전문대학 교수
제7회 대한민국미술대전(판화부문) 심사위원
대안공간풀 운영위원
2002 KBS 자연환경미술대전 심사위원

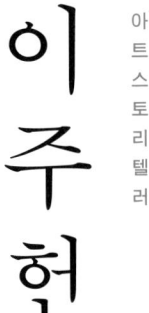

이주헌

아 트 스 토 리 텔 러

둥근 사각형에 하얀 까마귀
고독한 군중으로 소리 없이 외치던
이름 붙은 이야기들의 힘

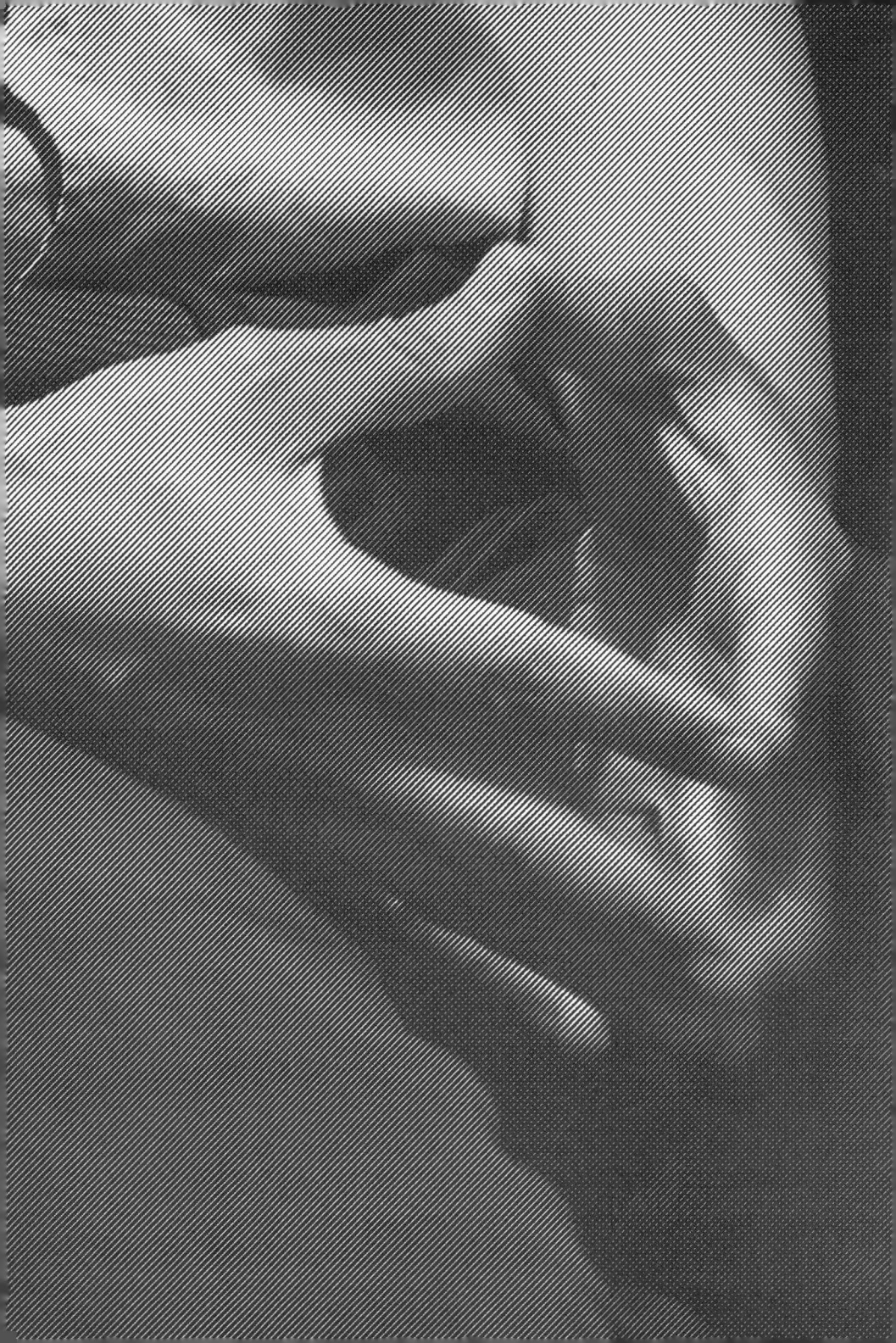

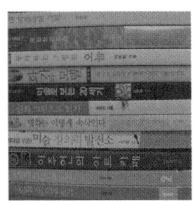

고정된 사유에서
일탈하기

안녕하세요, 선생님. 아마 선생님의 책을 10여 권 이상 읽어봤을 겁니다. 먼저
선생님 책의 뿌리 깊은 애독자로서 이렇게 인터뷰에 응해주신 점 감사드립니다.
아, 그렇습니까? 오히려 제가 감사해야겠는데요.(웃음)

선생님께서는 대중에게 친숙한 미술서들로 유명하신데요. 지금까지 30여 권 가까운
미술책을 쓰셨고 그 외 다양한 활동으로 미술을 전하고 계신 걸로 알고 있습니다.
그런 만큼 단순히 '작가'라고 하기에는 설명이 부족해 보이는데, 선생님께서 하고 계신
일들을 정확히 어떻게 불러야 할까요?
제 책에 보면 저를 '아트스토리텔러art-storyteller**'라고 적어 놨습니다. 아마 그것이 가장
적합하다고 봅니다. 미술에 관한 글을 쓰되 대중이 이해하기 쉽게, 이야기하듯 쓰는
사람이라고 생각하시면 좋을 것 같습니다. 책 외에도 기타 강연 등의 방법으로 미술을
이야기해주는 사람이라고 생각하시면 됩니다. 학문적인 지식보다는 쉽고 편하게
미술과 관련된 이야기를 전하는 사람이지요.**

'아트스토리텔러'. 귀에 익은 직함은 아닌데 그렇게 불리길 원하시는 이유가 있을까요?
네, 그렇죠. 일반적인 직함이 아니라 스스로 정한 명칭인데요. 저술가나 또는
미술비평가로 한정하기보다는 더 큰 틀에서의 이야기꾼으로 활동하고 싶기
때문입니다. 현대는 새로운 직업군이 많이 생겨나고 있잖아요. 그런 만큼 예전의
한정된 직업이 아니라 전에 없던 새로운 분야를 개척하고 있단 점에 의미를
두고 있어요.

그럼 말씀하신 '이야기꾼'을 대중들에게 친숙함으로 다가가기 위한 시도라고
이해해도 될까요?
그래요. 요즘 여기저기서 스토리텔러라는 말이 오르내리고 있어요. 그들은 낯선
것들을 친숙하게 만들어 주는 사람이라고 할 수 있지요. 상품으로 시선을 돌려보면
예전에는 상품의 가치를 기능 같은 것에 두었지만, 이제는 상품에 담긴 이야기도 함께
즐기는 시대가 되었지요. 그래서 광고, 제품, 전시에서도 이야기를 만들어 내고 있어요.
이야기는 상품에 생기를 더해 줍니다. 그 생기로 인해 우리는 상품에 친근감을 갖게
되고요. 거기서 새로운 가치가 파생되지요.
　　스타벅스Starbucks가 그런 예 중 하나겠죠. 특정한 가상의 시나리오를 마케팅에
적용한 성공적인 사례라고 할 수 있어요.[1] 미술도 마찬가지예요. 미술 작품에도 많은
이야기가 담겨 있죠. 작가의 개인적인 에피소드에서 신화와 종교, 당시의 문학까지
그림을 둘러싼 많은 이야기들이 있어요. 이 이야기들을 알게 되면 낯설고 어렵게
느껴지던 그림이 금세 친숙하게 다가오지요.

1　스타벅스라는 상호명은 허먼 멜빌의 소설 『백경(Moby Dick)』에 나오는 일등항해사인 스타벅(Starbuck)에서
　나온 말인데 스타벅이 커피를 좋아한다는 점에 착안했다. 또한 스타벅스 로고에 등장하는 여인은 그리스 신화의
　세이렌(Siren)이라는 인어로, 17세기에 만들어진 실제 판화를 참고로 제작했다고 한다. 세이렌은 아름답고
　달콤한 노랫소리로 지나가는 배의 선원들을 유혹해 죽게 하는 것으로 알려진 상상의 요괴인데, 사람들을
　홀려서 스타벅스에 자주 발을 돌리게 하겠다는 창안자의 뜻이 담겨 있다고 한다.

예전에 이런 말이 있지요. "사랑하면 알게 되고 알면 보이나니, 그때 보이는 것은 전과 같지 않으리라." 모든 일의 시작이 사랑이고 보면, 이야기꾼의 역할이 크게 느껴집니다. 선생님께서는 동아일보에서 기자 생활을 하신 걸로 알고 있습니다. 비교적 안정적인 직업이지 않았을까요? 하시던 일을 그만두고 글 쓰는 일을 업으로 삼으신 이유가 있나요?

원래는 홍익대에서 서양화를 전공했고 그래서 화가를 꿈꿨어요. 당시 집안이 넉넉하지 못해 화가의 길을 계속 추구할 수가 없었지요. 그래서 취직을 하기로 마음먹고 찾다 보니 언론사에 취직하게 되었죠. 그렇게 동아일보에서 2년 있다가 한겨레에서 5년 반 정도 있었어요. 글을 쓰는 일이 익숙해지면서 자연스레 미술에 관한 글을 써야겠단 생각이 들더군요. 저널리스트journalist다 보니 학문적인 글보다는 쉬운 글을 많이 썼는데 그게 독자 분들의 관심을 샀던 모양입니다.

제 개인적으로는 글쓰기가 그렇게 어려울 수 없습니다. 반면에 선생님의 글은 쉽고 편하면서도 매끄러운 흐름 덕분에 읽기 편한데요, 글쓰기에 관한 선생님의 노하우나 훈련 방법이 있을까요?

사실 저는 글을 쓸 때 크게 막히거나 하진 않습니다. 저는 글쟁이가 아니라 사실 그림쟁이라고 생각하거든요. 그래서 글을 잘 써야 한다는 강박관념은 없어요. 문장가라 생각하지 않기 때문에 오히려 쉽게 쓰는 것 같습니다. 물론 오랜 기자 생활이 도움이 됐어요. 기자는 대중을 위해 글을 쓰는 사람이고 그래서 쉽게 쓰도록 훈련돼 있거든요. 한 예로 보통은 기승전결起承轉結식의 글을 쓰지만 기자는 먼저 결론을 내고 그 뼈대에 살을 붙이는 역逆피라미드형으로 글을 씁니다. 기사의 제목을 달 때도 같은 이유에서 훈련이 되지요. 게다가 기자는 마감이 있어요. 마감은 무슨 일이 있어도 지켜야 하잖아요.(웃음) 그래서 언제 어디서든 어떤 악조건 속에서도 글을 써야 했기 때문에 비교적 집중해서 글을 쓰는 편이지요.

쉽게 말씀하시지만 30여 권의 저서는 여전히 놀라운 역사가 아닌가 합니다.(웃음)
그럼 책마다 다르겠지만 한 권을 탈고하는 데는 어느 정도의 시간이 걸리는지요?

음, 한 권에 6개월 정도 걸리는 것 같습니다. 사실 책을 쓰는 동안 중간에 끼어드는
일들이 많아서 순전히 책 한 권에 모든 시간을 할애하진 않다 보니, 딱히 어느 정도의
시간이 든다고 하기는 어려워요. 어쨌든 1년에 두 권 정도를 쓰고 있는 셈인데,
앞으로는 네다섯 권 정도를 목표로 하고 있어요. 지난번 유럽의 미술관을 돌며
느낀 것이 있는데 많은 위대한 화가들은 대체로 다작을 했어요. 위대한 화가들이
항상 좋은 그림만 그렸던 건 아닙니다. 무수히 또 무던히 그림을 그렸고 그래서
그중 최고의 그림 몇 점이 그를 위대하게 만든 거라고 봐요. 물론 뚜렷한 방향 없이
양만 늘리는 것이 능사가 아니겠지만 작가의 기본은 다작에 있다고 봅니다.

양이 질을 결정한다는 말씀이군요. 많은 그림을 소개하시면서 나름의 보람도 또
고충도 있을 텐데요, 오랜 시간 선생님을 아트스토리텔러로 살게 한 추동력은
어디에 있다고 보시는지요.

일단 제가 좋아하는 일을 하고 있다는 점이 힘이겠죠. 그리고 어디에 소속되지 않고
그 누구를 위해 일하지 않는다는 점도 행복하게 해 줍니다. 물론 독자를 위해
일하긴 하지만 그렇다고 고용돼 있진 않잖아요.(웃음) 그게 좋습니다. 지금 버는 것의
10배를 준다고 해도 어딘가 고용되고 싶진 않아요. 자유인이고 싶지요.
제가 좋아하는 미술을 늘 가까이하고 좋아하는 여행도 다닐 수 있는 데다가
일 자체가 창의적이잖아요. 그 결과물을 좋아해주는 독자들도 있고 그래서
매우 행복한 일을 하고 있다고 생각합니다.

　　그리고 이 일은 은퇴가 없습니다. 원하는 순간까지 쉼 없이 일할 수 있습니다.
그래서 내가 하는 작은 일들 하나하나가 제 이름으로 남고 쌓이게 되지요. 스스로가
직접 브랜드 가치를 높이는 일이기 때문에 일을 하면 할수록 가치는 쌓이게 된다고
봅니다. 물론 나이가 들면 더 많이 벌 수 있을 것 같진 않지만 어쨌든 아이들을 키우고
자유롭게 돌아다니며 살 수는 있을 거라 봅니다.

제 일은 일종의 놀이예요. 그리고 나를 고용한 사람은 바로 나 자신이죠. 스스로를
즐기면서 일하고, 그런데 돈도 벌어먹고 사니 흡족하다 할 수밖에요.

자유인으로서의 삶은 독립적인 창작을 위한 것일까요?

음, 글쎄요. 저는 사실 지금도 새로운 걸 쓴다고 생각하진 않아요. 독자가 원하는 것
역시 이미 어느 정도는 알고 있는 겁니다. 절대 새로운 게 아니죠. 단지 글을 통해서
그것들을 확인해주는 계기나 장면을 마련해주는 겁니다. 누군가 좋은 책을
발견했다면 그 책이 새롭기 때문이 아니라 아마 '맞아 이거였어.' 하는 계기를 맞았기
때문일 거예요. 그렇기 때문에 공감의 장을 마련하고 그것을 콕 집어줄 수 있을 때
좋은 책이 탄생한다고 생각합니다. 하지만 이 점이 어렵죠. 같은 하늘 아래
함께 호흡하며 살아가는 사람들이 한두 명도 아니고, 그들로부터 광범위한 공감을
얻는 것은 분명 쉬운 일이 아닙니다. 그러기에 다양한 경험을 하려고 해요. 그래서
나중에 아이들 다 키워놓으면 제 처와 둘이서 취재도 하며 이곳저곳을 다닐
생각입니다. 많은 경험을 하게 되겠죠? 그러면서 자연스럽게 세계 일주도 하고요.(웃음)

직업이 되고 보면 아무리 좋아했던 것도 분명 예전과는 다르게 느껴질 거란 생각이
듭니다. 아마 긴 인고의 터널을 통과해야만 하겠죠. 선생님의 고충은 무엇일까요?

굳이 고충이 있다면 공부를 많이 해야 한다는 거예요. 근데 공부를 많이 못해서 그게
고충이에요.(웃음) 뭔가 인풋input이 있어야 아웃풋output이 있는 것인데 그런 면에서
항상 아쉬움이 있어. 조금 더 공부했으면 좋겠다. 조금 더 책을 읽었으면 좋겠단
생각을 늘 합니다. 그런데 저는 스스로 잘 용서하는 사람이에요. 스스로한테 굉장히
관대한 사람이죠.(웃음) 제가 예전에 책을 쓸 때 이런 생각을 했어요. 미술만 했지
미술사 공부도 제대로 안 된 놈이 미술에 관한 책을 쓰겠다고 하니 이거 되겠냐고요.
그렇지만 일단 부족한 대로 찾아서 읽고 또 공부하고 그래서 그렇게 나온 책을 한 권,
두 권 사 주는 분들이 계시다면 그분들이 나를 키우는 것이고 그걸 토대로 조금 더
자라서 더 좋은 글을 쓰고……. 그렇게 되는 것 아니겠나. 독자 분들에게 신세를 지자.

그리고 그렇게 해서 조금씩 갚아 나가자고 생각했어요. 똑똑한 자식은
다 나가 살려고 하잖아요. 못나도 곁에 사는 자식이 예뻐 보이죠. 그래서 당장은
못나도 열심히 하노라면 독자 분들이 사랑해주실 거라 생각했어요. 이렇게 내가
모자란 것이 있어도 스스로 용서하지 않았다면 지금까지의 성취는 없었겠지요.

그렇게 해서 여기까지 왔어요. 그런데도 여전히 공부는 모자라요. 때로는 진짜
낯부끄러울 때가 있어요. 이 정도 밖에 안 되나 싶을 때도 있죠. 한국이니까 여태까지
글 쓰면서 살아남았지 유럽이나 미국이었으면 벌써 갈갈이 찢겨져도 한참 그랬을 거다
합니다.(웃음) 한국이기 때문에 살아남았지만 또 한국이기 때문에 저의 이런
과도기적인 역할이 의미 있는 게 아닌가 생각도 해요. 모자람은 있지만 분명 가치를
생산하고 있으니까요.

선생님 책에서 명작을 마주할 때 느끼는 감상의 일부는 오랜 시간 여러 매체를 통해
봐왔던 그림을 직접 눈으로 확인하면서 생기는 일종의 '감정상의 인플레inflation'라는
표현이 기억납니다. 마치 연예인을 직접 봤을 때의 흥분 같은 건데요. 지금까지
정말 많은 작품을 보셨을 텐데 시간이 갈수록 작품을 대하는 감흥이 줄거나 하진
않는지 궁금합니다.
그렇진 않습니다. 클래식 음악 듣는 분들한테 지겹지 않느냐 물으면 그러지 않잖아요.
명작의 깊이를 헤아리기에는 여전히 부족해요. 또 어떤 사람이 책 쓰는 거 지겹지
않냐고도 하죠. 그럼 이렇게 답합니다. 오히려 '이제 글이 뭔지 좀 알 거 같다.' 세상에
예술가들만큼 다양하고 기발한 생각을 하는 사람이 없잖아요. 보면 늘 새롭고
또 새로운 작가가 나오고 합니다. 옛날에 죽지 않고 영원히 살면 얼마나 지겨울까
한 적이 있어요. 죽음 못지않게 두려운 일일 것 같더군요. 그런데 살아보니 새롭고
재밌는 일이 끊임없이 있어요.

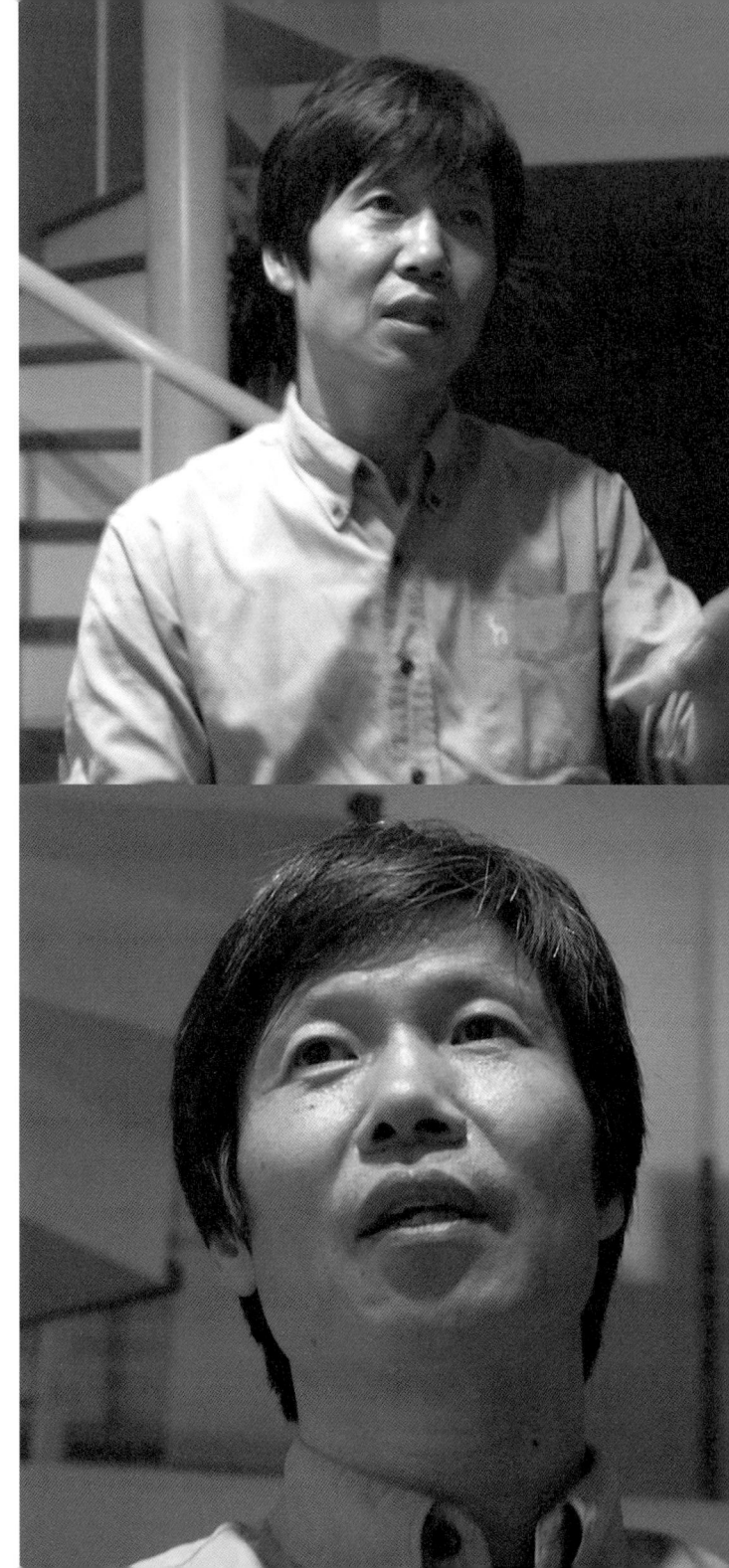

선생님께서 쓰신 책 중에 개인적으로 애착이 가는 책이 있다면 소개해주시죠.

고르기가 쉽지는 않은데, 아무래도 『50일간의 유럽 미술관 체험』이 많은 분들이 사주셔서 개인적으로는 경제적인 큰 밑받침이 됐어요.(웃음) 그래서 굉장히 고맙게 생각하는 책이죠. 경제적인 측면을 이야기한 것은 만약 그것이 실패했으면 다음 책을 쓰기가 어려웠을지도 몰라서입니다. 기획 당시 가족 넷이서 유럽 미술관 전체를 순례하는 데 1,500만 원 정도의 예산이 필요했어요. 그런데 당시 제가 마련할 수 있는 돈은 단 400만 원이었죠. 지원은 받아야겠는데 잘된다는 보장은 없고 고민 끝에 기자 시절 알고 지낸 학고재 대표 우찬규 사장을 찾아갔어요. 다짜고짜 찾아가서는 1,100만 원을 선인세로 주시면 책 팔아서 해결하고 싶다. 그러나 책이 선인세 이상 안 팔린다면 뒤집어 쓰셔야 한다 했지요.(웃음) 그런데 다행히도 선뜻 지원을 받게 됐고 가진 돈 400만 원을 보태서 유럽을 다녀왔어요. 그런 만큼 규모나 들인 시간으로 보나 가장 애착이 가는 책이지요.

직업에 대한 인터뷰인 만큼 수입이 궁금하지 않을 수 없습니다. 수익 구조에 대해 말씀 부탁드립니다.

개인마다 또는 책마다 다 다르기 때문에 일괄해서 말할 수는 없어요. 같은 필자가 써도 많이 나가는 책도 있고 그렇지 않은 책도 있으니 일괄적으로 얼마라고 하기에는 무리가 있어요.

그렇다면 계약 방식은 보통 어떤지 궁금합니다.

거의 대부분 계약금은 없어요. 물론 받을 수는 있는데 그럴 경우 인세에서 제외됩니다. 인세는 전체 판매량의 10퍼센트고요. 경우에 따라 달라질 수도 있는데 제 경우엔 책값의 10퍼센트 가량 됩니다.

이주헌이 지은 책들

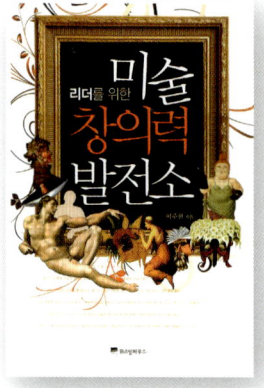

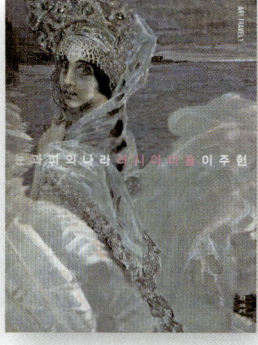

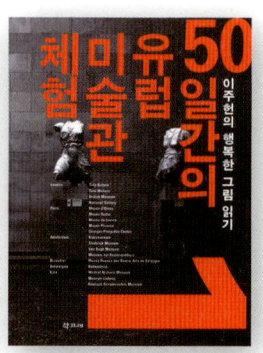

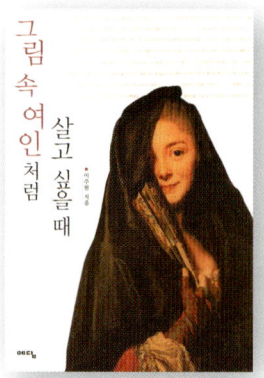

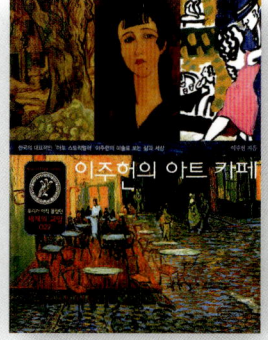

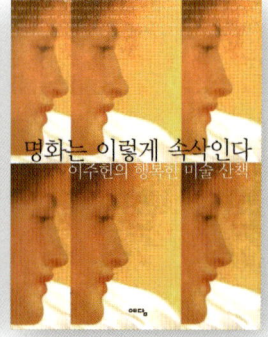

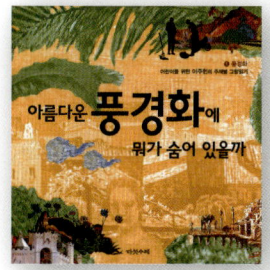

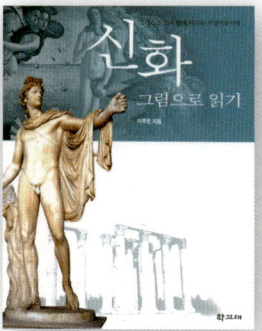

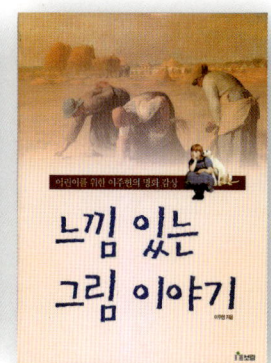

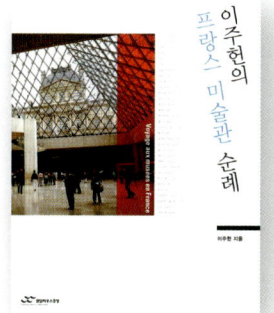

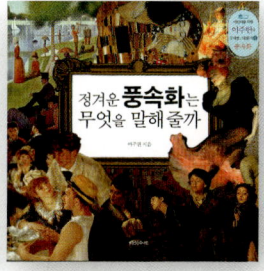

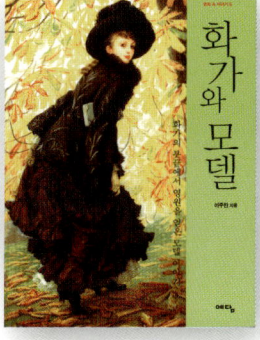

초상화의 경우 그 그림에는 저작권, 소유권, 초상권, 퍼블리시티^{publicity}권^2 등
많은 권리가 얽혀 있습니다. 책은 어떨까요?

저작권은 저작권자 사후 70년까지입니다. 제가 죽어도 이후 70년 동안은 제 책에
대한 저작권을 제 아이들이 갖게 되지요. 하지만 대부분의 책은 시간이 지나면
서점에서 사라져버리지요. 죽기 전에 대단한 명저를 써서 스테디셀러가 되면 모를까
제 책이 아이들에게 대단한 유산이 되리라고는 생각하지 않습니다.

그 외에 글 쓰는 사람의 수입 형태에는 어떤 것들이 있는지요?

책 인세와 신문이나 잡지 등의 고료, 그 밖에 강사료, 컨설팅 사례비 등이 있어요.
매체 게재물의 경우 저작권은 작가한테 있으니 그것을 다시 책으로 묶으면 원고료
외에 인세가 덤으로 생기죠. 그래서 가급적 기고문은 나중에 출판 가능한 주제로
쓰려고 하고 있어요.

그럼 일반적인 경우 매체에 실리는 원고료는 어느 정도 될까요?

원고료는 필자마다 매체마다 다릅니다. 그런데 유명한 필자라 해도 원고료는
기본적으로 많지 않아요. 제가 알기로는 원고지 한 장 기준으로 1만 원에서
2만 원 정도가 가장 일반적이지 않나 하는데요. 그래서 매체의 기고 청탁을 받을 때는
원고료보다 나중에 책으로 묶일 수 있는 주제인가에 더 무게를 두고 판단을
하게 되지요. 제 개인적으로는, 앞서 말씀드린 대로 기고문이 나중에 책으로 나올 수
없는 내용이라면 예전에 썼던 콘텐츠를 재가공해서 매체의 편집 방향이나 매수에

---

2 연예인이나 운동선수처럼 대중에게 인지도가 있는 경우 말투나 얼굴 등 상업적인 가치가 있는 부분을 돈을
받고 거래할 수 있도록 해야 한다는 취지로 만든 법률. 미국에서는 1954년 님머(Nimmer)라는 법률학자에
의해 이러한 개념이 법률로 정립되었으나, 우리나라에서는 이런 권리가 법률로 특별히 규정되어 있지 않아
물권적 권리로서 보호되고 있지는 않다. 다만 민법의 불법 행위 이론에 의해 고의적으로 상대방의 사생활을
침해한 경우, 또는 유명 연예인이나 운동선수 등의 사진이나 목소리 등을 상업적으로 이용한 경우에 이를
금지시키거나 손해를 배상하도록 한 판결이 상당수 있다.

맞춰 보내줍니다. 물론 사전에 기존 콘텐츠를 재가공하는 것이니 그에 대한 동의 여부를 알려달라고 요청하지요. 이 경우 엄밀히 말하면 원고료라기보다는 콘텐츠 사용료를 받는다고 할 수 있죠. 그렇게 할 수밖에 없는 게, 우리나라의 원고료라는 것이 정말 얼마 안 되기 때문에 나중에 책으로 묶일 수도 없는 원고를 순수하게 새로 작성하는 것은 현실적으로 어려울 때가 많습니다.

그 정도일 줄은 몰랐습니다. 생각했던 것과는 차이가 많은데요. 한국 출판시장의 판매고販賣高 대부분은 어린이 관련 도서들이 차지하는 것으로 알고 있습니다. 그 밖에 순위 대부분은 소설류책고요. 보통 교양서는 순위에서 10위권 후반대로 알고 있는데 대표적인 교양서라고 할 수 있는 선생님 책의 판매량은 어느 정도인지 여쭤 봐도 될까요?
전체 권수는 정확히는 잘 모르겠어요. 미술책이 그런 책들만큼 많이 팔릴 수는 없거든요. 책 당 수만 권에서 10여만 권 정도라고 봐야겠죠.

출판계가 전에 없는 불황 중에 있다고 들었습니다. 그런데도 수만 권에서 10여만 권이라면 역시 탄탄한 독자층을 갖고 계신 셈인데요.(웃음) 그래서인지 선생님의 책이 나온 뒤에 대중적인 미술 안내서들이 연이어 나오고 있습니다. 선생님과 같은 일을 희망하는 친구들에게 조언을 해주신다면?
저와 유사한 일을 원하는 학생들이 있다면 일단 미술과 관련된 일일 테니 미술을 즐기라고 하고 싶네요. 글쎄요, 저는 지금 가는 이 길 뒤에 누가 따라온다고 생각해 본 적이 없어서 깊이 있게 해 드릴 말이 있는 것은 아니지만, 굳이 이쪽 길을 떠나 제 아이들에게 이런 말은 해요. 세상에서 직업과 관련된 가장 중요한 공부가 뭐냐고 묻는다면 첫 번째는 무엇을 제일 좋아하는지 아는 것이고, 두 번째 무엇을 잘하는지를 아는 것이라고 얘기합니다. 이 두 가지가 어른이 될 때까지 알아내야 하는 가장 중요한 공부라고 생각해요. 성적 잘 맞아도 자기가 좋아 하는 게 뭔지 모르고, 부모가 시켜서 자신의 의지와는 무관한 일을 어쩔 수 없이 하게 되는 것은 실패한 인생이라고 생각합니다. 그 일을 해서 돈도 많이 벌고 심지어 이름까지 알려졌다 해도 그게 자신과 맞지 않아 괴롭다면 역시 실패한 인생이라고 볼 수밖에 없지요. 가난한 인생을 살아도 자기가 좋아하거나 잘하는 일을 해야 합니다. 사실 잘 못하더라도 좋아하는 걸 열심히 하다 보면 잘하게 되기도 하잖아요. 좋아하는 것과 잘하는 것을 찾아내는 것이 인생에서 가장 중요한 공부의 하나라고 생각합니다.

그리고 꼭 제 길을 쫓기보다는 없던 길을 스스로 찾아갈 수도 있지 않을까요? 앞으로는 점점 창의적이고 창조적인 일을 하는 사람이 중요시될 겁니다. 이전에 진짜 생각도 못했던, 누구도 안 해본 일을 하게 되는 사람이 많아질 거예요. 직업 시장의 블루오션들이 새롭게 개척되어서 저런 직업도 있을 수 있네, 저렇게 하면서 살아갈 수도 있네, 나도 저런 거 해봤으면 하는 직업들이 생겨나지 않겠어요? 그러니 자신의 직업 전망과 관련해서는 굳이 지금의 기준으로 범위를 정해놓을 필요는 없다는 겁니다. 중요한 건 내가 좋아하고 잘하는 것을 깊이 파라는 거죠. 깊이 파면 어느 때인가는 경지에 이르게 되고 경지에 이르면 그 사람이 하는 일은 누가 봐도 재밌는 일이 되지요. 그게 큰돈은 아니어도 어쨌든 돈이 될 수 있다고 봅니다. 먹고 사는 정도면 충분하지 꼭 그보다 더 많이 벌어야 성공한 거는 아니잖아요. 돈을 써야 할 한계보다 너무 많이 번다면 저는 그것이 누군가에게 돌려줘야 할 빚이라고 생각해요.

그러니까 돈과 상관없이 내가 좋아하는 일을 열심히 하다 보면 오늘날의 세상은 최소한의 벌이는 뒷받침을 해준다고 봐요. 자기가 좋아하는 일을 열심히 파고 누구도 쫓아오기 어려울 만큼 전문적인 역량을 갖추는 것이죠. 그럼 경쟁자가 없으니 경쟁하지 않아도 되잖아요. (웃음) 제가 이쪽으로 와서 편한 것도 그 점입니다. 당시에는 미술판에서 대중을 향해 글을 쓰는 사람이 거의 없었으니까 제가 뭘 하든 누구도 신경을 안 썼고 또 저와 경쟁을 할 사람도 없었지요. 일을 하면서 쓸데없는 일에 에너지를 낭비할 필요가 없었던 거지요. 새로운 분야에서 계속 열심히 하다 보면 조금만 해도 전문가처럼 되어버려요. 그 분야에 그렇게 하는 사람이 없으니

가능한 일이겠죠. 후발주자가 생기면 선발주자에게는 기득권이라는 게 생겨요.
후발주자가 더 많이 공부하고 더 열심히 해도 다른 사람이 보기에는 여전히
후발주자지요. 처음 시작한 사람은 권위자로 보이게 되고요. 물론 그렇다 하더라도
선발주자가 열심히 하지 않으면 시간의 힘에 밀려 평가가 떨어질 수밖에 없겠지요.
그만큼 더 열심히 해야겠지만, 초심을 잃지 않고 열심히 하는 한 그는 계속 선구자로
인정을 받을 수 있습니다.

　　분명 세상에는 틈새의 영역이 있고 비즈니스를 할 수 있는 일이 많습니다.
잘 알려진 분야가 아니니까 처음엔 보상이 적겠지만 시간이 좀 지나 어느 정도
알려지고 일의 영역도 뚜렷이 형성되면 그만큼 보상은 늘어나지요. 시간이 지나면
점점 더 권위자가 될 수 있으니까 초심을 잃지 말고 자신의 영역을 구축하시길
바랍니다. 제가 권하고 싶은 건 그거예요.

따뜻한 말씀 감사합니다. 매일 새롭고 다양한 그림을 접하실 텐데요, 선생님은
어떤 작가를 좋아하시는지 궁금합니다.

시간이 지날수록 좋아하는 작가가 늘고 있어 답하기 힘든데요, 전 밝은 게 좋아요.
마티스Henri Matisse나 보나르Pierre Bonnard의 화사한 색채가 좋습니다. 그렇다고 어둡다고
해서 좋아하지 않는 건 아닌데……. 표현주의 그림도 좋고……. 아, 이거 정말 꼽기가
어려운데요.(웃음)

너무 난처한 질문을 드린 것 같습니다.(웃음) 어려우시겠지만 국내 작가로
한정한다면 어떨까요?

우리나라 작가요? 여전히 어려운 질문이긴 한데, 강익중 씨가 먼저 생각나네요.
젊은 작가 중에서는 김주현 씨나 고명근 씨, 배영환 씨 등을 좋아합니다. 제가
전통적인 비평가가 되기 어려운 게 작품을 보면 좋은 점이 먼저 보여서 곧장 거기에
빠져 들어가기 때문에 모자란 부분은 그다지 큰 관심을 두지 않는 편이에요. 그렇게
좋은 부분에 더 크게 매료가 되다 보니 뭐든 나쁘게 말하기가 어렵지요.

그런 면에서, 말들이 많았지만 영화 〈디워 D-War〉도 사실 저는 정말 재밌게 봤거든요.(웃음) 모든 그림은 나름의 장점이 있다고 생각해요. 제가 부족한 대로 글을 써왔기 때문일지 모르겠지만 좋은 쪽으로 보려고 하는 편이지요.

마지막 질문입니다. 책, 음악, 영화 등 무엇이든 좋습니다. 시작하는 친구들을 위해 도움이나 자극이 될 수 있는 작품을 추천해주신다면?

음, 현대미술을 많이 보라고 하고 싶네요. 현대미술을 보고 저 사람들이 왜 저런 작업을 하는지, 왜 저렇게 끊임없이 한계를 벗어나려고 일탈을 하려고 하는지 그 속생각을 들여다보길 권하고 싶습니다. 그건 제자리에 머물지 말고 일탈이 익숙해졌으면 하는 생각에선데요, 당장의 고착된 현상을 타파하고 일탈을 익숙한 일상으로 만들라는 얘기지요. 저 역시 직업을 여러 번 바꿨습니다. 동아일보를 다니다가 한겨레신문으로 옮겼고, 가나아트 편집장을 1여년 정도 하다 자유기고가로 지냈어요. 그리고는 학고재 화랑에서 현대미술을 기획하는 관장을 했지요. 그렇게 9년 정도 일하다가 월급 없이 자유롭게 살아보겠다고 모든 직장으로부터 나왔어요. 과거 우리나라에서는 직장을 많이 옮기는 걸 좋지 않게 보았지만 꿈이 있다면 또 자유를 위해 일탈은 필요하다고 봅니다. 지금에 와서 보니 그 결정들이 옳았다고 생각해요. 한곳에 머물러 있었으면 제 나이가 50줄에 이르렀는데 언제 명퇴를 당할까 걱정하고 있었을 거 아니에요.(웃음) 제 전문영역이 생겼기 때문에 이제 와서 무얼 다시 시작해야 될 필요는 없지요. 물론 직장인에 비해 수입이나 생활 양태에서 변수가 많지만 이제는 그걸 즐깁니다. 경기가 안 좋아서 책이 안 팔려도 이제는 걱정하지 않아요. 저 같은 사람들은 매달 수입이 다르잖아요. 높을 때도 있고 낮을 때도 있지만 이제 그것에 익숙해져서 특별히 신경 쓰지 않고 있어요. 현대미술을 보세요. 그리고 익숙한 것을 다시 되돌아보고 일탈을 즐기길 바랍니다.

| 헤이리 자택에서 |

이주헌

홍익대학교 미술대학 서양화과 졸업
미술평론가, 아트스토리텔러
현, 양현재단 이사
현, 삼성경제연구소 SERICEO '미술가산책' 진행

『지식의 미술관』(아트북스), 『이주헌의 아트카페』(생각의나무), 『리더를 위한 미술 창의력 발전소』(위즈덤하우스),
『현대미술의 심장 뉴욕 미술』(학고재), 『50일간의 유럽 미술관 체험 1, 2』(학고재) 등

1999-2000   교육방송 '청소년 미술 감상' 진행
 2002   교육방송 '이주헌의 미술 기행' 진행

신 상 호

도
예
가

도대체

세상에 하나밖에 없는 국경

돼지에게 진주를 던져라

나는 잘못되지 않았다

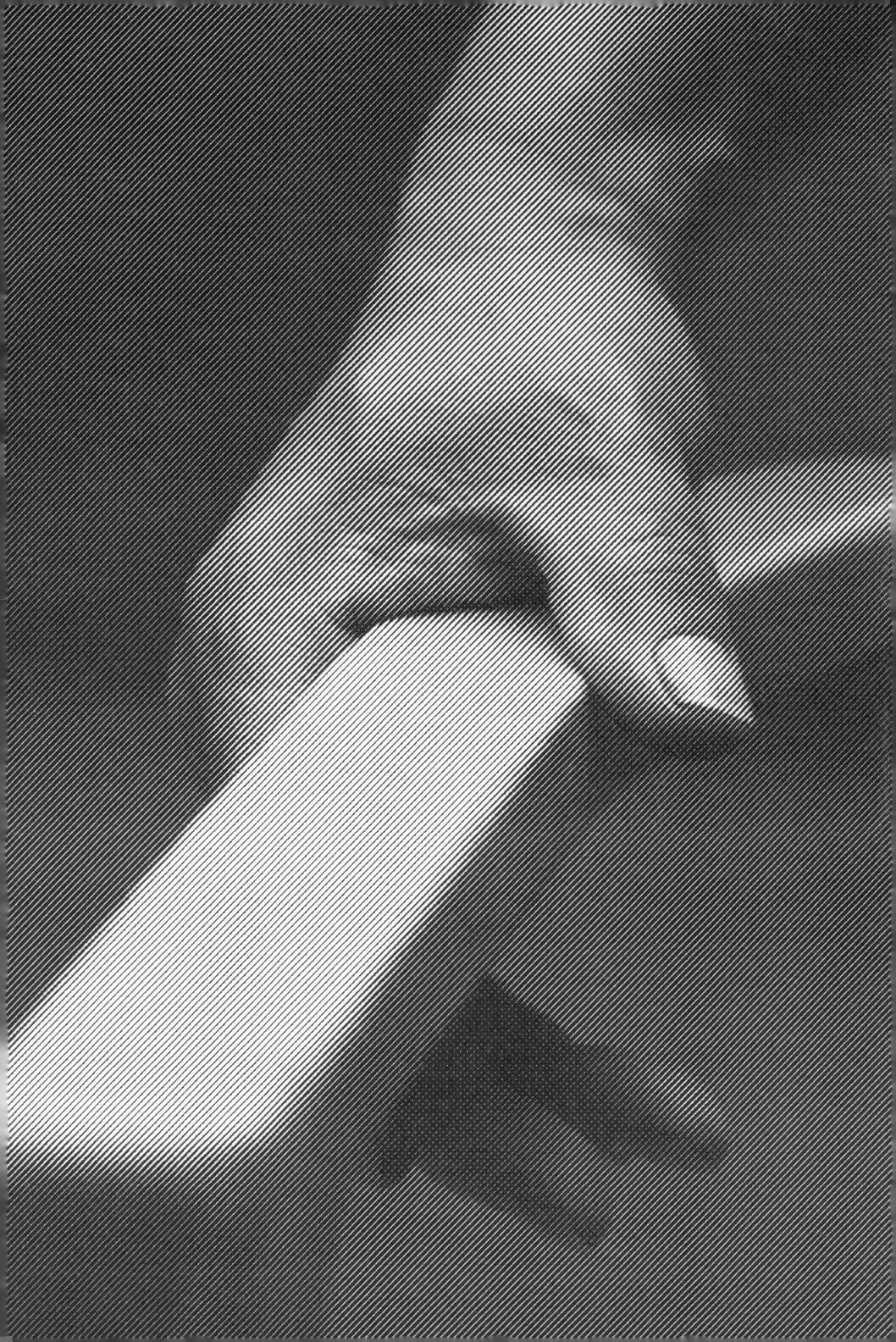

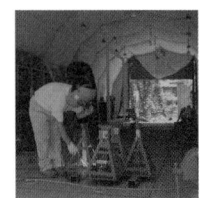

전통을 가로질러
사유하기

안녕하세요, 선생님. 작업실 규모가 굉장한데요, 작업실이라기보다는 '작업동'이라고
해야 할 것 같습니다. 거기다 개인 미술관까지 있어 놀랐습니다.
40년 넘게, 한 자리에 터를 잡고 살다 보니 건물이 하나 둘 늘었습니다.(웃음)

40년이라면 선생님께서 생각하시는 도예에 대한 생각도 조금 바뀌지 않았을까요?
흔히 도자기 공예를 줄여 도예라 하는 것으로 알고 있는데, 선생님께서 생각하시는
도예란 무엇인가요?
보통 도예라 하면 그릇을 먼저 떠올리듯, 이 그릇이 바로 도예죠. 그릇은 흙으로
만들지요. 그런데 흙만 있어서는 안 돼요. 물을 부어다 모양을 다스리고, 불을 불러다
공기를 태워야 비로소 단단해 집니다. 이 과정이 바로 도예죠. 신석기 토기를 보면
도예는 인간이 행한 최초의 표현이었어요. 거기서부터 분야가 나눠지고 발전했다고
생각하면 도예가 인류 표현의 기원이라고도 할 수 있겠죠.

말씀을 듣고 보니 아리스토텔레스의 4원소설이 생각납니다. 세상이 물, 불, 흙, 공기로
구성되어 있다고 했었죠. 신기하게도 도예의 과정과 같은데요?

그렇네요. 도예를 고갈되지 않은 가장 기본적인 자원에서 만들어진 태초의 순간이라고 보면, 통하는 바가 있군요.

역사를 통해 본 도예가 다소 전통적이라면, 지금의 도예는 어떨까요?

지금의 도예는 뿌리는 땅에 있지만 가지는 하늘로 향한 나무와 같다고 생각해요. 나는 흙을 만지는 도예가로 시작했지만, 현재의 나는 필요하다면 평면 작업이나 입체 작업도, 때에 따라서는 건축도 같이 할 수 있다고 생각이 바뀌었습니다. 융합의 시대라고들 하잖아요.

매년 새 가지가 돋아야만 살 수 있는, 그러니까 뿌리는 전통에 두고 있지만 끊임없이 새순이 돋아야 살 수 있는 이 나무와 같다는 말이지요.

그런데 너무 당연해 보이는 이런 이야기가 전통을 중시하는 우리 교육에서는 상식 밖이고. 그래서 무조건 "안돼!"라고 합니다. 그런데 나는 된다고 믿고 반대로 가고 있는 거죠.(웃음) 이게 지금까지 내 작업 방식이에요. 내 작업이 해외에서 주목 받는다고 하는데, 그건 흙과 건축, 흙과 돌, 흙과 쇠 같이 새로운 조합으로 도예를 확장했기 때문입니다. 전통만을 중시하는 한국 사회에서는 이런 새순을 잡초라고 보는 거죠.

미술판에 대한 문제의식이 느껴집니다. 그 문제는 질문지에 있는 만큼 잠시 봉해 두겠습니다. 먼저 궁금한 점은, 직업에 대한 고민입니다. 선생님께서는 처음 도예가라는 직업을 선택하셨을 때 어떠셨나요? 도예가 천직이라고 생각하셨는지요?

내가 도예를 시작한 게 1965년도부터예요. 한국전쟁이 끝나고 10여 년이 겨우 지났으니 아직 어려웠던 시기였어요. 물으나 마나 사람들은 도예 자체를 잘 몰랐고 안다 해도 무슨 '장이' 정도로 취급되는 아주 천한 일이었죠. 그런데 공교롭게도 나는 형편이 나쁘지 않은 집안에서 태어났고, 상대적으로 부유하게 자랐어요. 집에서는 내가 법대나 의대 쪽으로 진학하기를 기대했는데, '천한' 도예를 하겠다고 하니 아주 난리가 났었죠.

그런데도 하셨군요.

좋았으니까요. 글쎄요, 뭐라 설명할 수 없는 이유가 있죠. 조용한 시골에서 흙을 만지고 있으면 그 느낌은 고향 같기도 하고 친구 같기도 하고……. 흙만 만지고 있으면 이상하게 마음이 편안해지거든요.

집안의 반대는 어떻게 극복하셨나요?

고집을 부렸죠. 사실 그때는 돈에 대한 아쉬움을 잘 몰랐어요. 큰 욕심이 없었던 거죠. 그러니까 흙을 만져서 유명해질 이유도 없었고, 돈을 벌겠다는 생각도 없었어요. 단지 사회에 대한 저항 같은 거였다고 봐요. 유명해지는 게 뭔데? 돈이 뭔데? 이런 식이었죠. 그러면서 부유한 환경은 개인에게는 전혀 도움이 안 된다고 보기 시작했어요. 그러다 보니 더 고집스럽게 그쪽으로 몰입을 하게 된 거죠.

저 역시 집에서 반대가 심했는데요, 예고를 가겠다고 했을 때 아버지께서 밥상을 공중으로 날려 버리시고 그랬죠.(웃음) 아마 천한 직업이라는 당시의 편견 때문이 아니었을까요? 하지만 지금은 상황이 많이 달라졌는데요, 과거와 비교하면 지금 도예의 위상은 어떨까요?

지금으로부터 500년 전만 해도 도예는 당시 최첨단 기술이었어요. 청화백자를 만드는 기술을 알아내려고 전쟁도 벌였으니까요. 하지만 지금의 도예는 새로운 국면을 맞았어요. 사람이 제 명이 다하면 죽듯이, 저는 학문도 수명이 다하면 그만두어야 한다고 봐요. 만약 도예과에 들어와 4년을 공부하고 졸업했는데, 직업으로 삼을 만한 자리가 마땅히 없다면, 그건 문제가 있는 겁니다. 그런데도 학생들이 특별한 목적도 없이 대학은 가야겠고 이런 저런 사정으로 도예과를 선택하는 식은 빨리 정리되고 다듬어져야 하는데……. 아직도 그러지 못하고 있어요.

명문 미대의 '묻지마 지원' 말씀이군요.

그렇죠. 실제로 학교도 알고, 교수도 알고 있는 문제예요. 그런데 개선하려는 의지가 없어요. 왜? 사업이 되니까요. 이윤을 남겨야 하는 기업이라면 절대로 도예를 할 이유가 없어요. 그렇지만 학교 입장에서는 학생 정원만 채우고 등록금만 받으면 되는 '비즈니스'란 말이에요. 교육을 비즈니스로 보고 있다! 이게 바로 문제죠.

하지만 예술의 특성상 생계와 작업은 늘 미끄러지기 마련인데요.

나는 이렇게 생각합니다. 살아야 뭐든 만들죠. 1980년대 초부터 1990년대 초까지 도예과가 각 대학마다 개설됐어요. 지방에 있는 대학들에도 도예 전공이 생겼죠. 이른바 붐이 인거죠. 그렇게 우후죽순 생겨난 도예과가 지금은 통폐합되거나 학과 이름만 바꿔서 명맥만 유지하고 있어요. 이제는 겨우 몇 개 대학에만 도예과라는 이름이 남아 있죠. 그것도 어느 시점이 되면 경쟁에서 도태되고 결국엔 문을 닫게 될 거라고 봐요.

의외입니다. 동양화과와 서양화과의 통합 문제에서도 동양화과의 반발이 있었는데, 도예가시면서 도예과가 없어져야 한다고 하시니……

11개 학과 중에 특히 동양학과와 서양화과의 구분이 무슨 의미가 있겠나 싶어서 당시 학장이었던 내가 둘을 묶으려고 했어요. 그런데 학과마다 문제도 있고 전공 교수 간에도 문제가 있어서 쉽지가 않았죠. 내가 도예과 교수면서 도예과를 없애야 한다고 하니, 다들 흥미롭게 보는데 그건 당연한 거예요. 아까도 얘기했지만 지금 같은 교육을 해서는 학생들이 밥을 먹고 살수가 없단 말이에요. 그렇다면 지금 대학에서 하고 있는 도예 교육은 수명을 다했다고 봐야 하는 거예요.

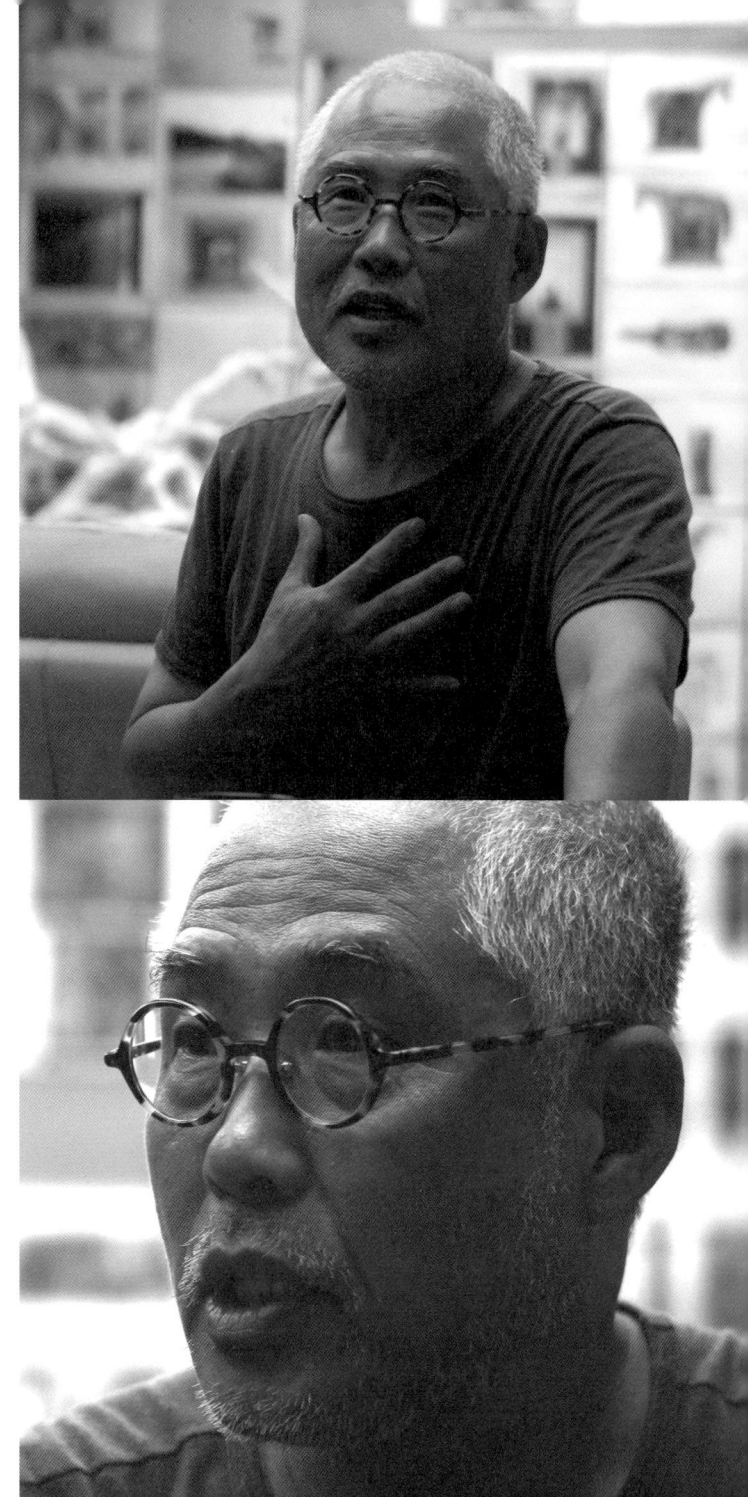

반론이 걱정되는 말씀인데요, 선생님 말씀을 이렇게 이해해도 될까요? 도예과를 없앤다고 해서 도예 수업 자체가 없어지는 건 아닌 것이죠? 판화과는 없어졌지만 판화 수업은 있는 것처럼 말입니다.

당연하죠. 도예가 없어질 필요도 없고 판화가 없어질 필요도 없어요. 그건 교육을 받은 학생이 선택하게 하면 돼요. 도예과에 1,000명이 몰리든 1만 명이 몰리든 그걸 소화 시키고, 사람이 안 오면 선생은 자연스럽게 퇴임하면 돼요. 그런데 지금 65세까지로 정년을 정해 놓은 건 경쟁을 안 하겠다는 선언과 마찬가지라고 생각해요. 그래야 젊은 친구들이 교단에 설 수 있는 기회가 생기고, 자연스레 순환이 이루어지죠.

그렇지만 여전히 우리 생활 속에서는 수많은 그릇이 쓰이는데 왜 도예가 시장성이 없는 건지 모르겠습니다.

중국 때문이죠. 자, 보세요. 우리가 이 한 개의 컵을 만들어 미국에 수출할 때 중국은 그 하나 값에 열두 개를 팔아요. 이걸 이길 나라는 아무도 없어요. 도자기뿐만 아니라 위생 도기라고 해서 화장실 변기나 세면기 같은 걸 중국이 저가로 공급하면서부터 도예 시장이 모두 죽어버렸어요. 그래서 지금은 전 세계 도예 시장의 80퍼센트 이상을 중국이 차지하고 있어요. 그렇다면 결국 뭐만 가느냐? 디자인만 가요. 그러니 국내 생산은 시장 논리로 보면 별 매력이 없죠. 국내의 디자인이 중국으로 넘어가고, 중국은 그걸 자신들의 브랜드로 만들어 파는 거예요.

생산량으로 본다면 중국을 무시할 수는 없지만, 18세기 독일의 마이센자기 Meissener-Porzellan나 프랑스의 세브르자기 Porcelaine de Sèvres가 그랬듯이 유럽의 도자기가 당시 선풍적인 인기를 끈 중국 자기를 넘어선 역사가 있습니다. 우리 도예도 질적인 면에서 기회가 있지 않을까요?

핵심은 브랜드에 있어요. 나는 이미 십수 년 전에 "손으로 도자기를 만드느니 손을 자르는 편이 낫다."고까지 한 사람이에요. 물레 앞에 죽치고 앉아서 도자기를 빚기보다 어떻게 자신의 디자인을 브랜드화할 수 있는지 생각하라고 했단 말이에요.

그러면 학생들은 저 선생은 늘 이상한 얘기 한다고 생각했어요. 그런데 지금 어때요? 규모의 경제라는 시장 논리가 질을 압도해 버렸잖아요.

450년 전, 전국 시대의 유명했던 일본의 국보 이도다완井戶茶碗의 가치가 1,000억 원에 이른다고 들었습니다. 그런데 이 일본의 국보가 조선에서 만든 거란 말이죠. 한때 세계에서 우리 도예의 위치는 정말 굉장했는데요, 그런 만큼 선생님 말씀에 아쉬운 생각이 드는 게 사실입니다. 중저가 자기 시장에서는 규모의 경제가 진리겠지만 고급 자기 시장에서라면 우리에게도 승산이 있지 않을까요? 모두가 안 된다고 할 때 행하신 선생님의 도전처럼 희망을 가질 수는 없는지요?
그런 겁니다. (웃음) 나는 옛날 사람이에요. 방금 말한 대로 예전의 내 방식대로라면 나는 타도의 대상이고, 꺾고 넘어서야 하는 구닥다리지. 지금 내가 옳다고 생각하는 건 내 생각일 뿐입니다. '절대'는 없어요. 틀릴 수도 있지. 그런데 시대를 먼저 산 선생이 지식을 전한다는 건 지금 우리 상황이 여기까지 와 있다는 어떤 선을 그어 보여주는 거라고 봐요. "어때, 이걸 넘어 올 테냐?" 하고 말이지. 해석을 통하지 않는 사실은 없어요. 미래를 끌어들일지, 아니면 미래에 끌려갈지는 결국 여러분의 몫이지요.

좋은 말씀 감사합니다. 다시 직업에 대한 얘기로 돌아가서요, 앞서 도예과를 통한 별다른 진로가 없다고 하셨는데요.
크게 보면 교수나 그릇 만드는 사람이 있을 수 있지요. 더 좁게 들어가면 자기 작품을 한다고 할 수 있는 조형 작업을 한다고 할 수 있는 사람이 있을 수 있고.

도자기 회사에 취업하는 방법이 있지 않을까요?
도자기 회사에서는 사람을 안 뽑아요. 사람이 필요 없으니까. 그릇을 다 기계가 만들잖아.

그래도 디자이너는 필요할 텐데요.
디자이너도 그릇을 만들진 않으니까. 디자인하는 자리엔 시각디자이너가 많이 들어가 있고.

그럼 개인이 공방을 만드는 건 어떤가요?
역시 중국 때문에 힘들어요. 앞서 말했듯이 자기가 디자인을 한 다음 중국에서 제작해서 파는 게 오히려 현실성이 있다고 봐요.

말씀하신 건 산업 도예의 영역인데요, 작가의 작품에서는 어떨까요?
몇 사람이 있긴 해요. 그런데 그건 국내만으로 그치지, 아직 세계에서 두각을 나타내진 못하고 있어요. 그래서 내가 말하는 게 도예과의 개념을 바꿔야 한다는 거예요. 도예과에서도 그림을 그릴 수 있다, 도예과에서도 조각을 할 수 있다.
　　흙으로 그릇 만드는 일은 그걸 좋아하는 사람이 하면 돼요. 나는 도예를 하는 사람 모두가 그릇을 만들어야 한다고 생각하지 않아요. 그래서 도예라는 걸 그릇과 분리하기보다는 하나의 소스로 쓰면 좋겠다고 봐요. 그러면 가능성이 좀 더 있겠다고 보는 거죠.

제가 지금껏 본 다큐멘터리 가운데 최고를 꼽는다면 KBS의 〈도자기〉를 들 수 있습니다. 시대를 초월하려 한, 전 세계의 장인들이 만들어낸 역사는 큰 감동이었는데요, 그래서인지 여전히 도예라고 하면 깊은 산에서 장작을 때가며 자기를 굽고 마음에 안 들 땐 깨 버리는 장인의 이미지가 있단 말이죠.
그건 소설이나 영화에나 나오는 거지. 그런 꿈은 꾸지도 말아야 한다는 얘기예요.

하지만 실제로 '전통도예가'로 불리는 분들이 계신데요.
졸다 깬 짓들이나 하고 앉아 있는 거지. 그저 자기가 미쳐서 하는 걸, 말하자면 무당이 미쳐서 굿을 하는데 그걸 다른 사람이 뭐라 할 수 있겠어요.

그대로 책에 실어도 괜찮을까요?

아, 얼마든 괜찮아요. 자기 작품이 몇 천만 원이라고 하는 사람들도 있어요.
(달항아리를 가리키며) 이게 달항아리인데, 1억, 2억 한다고. 또 그걸 전시하는 화랑도 있어.
그걸 사들이는 수집가들이 있고. 이게 다 정신 나간 짓이라는 거야.

이해가 잘 안 되는데요.

왜, 달항아리라고 만들었단 말이에요. 몇 년 전엔 어떤 갤러리에서 전시도 했어요.
그 갤러리가 우리나라에서 최고로 꼽히는 곳인데, 거기서 전시를 하면 신문에
그럴 듯하게 글이 실려요. 국립박물관에서 관장했다는 사람이 글을 써. 그리고
어떤 재벌 부인이 1억을 줬니, 2억을 줬니 해. 이게 다 협잡이고 고등 사기란 말이지.

작품으로서 가치가 없다고 보시는 건가요?

가치가 없는 게 아니라 해서는 안 되는 짓이지. 달항아리라고 하면 이조시대 17세기,
18세기 늦게까지 만들어진 거란 말이야. 그걸 지금 누가 다시 만든다는 이야기는
그림으로 치면, 피카소 그림을 누가 따라 그렸는데, 그걸 무슨 작품처럼 떠받드는
것과 똑같은 짓이란 거지. 그렇지 않아요? 그런 걸 이제 와서 이름 있는 기관과
사람들이 극찬을 하면서 바람을 잡고 있다고.

아, 이제 이해가 됩니다.(웃음) 하지만 이런 반론도 있을 것 같습니다. 지금의 달항아리는
예전의 우리 전통을 되살린다는 기술 복원의 의미로 볼 수 있지 않을까요?

그건 형식적 복원이지. 결국 카피예요. 미술평론가들이 하는 말을 들어보면 참 그럴
듯해. 그런데 가만히 보면 다 추상적인 얘기예요. 툭하면 가장 한국적인 게 가장
세계적인 거라고 하는데, 한국적인 게 뭔데? 세계적인 건 다 뭐야? 다 추상적인
얘기지. 삿갓을 그리고, 동대문이랑 남대문을 그려. 우리의 옛 문양을 삽입한다고
전통을 계승하고 발전하는 거다? 웃기는 얘기 아냐?

그러고 보면 탁석산 선생님의 『한국의 정체성』이란 책에서 우리가 우리를 한국인이라고 부를 이유를 찾는 건 대단히 힘든 일이라고 하긴 했습니다. 어려운 말로는 철학에서 말하는 '동일성의 난제'기도 하고요.

그게 한국적인 거라고 하면 뭔지는 몰라도 우리가 공통적으로 갖고 있는 뭔가가 있다는 말인데, 그건 어떻게 보면 대중적이란 말하고 같잖아. 그 책에도 그런 말이 있었던 것 같은데, 그럼 몇몇 사람만 좋아하는 판소리나, 민요, 창 같은 것보다는 더 많은 사람들이 좋아하는 조용필 노래가 더 한국적이란 얘기지.

달항아리가 카피 작품이란 말씀에는 적극 공감합니다. 또 '한국적'이라는 말이 사실은 대단히 모호하고 추상적인 놀음이라는 것에도 동의하고요. 하지만 그게 실체가 모호하다고 하더라도 '한국적'이라고 가정했을 때 어떤 연대감이나 결속 효과 같은 게 있지 않을까요? 그래서 우리 문화에 대한 자긍심도 생겨날 테고요.

그런 연대감이 경계를 만들고 지나치게 배타적인 사고를 하게 한다는 말이에요. 민족주의 교육이 바로 그래요. 내 얘기는 추상적인 말로 사람들을 현혹시키지 말고 자꾸 틀 속에 넣지 말라는 거지. 자꾸 한국적인 거, 한국적인 거 하고 떠드는 건 한국적이라고 할 만한 게 없다고 얘기하는 것과 같아. 배부른 사람은 먹을 거 걱정 안 하잖아. 우리 게 없으니 자꾸 우리 것, 우리 것 하는 거지. 그러니 이것도 안 되고 저것도 안 되고 하고 있단 말이야. 내 말은 우리 걸 만들지 말자는 게 아니라 우리 거라고 할 만한 걸 만들기 위해서라도 '우리'라는 굴레에서 벗어나야 한다는 거지.

김해 클레이아크미술관(아래)
아프리카의 꿈-토템(오른쪽) 광택 세라믹, 2006

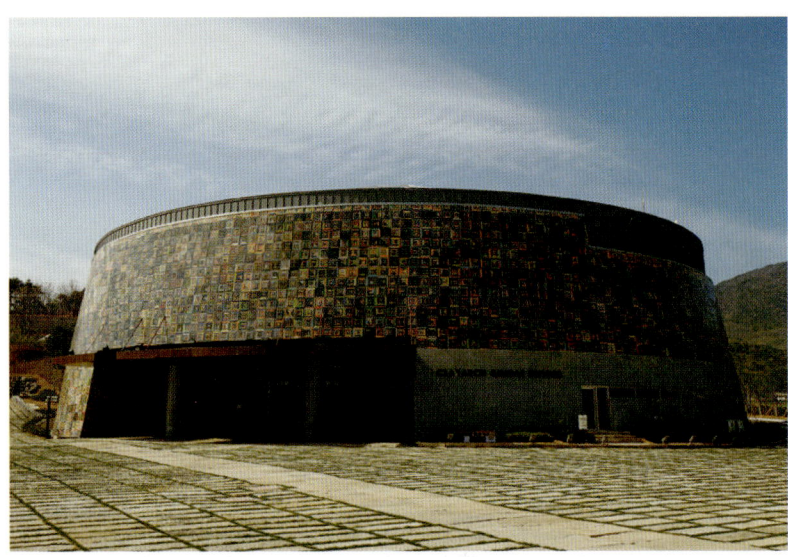

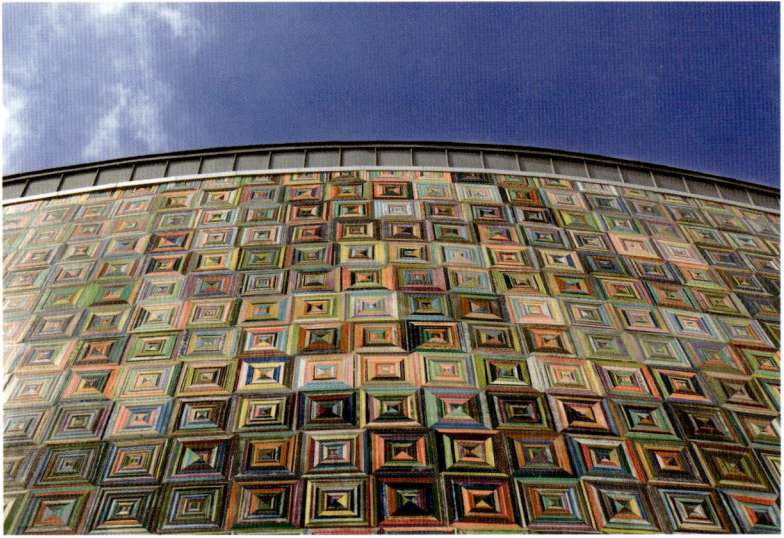

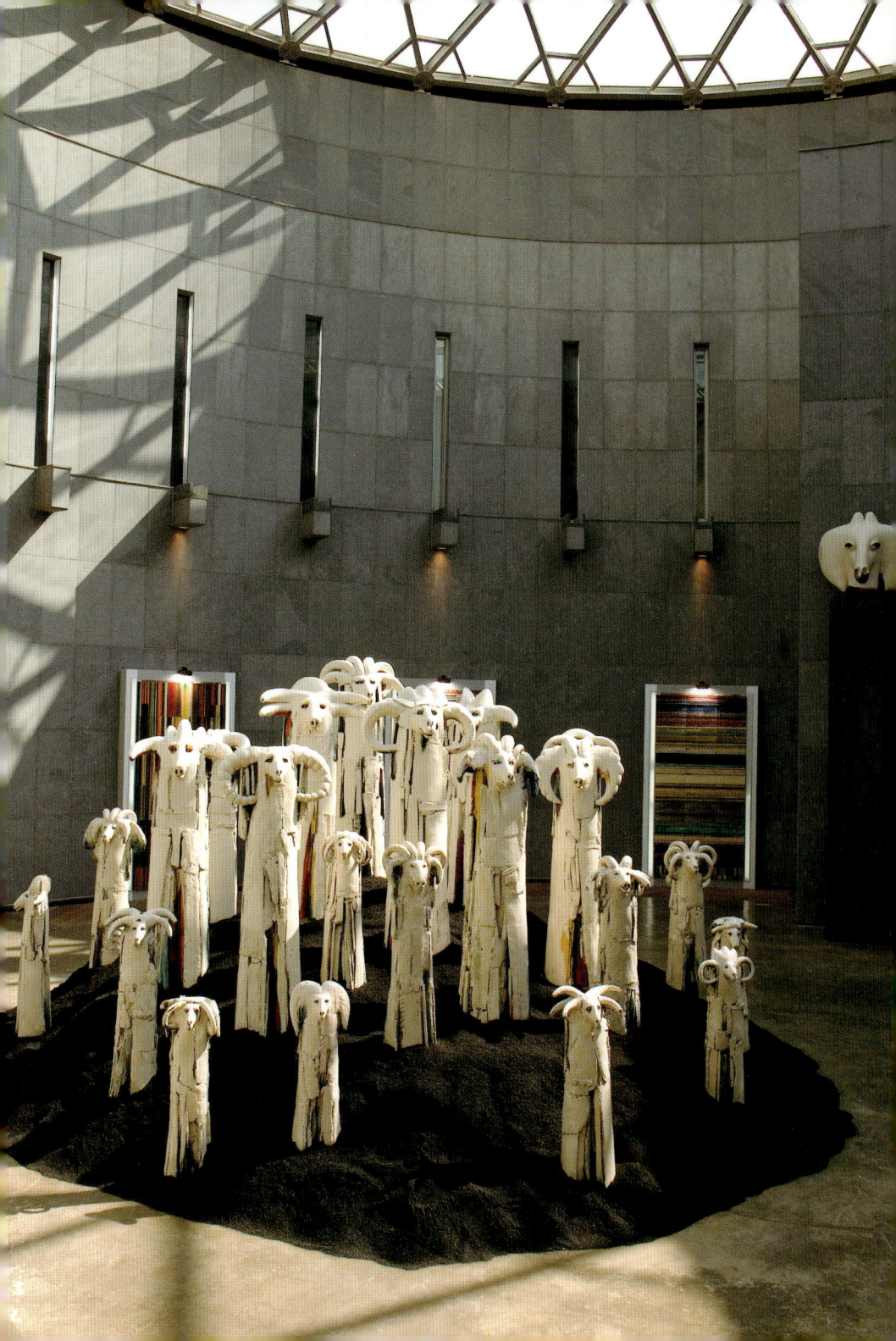

금호 아시아나 빌딩 프로젝트 2008

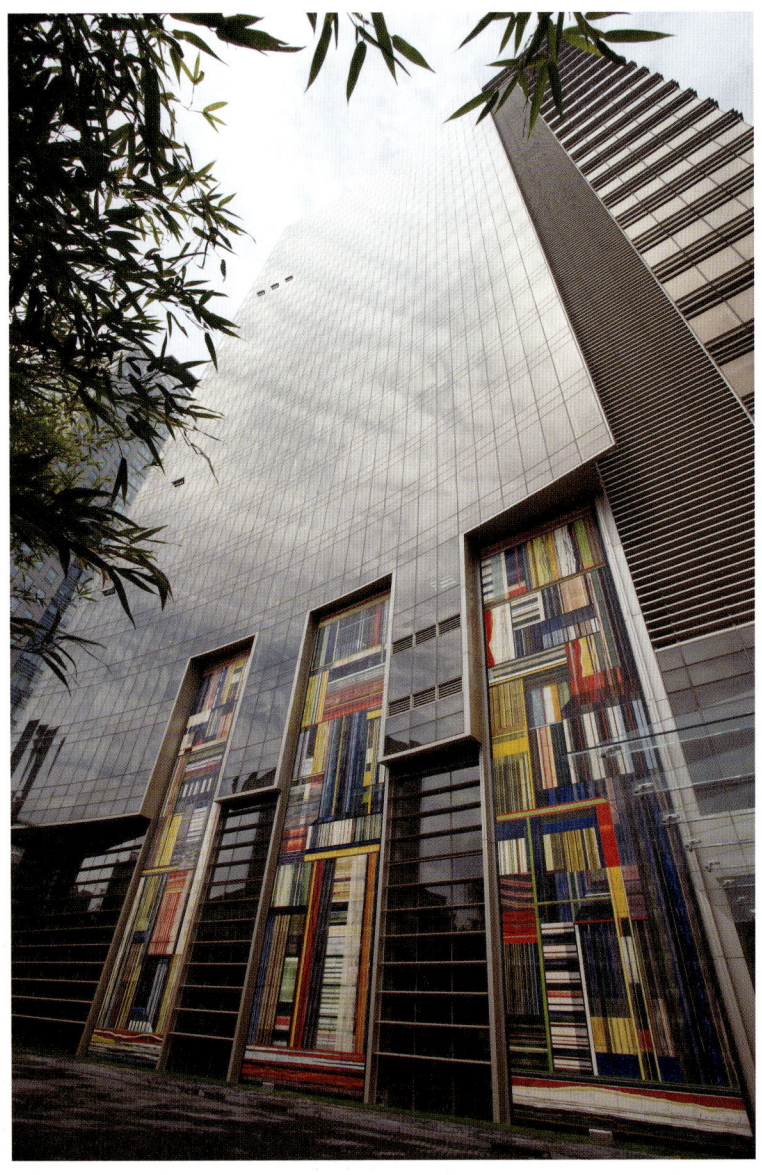

구조와 힘-말(위) 광택 세라믹, 2006
구조와 힘-새(아래) 광택 세라믹, 2006

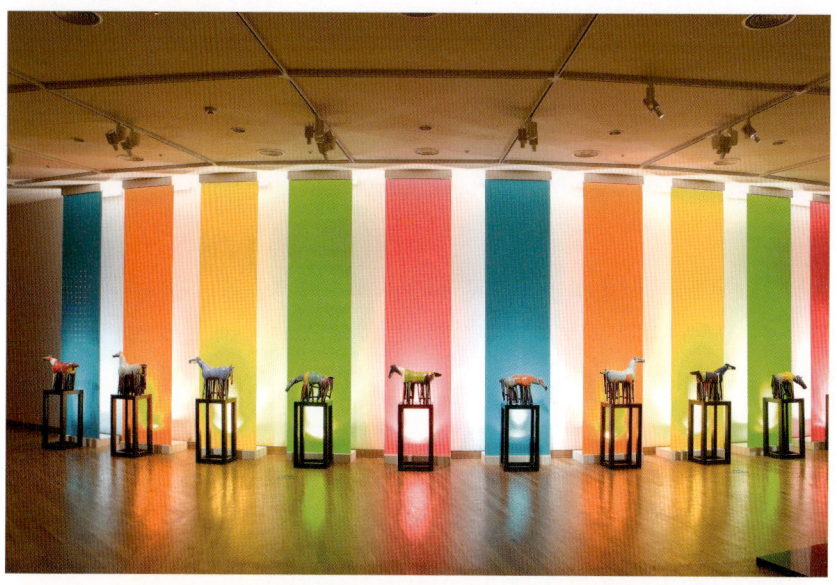

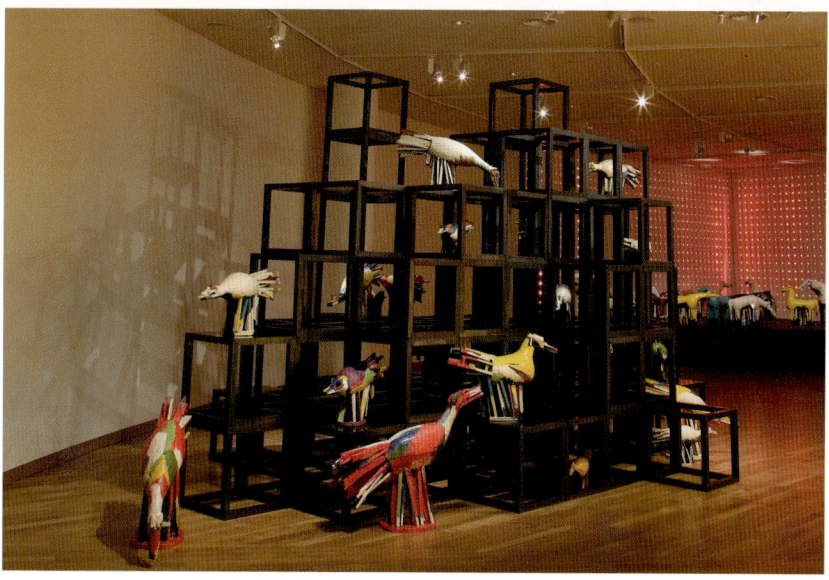

『한국의 정체성』에서 이런 이야기가 기억납니다. "어릴 때 우리는 늘 바다를 파랗게 칠했다. 그렇게 배웠으니까. 그런데 바다는 상황에 따라 수많은 색을 갖고 있다. 초록이기도 하고, 붉기도 하고, 심지어 검기도 하다. 바다는 파란색만이 아니다. 바다는 바다색이다." 민족주의 교육이 보편성을 담보로 창조적 역량을 봉하고 아메바 복제하듯 남과 같아야 살고, 튀지 않아야 무난하다는 생각을 강요한다고 보시는 거군요.

한국 가정에서 나서 자라고 한국에서 음식을 먹었고 한다면 그건 한국적인 거예요. 예를 들어서 고추씨가 두 개 있어. 하나를 한국에서 봄에 모종을 하고 키우면 가을에 죽어요. 그런데 다른 하나를 캘리포니아에 심으면 그게 나무처럼 크게 큰단 말이야. 그리고 그게 항상 열려. 그게 뭐야? 토양이거든. 환경이란 거지. '한국적'이라는 개념을 고려청자, 이조가구 같이 특색 있는 뭘 찍어서 한국적인 거라고 얘기하지 말고, 시대와 상황을 고려해서 판단해야 한다는 거지. 꼭 한국적이라고 하면 과거부터 떠올린단 말이야. 판소리나 궁중음악, 민요 같은 게 한국적이고 전통적인 거란 거지. 그런데 한국적인 게 옛 것에만 있는 게 아니거든.

　　또, 툭하면 백의민족이라는 얘기를 하는데, 그런데 실은 이 백의민족이란 게 가난하니까 어쩔 수 없이 허연 광목으로 된 옷을 입은 거잖아. 있었으면 무슨 놈의 백의민족이야. 그런데 그걸 또 그렇게 포장해. 전혀 자랑거리가 아니에요. 그때 궁중에서는 색색의 옷을 입었는데도 말이지. 나는 말이에요, 우리의 좋은 것들을 나쁘다고 얘기하는 게 아니라 젊은 세대가 시간을 낭비하게 하지 말고, 생각을 열어주자는 얘기지. 우리는 새로운 걸 접하는 것에 대단히 인색해요. 한국적인 걸 민족주의 관점으로 왜곡하고 호도하지 말자는 얘기지.

새로운 것에 인색하다는 말씀에서 무분별한 모방에 대한 지적도 느껴지는데요.

반대지. 어떤 예술이든 그 시작은 모방이에요. 그렇게 되도록 되어 있어요. 서양 것을 마구잡이로 받아들이는 바람에 국적이 상실됐다고 떠들어들 대지만, 그 역시 시간이 지나고 나면 다 자연스러운 게 돼요. 한번은 한 학회에서 우리나라 모 대학 교수가 분청사기[1]를 가리켜 민족정신을 잘 표현한 우리만의 도자기라고 발표한 적이 있어요.

그랬더니 스위스의 한 교수가 정확한 시기까지 제시하면서 같은 시대에 각기 다른 여섯 지역에서 분청사기가 만들어졌다는 걸 증명한 적이 있어요. 한마디로 망신을 당한 거지. 우리 것, 우리 정신만 생각하다 보니 생긴 병폐예요.

기억에 이런 시구가 있습니다. "아버지를 만든 건 상상력. 아버지를 부정하라. 내가 나의 시작이고, 내가 나의 부모다." 전통에 매이지 말고 나로 시작된 모든 게 '한국적'일 수 있고, 한국을 대표할 수 있도록 해야 한다는 말로 이해했습니다. 그럼, 그 실제적인 방법으론 어떤 것이 있을까요?
경쟁 사회에서 우리가 먹고 살 수 있는 방법이 뭐냐, 난 간단해요. 내가 이제껏 도예판에서 살아남아 이런 작업장을 유지할 수 있는 건 10년 앞을 내다 본 안목 때문이라고 봐요. 현실이라는 논리 속에서 무엇을 해야 할지 생각할 때 나는 10년 뒤는 어떨까 겨눠 봅니다. 우리는 늘 당장 지금에 급급하며 살아요. 그러니까 지금 내 느낌을 현재형으로 표현하려고 하잖아요. 그럼 어려워지는 거지.

　　그런데 또 명심해야 할 건, 예술가는 돈만 좇아서는 안 돼. 돈 벌고 싶으면 장사꾼이 되면 돼요. 예술가라면 그 사회에서 돈이 할 수 없는 것, 이를테면 예술 작품으로부터 기인한 정신적인 교감 같은 것이 다른 무엇으로 이어질 수 있는 출발점이 돼야 한다고 나는 생각해요.

결국 예술가는 남다른 시각으로 사회적 역할을 고민해야 한다는 말씀이군요.
그래요. 산을 오를 때 남들이 이미 낸 길을 따라가면 쉬워요. 그런데 새로운 길을 헤쳐가면 고단할지는 몰라도 그 길에서 만나는 많은 새로운 것이 나한테 투영된다는

1　분장회청사기(粉粧灰靑沙器)의 준말. 미술사학자 고유섭(高裕燮)에 의해 처음으로 명명되었다. 청자질에 가깝거나 약간 강도가 떨어지는 점토에 투명유를 시유하고 백토 분장을 하거나 상감기법을 사용해 만든다. 고려 말 청자가 쇠퇴하고 새로이 조선백자가 등장하기까지 조선 전기에 집중적으로 제작되었다. 우리나라에서 나는 원료를 사용하고 그 기법도 청자제작기법과 비슷한 우리 고유 자기다. (출처: 네이버 지식사전)

말이지. 새로운 시도가 설사 나쁜 결과로 이어지더라도 '아, 이번에는 이렇게 해서 실패했으니까 다음에는 이렇게 해 봐야겠다.' 하는 반성과 깨달음이 있다면 그걸로 된 거예요.

그런데 선생님, 추상적이고 또 한없이 모호한 미술 시장에서 미래를 예측한다는 건 결코 쉬운 이야기가 아닌데요.

그래서 그게 맞아 떨어지면 바랄 게 없겠지만, 언제나 좋은 결과가 따르지는 않지. 결과가 나쁘더라도 내겐 그걸 뒤집어서 오히려 더 좋은 방향으로 이어지게 할 수 있는 관록이 있어요. 초년생이라면 우선 부딪히고 실패해가면서 그런 힘이 될 수 있는 경험을 쌓아야겠지요.

　　그래서 내가 2006년부터 도예가 건축과 만나야 한다고 세계 곳곳에 얘기했어요. 그러면서 클레이아크미술관을 짓고, 심포지엄을 열고 했어요. 다행히 작년 말부터 지난 콜래보레이션의 성과가 보이기 시작하고 있어요.

얼마 전까지 관장으로 계셨던, 경남 김해에 있는 미술관 말씀이군요.

맞아요. 나는 건축이 지니고 있는 재료의 한계를 봤어요. 시멘트에는 그만이 지닌 고유의 특성이 있어요. 건축의 주재료죠. 유리도 그렇고, 쇠도 그렇고, 돌도 그렇고요. 그런데 여기에 도예는 끼어들지 못했어요. 기껏해야 화장실 타일이나 부엌 바닥에 물 흐르는 곳에만 쓰여요.

　　그런데 오늘 내가 보여준 그림이 집 바깥에 붙는다고 생각해보세요. 요즘 같은 전원주택이나 타운하우스의 외벽에 하나씩 걸어 놓으면 그 동네 전체가 미술관이 될 수 있어요. 그렇지 않나요? 헤이리 마을의 현대적이면서 허연 벽들을 보고 있자면 "저거, 내가 먹고 살 수 있는 것들이야." 합니다. 아파트는 또 얼마나 많아요. 작품을 벽에 붙이면 나를 비롯해 도예하는 사람들이 먹고 살 수 있는 새로운 길이 보인다는 거예요.

내내 우리 도예의 어려운 상황만 들었는데요, 희망이 조금 보이는 것 같습니다.(웃음)
전통을 중시하는 도예계의 입장에서 보면 선생님의 작업은 다소 파격적인데요.
반발 같은 건 없었나요?

도예에는 과거로부터 전해져 오는 신비한 이야기가 있어요. 이를테면 소나무 재나
고사리 재를 써야 한다거나 고려청자의 비색은 뭐에서 나온다거나 하는. 그런데
그건 미술사가들이 멋스러운 말로 우리 것을 포장한 거예요. 나도 처음에는 그런
줄로만 알았고 그렇게 가르치기도 했어요. 그런데 시간이 지나면서 이런 이야기를
부정하게 됐어요. 내가 가스 가마를 한국에서 처음 사용한 사람이에요. 이단자 같은
짓을 한 거지.

반발이 적지 않았겠는데요?

말이 많은 정도가 아니었어. 매국노였지.(웃음) 한국 전통 도예를 일본에 팔아 먹는
매국노. 당시 젊은 나이로는 견디기 힘든 비난이었지. 장작으로 구워야 하는 걸
가스 가마로 구웠으니 그건 도자기가 아니라는 거야. 그런데 봐요, 지금은 다
가스 가마란 말이에요.

작가로서 또 다른 힘든 점은 없었나요?

1970년대, 막 결혼해서 일본에서 생활을 시작했을 때를 생각해보면, 어려웠지만
나는 젊었어요. 젊다는 건 뭐겠어요? 가난한 거예요. 돈이 없어야 젊은 거지. 없으니까,
그 돈을 만들기 위해서, 살아남기 위해서 몸부림을 칠 수 있거든. 가진 게 없으니
지킬 것도 없는 거야. 손에 쥔 게 없으니 자유로운 거고. 가난? 그걸 비관하고
남 탓 해봐야 무슨 소용이에요.

　　옛날 이야기지만, 우리 결혼할 때는 이랬어요. 반지나 시계 같은 예물 하잖아요?
그거 하지 말자. 그렇게 하기로 했어요.

앞서 선생님께서 집안이 부유했다고 하셨는데요?

그래요, 부유했어. 그래서 더 쉬운 일이 아니었지. 양쪽 집에서 아무것도 받지 말고
빈손으로 둘이 살자고 했어요. 그래서 우리 마누라가 망치, 펜치 같은 연장을 상자에
담아 와서 그걸 살림살이라고 갖고 시작했지. 일부러 가난을 택하긴 했는데, 그거 정말
힘들더라고.(웃음) 상황이 너무 안 좋을 때는 도예를 포기하겠다고 한 적도 있어요.
그랬더니 글쎄, 마누라가 "아니, 신상호한테 도예를 빼면 무슨 가치가 있을까?
난 사기 당했다." 그러더군. 그래서 다시 힘을 냈지.

내 힘의 추동력은 가난이고, 그건 스스로 선택했다는 말씀이시군요.

내가 여기 들어올 때 평당 2,000원에 600평을 사서 왔어요. 돈 120만 원 들고
시작을 한 거지, 1976년에. 텐트에서 자고 우물에서 물 길어다 마시고 그랬단 말이야.
지금이야 고생스러운 건 다 추억이 됐지만 그래도 그때는 참 지독히도 절박했어요.
그런데 그렇게 배우는 거야. 그만큼 힘들면 누구나 우울증도 생기고 그러거든. 그러다
대처하는 능력을 터득하게 되는 거예요. 어떻게 보면 인간의 가장 위대한 스승은
가난인 셈이지요.

| 경기도 장흥 부곡도방에서 |

신상호

홍익대학교 미술대학 공예과 졸업
홍익대학교 대학원 도예과 졸업

1981-2008   홍익대학교 미술대학 도예과 교수
1995-1997   런던 로열컬리지오브아트 초빙교수
2006-2008   클레이아크미술관 초대 관장 및 국제기획전 기획

1987   개인전, 서울갤러리, 서울
1988   서울올림픽 문화예술축전 〈전통도예전〉 워크숍 대표기획위원
1991   개인전, 조선일보사미술관, 서울
2000   프로젝트 〈밀레니엄 타이-합창〉, 센트럴시티 고속버스터미널, 서울
2001   세계현대도자전, 이천세계도자센터, 경기도
2002   개인전 〈아프리카의 꿈〉, 갤러리현대, 서울
2003   재단법인 세계도자기엑스포 주최 제2회 국제학술회의 강연, 〈현대도예의 동향-선택과 자유〉
       오슬로 국제도자기심포지움 학회 강연
2004   개인전 〈아프리카의 꿈〉, 롱하우스리저브, 뉴욕 / 갤러리인, 서울
       제1회 타이완국제도예비엔날레학회 강연, 〈국제공모전과 현대도예의 경향〉
2005   미노국제도자기전 심사위원
2008   구운 그림(Fired Painting) 프로젝트 〈지적 아름다움에 대한 욕구〉, 금호아시아나 메인 타워, 서울
       〈구운 그림〉 프로젝트, 삼성타운, 서울
2009   구운 그림 〈타고난 삶〉, 더클래식 500, 서울

과천 국립현대미술관, 런던 대영박물관, 기후현 현대도예미술관, 세브르 국립도자기박물관, 브뤼셀 로열마리몽미술관,
시러큐스 에버슨미술관, 이천 한국도자재단, 런던 빅토리아&앨버트미술관, 뉴욕 롱하우스리저브, 마이애미
로우미술관, 수원 월드컵경기장 조각공원, 로열온타리오미술관, 김해 클레이아크미술관, 클리블랜드미술관,
서울 고려대학교박물관, 용인 호암미술관 등 세계 각지의 미술관과 삼성재단, LG패션, 서울 그랜드하얏트호텔,
서울 JW매리어트호텔, 금호아시아나문화재단, 제주 신라리조트, 서울 센트럴시티, 아모레퍼시픽, 서울 더클래식 500,
코엑스오크우드프리미어, 흥국생명보험 사옥 등에 작품 소장

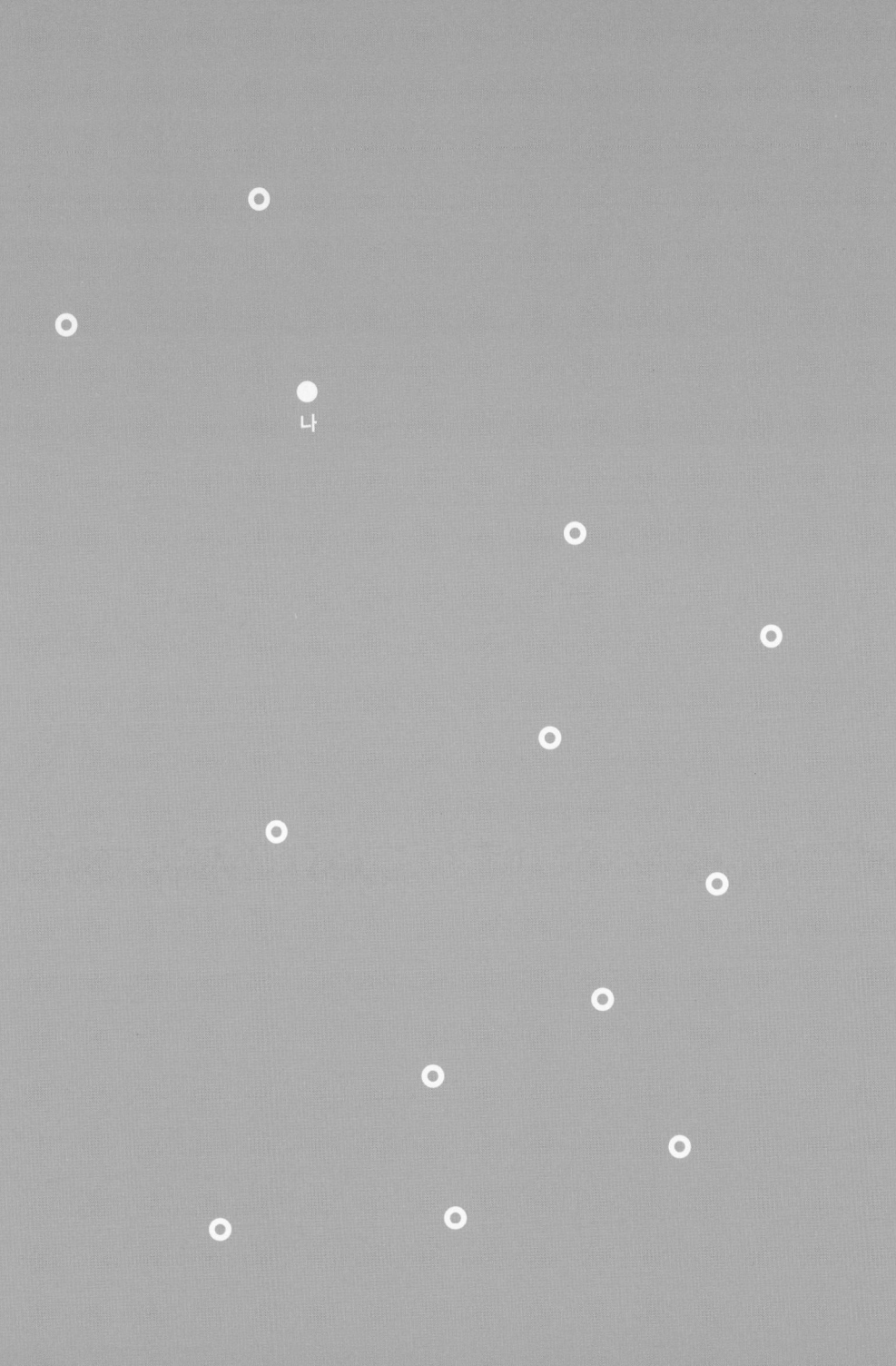

나

나는 희망 없이 너를 부를 수 없다

지난했던 2년 동안의 인터뷰가 끝났습니다. 뜨거웠던 의욕은 호들갑만 떨다
제풀에 식어버렸습니다. 보다 치열하게 다그쳤어야 했고, 보다 날카롭게
머뭇거려야 했지만 이제 몇 마디 정리로 모두 내려놓을까 합니다. 인터뷰를
관통하는 질문은 크게 네 가지로 요약됩니다. 과연 나는 그림에 소질은 있으며,
무엇이 그림 그리는 우리를 힘들게 하는지, 어떤 직업 선택이 옳으며, 창의력은
무엇인가입니다. 개념 속의 개가 짖지 못하듯 어쩌면 일반화한 모든 질문은
의미 없는 파편에 불과할지 모릅니다. 하지만 철학을 공부하는 것이 사조와
어록 따위를 암기하기 위해서가 아니라 '철학적 사고'를 목적으로 하는 것처럼
질문들 역시 어떤 공식을 기대하고 던져진 것은 아닙니다. 단지 우리보다
먼저 산 선배들의 증언을 통해 미술계 전체의 지형을 살피고, 다가올 미래를
담담하게 받아들일 포석으로 놓이길 바랄 뿐입니다.

나는 그림에 소질이 있는 걸까?

많은 학생들이 닮게 그리지 못하는 자신의 재능에 실망하며 미술에 등을 돌리곤
합니다. 하지만 김용철 선생님이 말씀하셨듯이 미술적 재능은 닮게 그리는
능력으로만 단정할 수는 없습니다. 닮진 않았지만 매력적인 피카소의 그림이
있는가 하면 생각이 반짝이는 뒤샹의 변기도 있습니다. 하나의 기준으로 우리를
재단할 수는 없습니다. 피카소와 뒤샹이 과거를 찢고 새로운 단상들로 미래를
봉합했듯 그림의 스펙트럼은 넓고도 깊습니다.

하지만 고민은 여전합니다. 다양한 미술적 재능에 대한 이해가 곧장
재주로 이어지진 않으니까요. 그렇더라도 기다려 봅시다. 물론 그리는 시간에
비례해 재주가 늘진 않습니다. 그렇지만 그림이 좋다면 조급한 마음에
중도에 포기하지 말라고 말해주고 싶습니다. 아홉 번 찍은 나무가 온 땅을
울리며 쓰러지기만을 기다릴지도 모르니까요.

그림 그리는 우리를 힘들게 하는 것은 무엇인가?

미대에만 들어가면 뭐든 되리라 생각했습니다. 졸업만 하면 어디로든 나를
이끌어 줄 길이 준비돼 있다고 믿었고요. 그러나 예술은 구원이 되기에는 너무나
요원했고, 나는 단지 비극을 증명하기 위해 존재한다고 생각했습니다. 무엇이
우리를 힘들게 하는 걸까요? 그리는 족족 어디서 본 듯한 날림치만 찍어내는
화가나, 미치고 싶지만 너무 멀쩡한 감각의 디자이너인가요? 차고 넘치는
재능을 집어삼키는 생활고라는 이름의 배부른 가난인가요? 고민은 제대로 된
질문을 품지 못한 채 죽어버렸고, 그 어디에도 진짜 우리는 없었습니다.

성공한 분들의 인터뷰를 끝내고 자리를 나서면 묘한 열패감이
끓어오릅니다. '청춘아, 너는 어디서 무얼 하고 있었느냐.' 그런데도 다음날이면
언제 그랬냐는 듯 분은 삭고 없습니다. 그림으로 사는 것은 쉽지 않더군요.

정말 나를 힘들게 하는 것은 내가 그린 그림이 아니었습니다. 그것은 몸을 뒤척일 때마다 끈질기게 따라붙는 남들의 시선입니다. 미끈거리는 섣부른 욕망입니다. 사람들은 저마다 다른 길을 제각기의 속도로 걷는다는 사실을 쉽사리 받아들이지 못합니다. 늘 남과 비교하면서 불안을 키웁니다. 그래서 아무도 알아주지 않는 작은 것을 이루기 위해 끔찍하고 지루한 시간을 보내고, 캄캄한 텅 빈 광장을 혼자 헤매며 어느 방향으로도 길을 내지 못하고 몇 번이나 발걸음을 떼었다 거두기를 반복합니다. 마음을 쪼개며 길을 찾는 밤은 여전히 불안합니다. 하지만 괴로워할 일이 있고 그것을 견뎌낼 작은 힘이 있다는 사실에 감사해야 합니다. 욕망의 그릇을 비우고 남이 아닌 나를 기준으로 그 누구에게도 당당한 나로 그 자리를 다시 채워야 합니다.

어떤 직업을 선택해야 하는가?

인터뷰에서는 먼저, 무엇을 잘하는지에 앞서 무엇을 좋아하는지를 찾으라 말합니다. 그런데 현실은 어떤가요. 우리는 질문을 품을 겨를도 없이 성적에 맞춰 전공을 택했고 졸업과 동시에 직업을 강요당했습니다. 주인 잃은 인생은 방향 없이 불안하기만 합니다. 내 육체의 주인은 나지만 정신을 지배하는 것은 내가 아닙니다. 좋아한다고 믿어왔던 많은 것들이 실은 그렇게 되게끔 훈련받고 길들여져 온 것이었는지 모릅니다. 요즘 유행한다는 유명 브랜드의 점퍼를 입고 싶다면 그것은 정말 나일까요? 아니면 내 안에 있는 그들의 충동일까요?

　나의 선택이 남의 선택을 대신한 것은 아닌지 짚어봐야 합니다. 그렇다면 진정한 나란 무엇일까요? 질문에 답하는 건 분명 쉽지 않은 일입니다. 인터뷰는 그저 한없이 많은 경험들에 자신을 드러낼 때 끈질기게 붙어 있던 남들의 시선은 걷히고 원석으로서의 나를 만날 수 있다고 말합니다. 원석은 무엇이든 될 수 있는 가능성을 단단히 붙잡고 있습니다. 쉼 없이 담금질 한다면 나조차 몰랐던 가능성과 마주할 수 있게 됩니다.

볼테르가 그랬지요. "처음 미인을 꽃에 비유한 사람은 천재지만, 두 번째로 같은 말을 한 사람은 바보다." 그래서 사람들은 남들이 안 해본 것에 욕심을 내고 최초란 타이틀을 붙여 기억합니다. 하지만 막상 들여다보면 딱히 새롭지도 않고, 또 새로운 것이 무조건 좋지도 않다는 것을 압니다.

　한국에서 소위 '미술을 한다는 것'은 사실 초식동물의 집단생활과 비슷합니다. 남과 다른 건 부끄러운 것이고 무리 속에 숨어야 비로소 마음이 놓입니다. 자발적 복종에 익숙해지고 비슷한 생김과 비슷한 생각으로 무장한 다음에야 세상에 나섭니다. 초식동물은 한 놈만 사자에게 먹히면 남은 대부분이 한동안 살 수 있습니다. 그러니 남의 눈에 띄는 생각은 위험한 것이 돼버렸습니다.

　스프링복springbok이라는 염소가 있습니다. 남아프리카에 사는 이 동물은 몇 만 마리가 무리를 지어 풀을 뜯어 먹으며 초원을 이동합니다. 이 거대한 무리가 지나간 뒤로는 어떤 풀도 남지 않기 때문에 뒤에 오는 무리들은 항상 먹을 풀이 모자라죠. 결국 스프링복 무리들은 각자 풀을 먹기 위해 경쟁하듯 속도를 냅니다. 그러다가 풀은 그대로 둔 채 의미 없이 달리기 시작합니다. 어떻게 될까요? 무작정 달린 스프링복들은 해안의 낭떠러지에 다다랐음을 알고도 멈추지 못하고 뒤에 오던 무리에 떠밀려 모두 바다로 빠집니다.

　그래서 누군가는 "혁명은 미친 듯이 달리는 것이 아니라 달리는 기차를 멈추고 뒤돌아보는 것"이라고 말했는지도 모릅니다. 창의력이란 무엇인가요? 세상을 이끄는 단 하나의 천재가 아니어도 좋습니다. 남이 먼저 지나온 길을 기웃거리는 것에 결벽으로 손사래 치지 않아도 좋습니다. 다만 누군가를 따라 나서더라도 내 생각의 풀 한 포기는 남겨 놓읍시다. 그 작은 풀 한 포기에서 나의 창작이 시작된다는 것을 기억해야 합니다.

긴 터널과도 같던 인터뷰가 끝났습니다. 터널의 끝은 여전히 혼란의 겨울입니다. 그러나 어리다는 것은 어리석다는 뜻이라 했습니다. 그러므로 불완전한 나를 집요하고 애정 어린 시선으로 살펴야 합니다. 정작 모든 문제의 답은 늘 우리 안에 있어 왔으니까요. 나는 이 인터뷰가 '남과 다른' 나를 인정하고, 남과 다른 '나'를 찾는 여정이 되길 희망합니다. 무리 속의 내가 아닌 절대적인 나로서 홀로 설 때 예술은 비로소 희망이 될 수 있음을 알아야 합니다. 처음에 품었던 수많은 질문의 답은 결국 '나'였습니다.

2012년 겨울을 닫으며

박정준

부록

다음에 나오는 학과별 정보는 교육통계서비스의 통계자료와 진로정보망 커리어넷(www.career.go.kr)에 게재된 직업정보를 참조하여 수록한 것입니다. 다양한 학과와 직업분야에 대한 최신 정보를 모아 청소년 및 젊은이의 진로선택과 직업탐색 및 교육에도 도움을 주고자 합니다. 진로정보망 커리어넷 초기 화면에서 직업정보 메뉴를 클릭하면 보다 상세한 정보를 얻을 수 있습니다. 단, 정보다이어그램은 기존 수치 데이터를 기초로 안그라픽스에서 다시 디자인했습니다.

일러두기

학과명
소개하는 학과 명칭.

첫 직장 만족도
한국고용정보원의「2017 대졸자
직업이동 경로 조사」에서 졸업생들이
응답한 학과의 첫 직장 만족도.

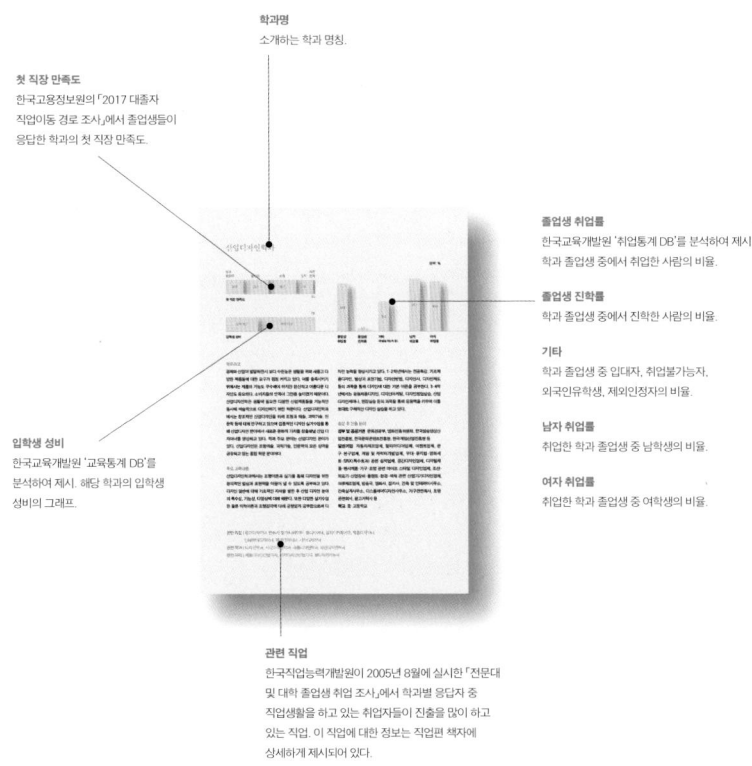

졸업생 취업률
한국교육개발원 '취업통계 DB'를 분석하여 제시.
학과 졸업생 중에서 취업한 사람의 비율.

졸업생 진학률
학과 졸업생 중에서 진학한 사람의 비율.

기타
학과 졸업생 중 입대자, 취업불가능자,
외국인유학생, 제외인정자의 비율.

남자 취업률
취업한 학과 졸업생 중 남학생의 비율.

여자 취업률
취업한 학과 졸업생 중 여학생의 비율.

입학생 성비
한국교육개발원 '교육통계 DB'를
분석하여 제시. 해당 학과의 입학생
성비의 그래프.

관련 직업
한국직업능력개발원이 2005년 8월에 실시한「전문대
및 대학 졸업생 취업 조사」에서 학과별 응답자 중
직업생활을 하고 있는 취업자들이 진출을 많이 하고
있는 직업. 이 직업에 대한 정보는 직업편 책자에
상세하게 제시되어 있다.

관련 학과
대학에 설치되어 운영 중인 개설 학과들.

계열별 학과

예체능계열 관련 학과

관련학과	4년제 대학	전문대학
디자인	디자인일반(9,958) 산업디자인(1,257) 시각디자인(1,522) 패션디자인(1,405) 기타 디자인(3,351)	산업디자인(961) 시각디자인(1,393) 패션디자인(1,319) 기타 디자인(5,668)
응용예술	공예(785) 사진·만화(892) 영상·예술(3,160)	공예(292) 사진·만화(966) 영상·예술(2,320) 뷰티아트(5,872)
미술·조형	순수미술(2,428) 응용미술(341) 조형(521)	미술(144) 조형(25)
연극·영화	연극·영화(1,959)	연극·영화(1,369)

공학계열 관련 학과

관련학과	4년제 대학	전문대학
건축	건축·설비공학(3,252) 건축학(4,354) 조경학(676)	건축·설비(877) 건축(2,838) 조경(265)
토목·도시	토목공학(4,184) 도시공학(905)	토목공학(50) 도시공학(1,424)
기계·금속	기계공학(9,285) 금속공학(69) 자동차공학(1,372)	기계공학(6,587) 금속공학(505) 자동차공학(3,967)
컴퓨터·통신	전산학·컴퓨터공학(9,523) 응용소프트웨어공학(5,061) 정보·통신공학(6,525)	전산학·컴퓨터공학(1,614) 응용소프트웨어공학(2,932) 정보·통신공학(7,138)

교육계열 관련 학과

관련학과	4년제 대학	전문대학
중등교육	예체능교육(1,245)	

• 괄호 안의 숫자는 2019학년도 입학정원수

산업디자인학과

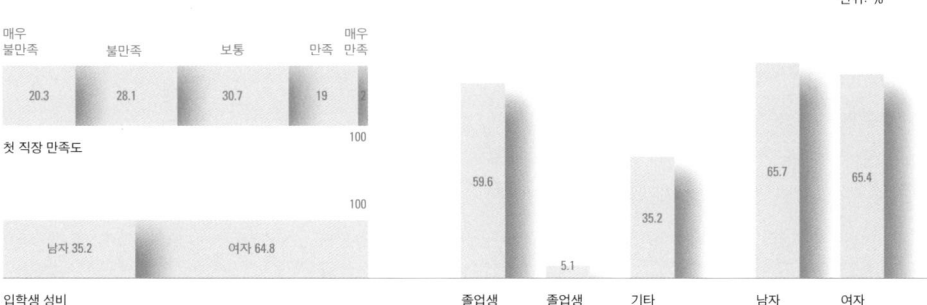

첫 직장 만족도

매우 불만족	불만족	보통	만족	매우 만족
20.3	28.1	30.7	19	

입학생 성비

남자 35.2	여자 64.8

졸업생 취업률	졸업생 진학률	기타 (취업불가능자 등)	남자 취업률	여자 취업률
59.6	5.1	35.2	65.7	65.4

학과개요

경제와 산업이 발달하면서 보다 수준높은 생활을 위해 새롭고 다양한 제품들에 대한 요구가 점점 커지고 있다. 이를 충족시키기 위해서는 제품의 기능도 우수해야 하지만 참신하고 아름다운 디자인도 중요하다. 소비자들의 안목이 그만큼 높아졌기 때문이다. 산업디자인학은 생활에 필요한 다양한 산업제품들을 기능적인 동시에 예술적으로 디자인하기 위한 학문이다. 산업디자인학과에서는 창조적인 산업디자인을 위해 조형과 예술, 과학기술, 인문학 등에 대해 연구하고 있으며 집중적인 디자인 실기수업을 통해 산업디자인 분야에서 새로운 문화적 가치를 창출해낼 산업 디자이너를 양성하고 있다. 학과 주요 분야는 산업디자인 분야가 있다. 산업디자인은 조형예술, 과학기술, 인문학의 모든 성격을 공유하고 있는 종합 학문 분야이다.

주요 교육내용

산업디자인학과에서는 조형이론과 실기를 통해 디자인을 위한 창의적인 발상과 표현력을 이끌어 낼 수 있도록 공부하고 있다. 디자인 일반에 대해 기초적인 지식을 쌓은 후 산업 디자인 분야의 특수성, 기능성, 다양성에 대해 배운다. 또한 다양한 실기수업은 물론 미학이론과 조형감각에 대해 균형있게 공부함으로써 디자인 능력을 향상시키고 있다. 1·2학년에서는 전공특강, 기초제품디자인, 발상과 표현기법, 디자인방법, 디자인사, 디자인제도 등의 과목을 통해 디자인에 대한 기본 이론을 공부한다. 3·4학년에서는 응용제품디자인, 디자인마케팅, 디자인창업실습, 산업디자인세미나, 현장실습 등의 과목을 통해 응용력을 키우며 이를 토대로 구체적인 디자인 실습을 하고 있다.

졸업 후 진출 분야

정부 및 공공기관 문화관광부, 영화진흥위원회, 한국방송영상산업진흥원, 한국문화콘텐츠진흥원, 한국게임산업진흥원 등
일반기업 자동차제조업체, 멀티미디어업체, 이벤트업체, 문구·완구업체, 게임 및 캐릭터개발업체, 무대·뮤지컬·영화세트·SRX(특수효과) 관련 설치업체, 공간디자인업체, 디지털제품·팬시제품·가구·조명 관련 라이프 스타일 디자인업체, 조선·의료기·산업장비·플랜트·환경·색채 관련 산업기기디자인업체, 의류제조업체, 방송국, 영화사, 잡지사, 건축 및 인테리어사무소, 건축설계사무소, 디스플레이디자인사무소, 가구관련회사, 조명관련회사, 광고기획사 등
학교 중·고등학교

관련 **직업** | 광고디자이너, 만화가 및 애니메이터, 웹디자이너, 일러스트레이터, 제품디자이너,
　　　　　　 인테리어디자이너, 패션디자이너, 시각디자이너
관련 **학과** | 디자인학과, 시각디자인학과, 제품디자인학과, 패션디자인학과
관련 **자격** | 제품디자인산업기사, 시각디자인산업기사, 웹디자인기능사

시각디자인학과

단위: %

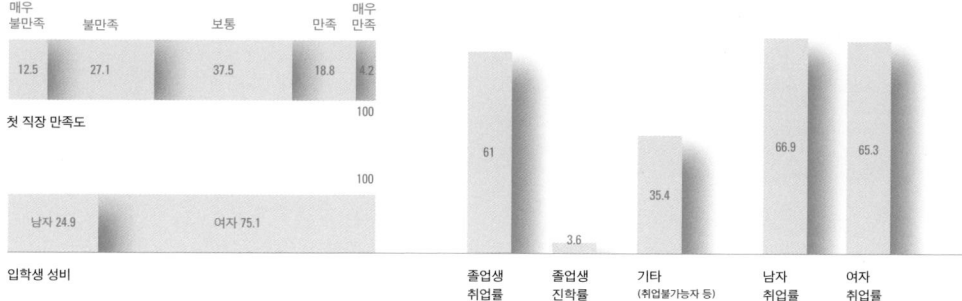

매우 불만족	불만족	보통	만족	매우 만족
12.5	27.1	37.5	18.8	4.2

첫 직장 만족도

남자 24.9	여자 75.1

입학생 성비

졸업생 취업률	졸업생 진학률	기타 (취업불가능자 등)	남자 취업률	여자 취업률
61	3.6	35.4	66.9	65.3

학과개요

시각디자인은 다양한 시각적 표현양식을 통해 정보와 지식, 감성 등을 커뮤니케이션하는 실용적인 예술이다. 시각디자인학은 시각적인 표현을 통해 다양한 문화적 가치를 창조함으로써 사람들의 삶을 보다 풍요롭게 만들어주는 시각디자인에 대해 연구하는 학문이다. 시각디자인학과에서는 국제적인 감각과 안목으로 우리나라의 시각디자인 산업을 이끌어갈 인재를 육성하고 있으며 아울러 시각디자인 분야의 전문 지식과 실무능력을 겸비한 창조적인 시각디자이너를 양성하고 있다. 학과 주요 분야는 광고디자인 분야, 포장디자인 분야, 출판디자인 분야, 타이포그래픽 분야, 컴퓨터그래픽 분야, 애니메이션분야, 영상디자인 분야, 사진디자인 분야, 캐릭터디자인 분야 등이 있다.

주요 교육내용

시각디자인학과에서는 단계적인 이론과 실습수업을 통해 시각디자인에 대한 전반적인 지식과 기술을 습득할 수 있다. 기본적인 표현기법에서부터 그래픽 디자인, 색채론 등의 이론교육과 더불어 보다 전문적인 실기수업을 통해 포장디자인부터 포스터 디자인에 이르기까지 직접적인 디자인 능력을 기르고 있다.
1·2학년에서는 전공특강, 기초컴퓨터그래픽, 색채학, 시각디자

인, 디지털 디자인, 일러스트레이션, 사진 등의 과목을 통해 시각디자인 분야의 일반이론들을 공부한다. 3·4학년에서는 시각정보디자인, 멀티미디어디자인, 캐릭터디자인, 현장실습, 멀티미디어 창작기획, 포트폴리오제작 등의 과목을 통해 보다 전문적이고 실용적인 지식과 기술을 공부한다.

졸업 후 진출 분야

정부 및 공공기관 문화관광부, 영화진흥위원회, 한국방송영상산업진흥원, 한국문화콘텐츠진흥원, 한국게임산업진흥원 등
일반기업 자동차제조업체, 멀티미디어업체, 이벤트업체, 문구·완구업체, 게임 및 캐릭터개발업체, 무대·뮤지컬·영화세트·SRX(특수효과) 관련 설치업체, 공간디자인업체, 디지털제품·팬시제품·가구·조명 관련 라이프 스타일 디자인업체, 조선·의료기·산업장비·플랜트·환경·색채 관련 산업기기디자인업체, 의류제조업체, 방송국, 영화사, 잡지사, 건축 및 인테리어사무소, 건축설계사무소, 디스플레이디자인사무소, 가구관련회사, 조명관련회사, 광고기획사 등
학교 중·고등학교

관련 직업 | 광고디자이너, 만화가 및 애니메이터, 웹디자이너, 일러스트레이터, 시각디자이너, 패션디자이너, 제품디자이너, 인테리어디자이너
관련 학과 | 시각디자인과, 시각디자인학과, 시각멀티미디어디자인과
관련 자격 | 시각디자인산업기사, 제품디자인산업기사, 멀티미디어콘텐츠제작전문가

패션디자인학과

단위: %

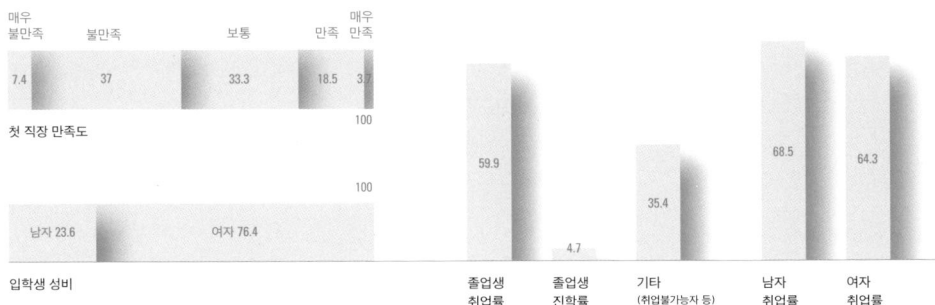

매우 불만족	불만족	보통	만족	매우 만족
7.4	37	33.3	18.5	3.7

첫 직장 만족도

남자 23.6	여자 76.4

입학생 성비

졸업생 취업률	졸업생 진학률	기타 (취업불가능자 등)	남자 취업률	여자 취업률
59.9	4.7	35.4	68.5	64.3

학과개요

현대사회에서 패션은 사람들이 자신의 이미지와 개성을 드러내는 하나의 표현방법으로 자리잡고 있으며 패션의 흐름은 한 시대의 사회상을 반영하기도 한다. 현대사회는 정보화와 산업화로 인해 패션 산업이 나날이 발전하고 있으며 여기에 부응해 고도의 기술력과 창의력을 갖춘 패션디자이너를 필요로 하고 있다. 패션디자인학과에서는 참신한 발상과 풍부한 창조력을 바탕으로 패션디자인의 미래를 이끌어 나갈 수준 높은 패션디자이너를 양성하고 있다. 학과 주요 분야는 기획제작 분야와 생산판매 분야가 있다. 기획제작 분야는 패션디자인을 의류산업과 연계해 의류디자인의 기본 이론부터 제작에 이르기까지 전 과정에 대한 이론과 기술을 연구하는 분야이다. 생산판매 분야는 소비자의 욕구를 충족시킬 디자인을 개발하고 판매하는 방법에 대해 연구하는 분야이다.

주요 교육내용

패션디자인학과에서는 현대의 패션을 이해하기 위해 패션의 역사에 대해 기본적으로 공부하고 있다. 또한 패션과 관련된 전반적인 지식과 디자인의 기초를 습득한 후 이를 토대로 단계적으로 패션디자인의 기술을 배워 나간다. 아울러 보다 창의적인 패션디자인을 할 수 있도록 과학적 지식과 예술적 감각을 기르고 있으며 패션 산업의 실무 분야에 대해서도 두루 공부하고 있다. 1·2학년에서는 패션디자인, 의복구성, 패션코디네이션, 재단 및 봉제 등의 과목을 통해 패션디자인의 기본에 대해 배운다. 3·4학년에서는 패션마케팅, 니트디자인 등의 과목을 통해 보다 전문적이고 실용적인 지식과 기술을 공부한다.

졸업 후 진출 분야

정부 및 공공기관 문화관광부, 영화진흥위원회, 한국방송영상산업진흥원, 한국문화콘텐츠진흥원, 한국게임산업진흥원 등

일반기업 자동차제조업체, 멀티미디어업체, 이벤트업체, 문구·완구업체, 게임 및 캐릭터개발업체, 무대·뮤지컬·영화세트·SRX(특수효과) 관련 설치업체, 공간디자인업체, 디지털제품·팬시제품·가구·조명 관련 라이프 스타일 디자인업체, 조선·의료기·산업장비·플랜트·환경·색채 관련 산업기기디자인업체, 의류제조업체, 방송국, 영화사, 잡지사, 건축 및 인테리어사무소, 건축설계사무소, 디스플레이디자인사무소, 가구관련회사, 조명 관련회사, 광고기획사 등

학교 중·고등학교

관련 직업 | 패션디자이너, 시각디자이너, 제품디자이너, 섬유공학기술자, 코디네이터
관련 학과 | 복식디자인전공, 의상디자인학과, 패션공학과
관련 자격 | 패션디자인산업기사, 의류기사, 컬러리스트산업기사, 섬유디자인산업기사

의류·의상학과

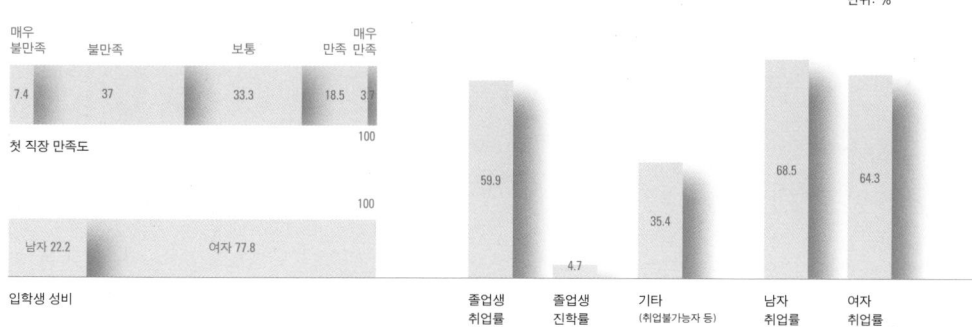

단위: %

매우 불만족	불만족	보통	매우 만족	매우 만족
7.4	37	33.3	18.5	3.7

첫 직장 만족도

남자 22.2	여자 77.8

입학생 성비

졸업생 취업률	졸업생 진학률	기타 (취업불가능자 등)	남자 취업률	여자 취업률
59.9	4.7	35.4	68.5	64.3

학과개요

옷은 다양한 얼굴을 가지고 있다. 같은 옷이라 해도 결혼식장과 장례식장에 입고 가는 옷이 같을 수는 없다. 비키니 수영복, 미니 스커트 등 새로운 옷이 등장할 때마다 사회 각 분야에서 다양한 반응을 보이기도 한다. 이처럼 옷은 세대와 문화를 구분하고 개인의 개성과 인격을 드러내는 수단인 것이다. 의류·의상학은 인간의 다양한 욕구를 반영하는 옷에 대한 모든 것을 연구하는 학문이다. 이를 통해 합리적인 의생활을 누리고 의류관련 산업계를 발전시킬 전문 인력을 양성하고 있다. 학과주요분야로는 크게 세 가지로 나뉜다. 자연과학 분야에서는 의복의 소재와 구성, 섬유 제품 등 과학적 관점에서 의복을 이해한다. 인문사회 분야에서는 의류역사, 의상심리 등 의복의 사회적 의미를 탐구한다. 예술 분야에서는 실제로 의상을 디자인 하는데 중점을 두고 있다.

주요 교육내용

의류·의상학과에서는 의류를 구성하는 요소를 이해하여 의류의 개념을 잡은 후 의류의 역할, 역사, 산업으로서의 가치 등을 본격적으로 배운다. 의류는 사회 환경의 변화와 밀접한 관련을 맺고 있기 때문에 시대의 흐름을 놓치지 않도록 패션마케팅과 의상디자인 등 실무에 적응하기 위한 실습도 병행한다. 의류학을 전공하면 옷의 생산, 판매, 관리 등 의류 전반에 관해 공부할 수 있다. 섬유화학, 복식과 문화, 패션산업론, 피복재료학, 패션상품기획 같은 과목이 여기에 속한다. 의상학 전공은 조형예술론, 패션디자인원리, 패션 드로잉, 미술의상디자인 등을 배우는데 실제로 의상을 디자인할 수 있는분야이다. 특히 요즘 추세에 맞게 컴퓨터를 활용하여 패션디자인을 할 수 있도록 초점이 맞춰져 있다.

졸업 후 진출 분야

일반기업 패션전문업체, 섬유·의류제품 생산업체, 섬유·의류 수출입업체, 유통업체, 패션관련미디어업체, 패션전문교육기관 등
연구소 의류소재개발연구소, 의류시험연구소, 섬유기술연구소 등

관련 직업 | 패션디자이너, 섬유공학기술자, 코디네이터, 재료공학기술자, 컴퓨터제도사, 물류관리사
관련 학과 | 의류산업학과, 의류상품학과, 의류직물학과, 의류환경학과, 의생활학과, 패션학과
관련 자격 | 실기교사, 섬유공정기술사, 의류기사, 방사기사, 염색가공기사, 한복산업기사

실내디자인학과

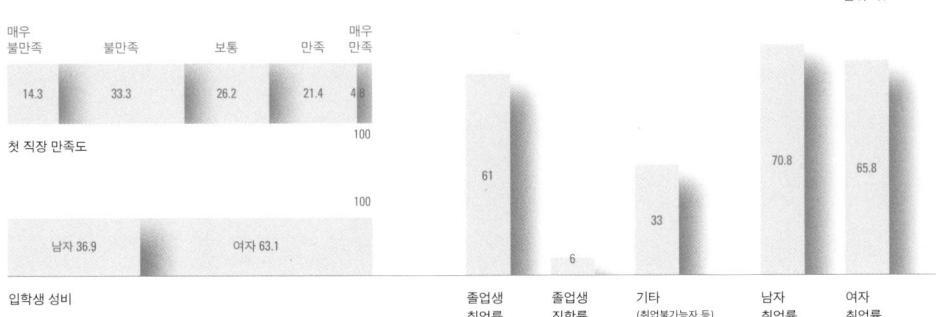

단위: %

첫 직장 만족도

매우 불만족	불만족	보통	만족	매우 만족
14.3	33.3	26.2	21.4	4.8

입학생 성비

남자 36.9	여자 63.1

졸업생 취업률 61 / 졸업생 진학률 6 / 기타 (취업불가능자 등) 33 / 남자 취업률 70.8 / 여자 취업률 65.8

학과개요

인간의 새로운 생활환경에 대한 요구가 증가하고 있다. 실내디자인학과는 인간의 물리적, 공간의 심리적, 쾌적함을 창조하기 위한 효율적인 공간 활용 및 인간공학적 가구배치, 아름다운 환경 조성에 이르기까지 효율적이고 아름다운 공간을 창조하는 분야이다. 따라서 실내디자인학과에서는 인간의 삶의 질이 향상되게 실내를 디자인하여 이를 둘러 싼 자연환경, 사회 환경, 인간환경을 발전적으로 변화시킬 인재를 육성하고 있다. 학과주요분야로 실내디자인분야는 환경과 건축에 대한 이해를 바탕으로 실내 환경을 이상적으로 조성하기 위한 물리적 조건, 실내에서의 인간생활 을 원활하게 하기 위한 기능적 조건, 심미적 욕구를 위한 정서적 조건 등에 대해 연구한다.

주요 교육내용

실내디자인학과에서는 건축적 제반요소와 주거, 상업, 문화, 복합 및 공공에 이르는 실내 공간의 제분야 및 재료, 색채, 가구, 조명등의 실내 구성요소에 대한 이론 및 실무공부를 한다. 기초과목으로 기초디자인, 실내디자인개론, 실내디자인사, CAD이론 및 실습, 조형론, 주거환경조사법 등의 과목을 통하여 실내디자인관련 기초지식을 배운다. 심화과목으로는 실내건축사, 실내디자인표현기법, 한국주거사, 서양주거사, 주거구조학, 공간계획론, 주거재료학, 주거설비학, 디자인제도, 조명디자인, 건축디자인, 디스플레이디자인 등의 과목들을 통하여 보다 세분화된 분야를 배운다.

졸업 후 진출 분야

일반기업 실내디자인 전문회사, 건축설계 사무소, 전시디자인 전문회사, 백화점(디자인기획실), 조명디자인업체, 무대 디자인 업체, 가구디자인업체, 디자인관련 잡지 및 언론사, 대기업 디자인 파트 등
학교 중·고등학교

관련 직업 | 인테리어디자이너, 무대디자이너, 세트디자이너, 조명디자이너, 디스플레이어
관련 학과 | 실내디자인학과, 인터리어학과, 조형디자인학과, 실내환경디자인학과, 실내가구디자인학과
관련 자격 | 실기교사, 실내건축기사, 컴퓨터그래픽스운용기능사, 전산응용건축제도기능사

건축학과

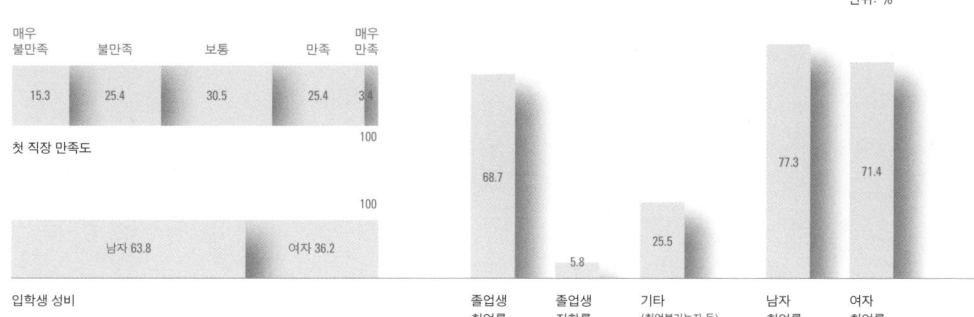

단위: %

매우 불만족	불만족	보통	만족	매우 만족
15.3	25.4	30.5	25.4	3.4

첫 직장 만족도

남자 63.8	여자 36.2

입학생 성비

졸업생 취업률	졸업생 진학률	기타 (취업불가능자 등)	남자 취업률	여자 취업률
68.7	5.8	25.5	77.3	71.4

학과개요

건축은 우리가 살아가는 생활공간과 도시공간을 포함하여 모든 물리적 환경을 창조하는 활동을 일컫는다. 건축학은 아름답고 쾌적한 환경과 도시 공간을 만들기 위한 디자인을 개발하고 편리하게 생활할 수 있는 공간을 창조하기 위한 과학적인 방법을 연구하는 학문이다. 건축학과에서는 건축이 사람들 삶의 질을 높이고 문화적인 풍요로움을 제공하는 활동이 될 수 있도록 건축 분야에서 창조적인 재능을 발휘할 전문 건축가를 양성하고 있다. 학과 주요 분야로는 두 가지로 나뉜다. 순수건축 관련 분야는 건축설비에 대한 이론과 기술을 연구하는 분야이다. 실내건축 분야는 건축기법을 응용하여 실내공간을 기능적이면서도 미적으로 설계하는 분야이다.

주요 교육내용

건축학과에서는 공학은 물론이고 자연과학, 예술, 인문과학 등 다양한 분야의 지식들을 공부한다. 이를 통해 건축물을 기능적이면서도 아름답게 디자인하는데 필요한 이론과 창조적으로 계획하고 설계하는 방법을 익히고 있다. 또한 다양한 실습을 통해 실제 건축현장에서 과학적이고 실용적으로 건축할 수 있는 방법에 대해서도 배우고 있다. 건축학과는 5년제로 운영되고 있다. 1학년에서는 기본건축설계와 건축표현, 건축구조의 이해 등의 기초 과목을 배우며, 2·3학년에서는 건축설계, 건축 CAD, 건축조형, 건축사, 디지털디자인 등과 구조역학, 건축재료의 구법, 강구조설계 등의 과목을 배운다. 4·5학년에서는 현대건축, 환경친화건축, 건축조경, 건축공간론 등의 문화적 분야와 구조시스템, 구조설계, 건축시공테크놀로지, 건축설비계획 등의 기술분야와 건축법규, 건축실무 등의 실무분야의 과목 등을 배운다.

졸업 후 진출 분야

정부 및 공공기관 중앙정부 및 지방자치단체(기술직-건축), 대한주택공사, 한국토지공사 등
일반기업 건설전문업체, 설계사무소, 전문설비건설업체, 건축설비관련 설계 및 시공업체, 엔지니어링업체, 보일러 관련업체, 공조냉동기계 관련업체, 인테리어전문업체 등
연구소 기업의 건축관련연구소 등

관련 직업 | 건축공학기술자, 토목공학기술자, 도시계획가, 용접원, 건축 및 토목캐드원, 이공학계열교수
관련 학과 | 건축설계학전공, 건축학과, 실내건축학과
관련 자격 | 건축사, 건설안전산업기사, 토목산업기사, 실내건축산업기사

공예학과

단위: %

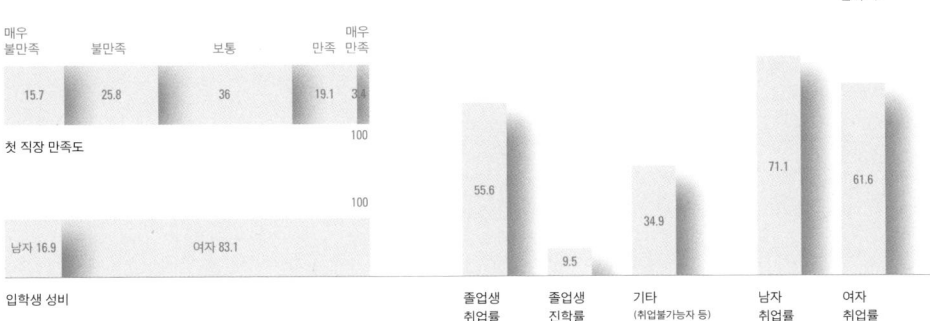

첫 직장 만족도

매우 불만족	불만족	보통	만족	매우 만족
15.7	25.8	36	19.1	3.4

100

입학생 성비

100

남자 16.9	여자 83.1

졸업생 취업률	졸업생 진학률	기타 (취업불가능자 등)	남자 취업률	여자 취업률
55.6	9.5	34.9	71.1	61.6

학과개요

공예는 일상생활에서 필요한 물건들의 본래 기능을 살리면서 동시에 예술적인 성취도 이루어낼 수 있는 모든 작업을 일컫는 말이다. 공예의 종류는 매우 다양한 편인데 가구 등을 제작하는 목공예와 다양한 종류의 그릇 등을 만드는 도자기 공예가 가장 대표적이다. 훌륭한 공예품은 인간의 생활을 보다 편리하고 아름답게 해주며 시대를 초월해 그 가치를 이어가고 있다. 공예학과에서는 공예의 기능적인 측면과 예술적인 측면에 대한 이해를 토대로 실제 작품을 만들어낼 수 있는 다양한 기술과 기교를 익혀 공예를 통해 우리의 삶을 더욱 풍요롭게 만들어줄 창조적인 공예인을 양성하고 있다. 학과 주요 분야는 순수공예 분야와 산업공예 분야가 있다. 순수공예 분야는 우리나라 공예문화의 전통을 계승하여 새로운 미학적 가치를 지닌 공예품을 창조해내는 분야이다. 공예품은 원래 실용적인 성격을 지닌 것이지만 순수공예 분야에서는 공예를 하나의 작품으로 이해하고 창조하고 있다. 산업공예 분야에서는 공예품을 현대 산업사회에서 가장 경쟁력 있는 상품으로 만들 수 있는 다양한 기법과 기술에 대해 연구한다.

주요 교육내용

공예학과에서는 미술 분야의 기초 지식인 묘사, 색채 감각, 디자인 등을 기본적으로 공부한다. 이를 토대로 각 공예 분야를 이해하기 위한 기본이론과 기초적인 기법을 습득한다. 기초과정을 거친 후에는 보다 전문적인 지식과 기법에 대해 배우며 집중적인 실기수업을 통해 실제로 작품을 창작하고 있다. 1·2학년에서는 기초디자인, 공예학, 디스플레이, 발상과 표현, 기초공예 등의 과목을 통해 전공에 필요한 기초 지식과 공예에 대한 기본 이론을 습득한다. 3·4학년에서는 제품디자인, 산업디자인, 실무연습, 실기교육, 환경 디자인 등을 통해 그 동안 배운 지식과 기술을 활용하여 다양한 공예 분야의 작품들을 제작하고 있다.

졸업 후 진출 분야

일반기업 장신구류, 대형금속벽화, 식기류 등의 수작업을 하는 공예품 제작업체, 공방, 미술관, 미술학원, 유치원 등
학교 중·고등학교

관련 직업 | 공예원, 시각디자이너, 제품디자이너, 인테리어디자이너, 학예사(큐레이터), 귀금속 및 보석세공원
관련 학과 | 복식디자인전공, 의상디자인학과, 패션공학과
관련 자격 | 실기교사, 도자기공예산업기사, 문화재수리기술자, 귀금속산업기사

사진영상학과

단위: %

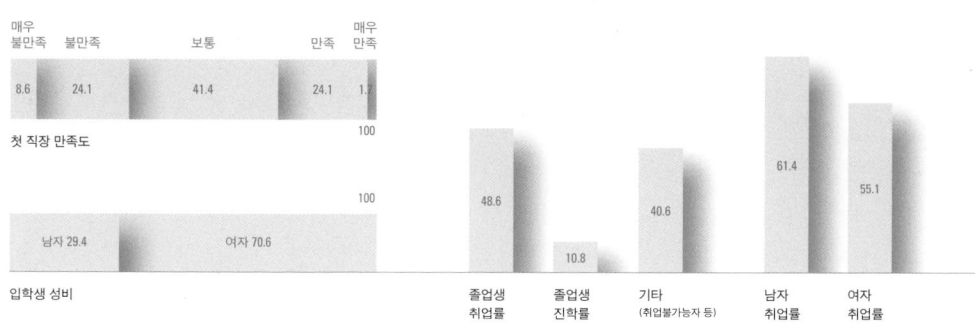

매우 불만족	불만족	보통	만족	매우 만족
8.6	24.1	41.4	24.1	1.7

첫 직장 만족도

100

100

남자 29.4   여자 70.6

입학생 성비

졸업생 취업률 48.6
졸업생 진학률 10.8
기타 (취업불가능자 등) 40.6
남자 취업률 61.4
여자 취업률 55.1

학과개요

사람에게 시각은 가장 중요한 감각 기관 중에 하나이다. 시각적 이미지들은 현대사회의 교육·산업·예술 등 거의 모든 분야에서 중요한 표현수단으로 사용되고 있다. 사진학은 시각적 이미지에 대한 체계적인 연구를 통해 보다 효과적이며 창조적인 시각적 표현방법을 개발하는 학문이다. 사진학과에서는 사진예술의 창작을 위한 제반 사진이론과 실기를 통하여 형상화 작업을 연마함으로써 사진분야의 전문 인력 및 예술인을 양성하고 있다. 학과 주요 분야는 크게 세 가지로 나눌 수 있다. 순수사진전공은 순수사진실기, 창작사진실기, 사진론 등의 사진창작과정을 통하여 예술사진 창작을 연구하는 분야이다. 광고사진 전공은 상품을 가장 효과적으로 광고하기 위한 실질적이고 체계적인 방법을 연구하는 분야이다. 보도사진 전공은 신문, 잡지, 출판 등의 매체사진에 대해 연구하는 분야이다.

주요 교육내용

사진학과에서는 기초 사진이론 교육과 실습을 통해 기본을 다진 후, 이를 바탕으로 심화된 전공분야이 이론 및 실습교육을 하고 있다. 1·2학년 때에는 사진학개론, 디지털사진론, 영상커뮤니케이션론, 사진사 등의 전공기초과목들을 배운다. 3·4학년 때에는 광학 및 감재론, 인상사진, 사진워크샵, 사진세미나, 과학사진, 사진마케팅, 사진예술론, 패션사진론, 작가론 등 사진심화 과목에 대해 심도 있게 배운다.

졸업 후 진출 분야

정부 및 공공기관 공공기관 보도 관련 부서
일반기업 언론사 사진부서, 자료보존실, 사진관, 현상소, 슬라이드 전문 현상소, 현상인화취급소, 스튜디오, 영화사, 웨딩업체, 이벤트업체, 광고업체,광고대행사, 항공사진업체, 마이크로 사진업체 등

관련 직업 | 사진작가, 만화가 및 애니메이터, 촬영기사, 사진기자, 방송장비기사
관련 학과 | 사진학과, 사진영상학과, 사진예술학과
관련 자격 | 사진기능사, 컴퓨터그래픽스운용기능사, 멀티미디어콘텐츠제작전문가, 항공사진기능사

만화애니메이션학과

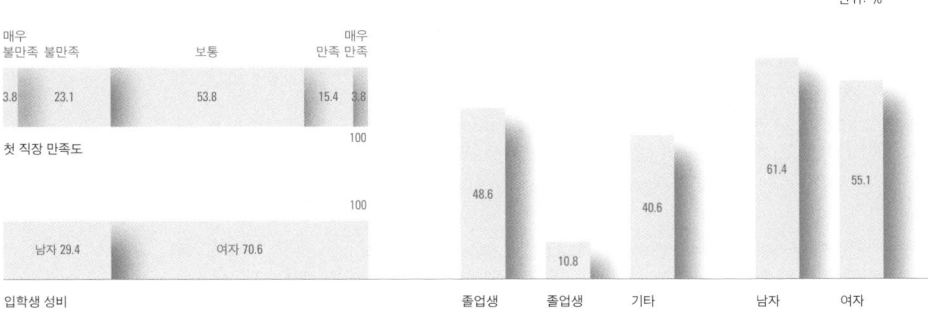

단위: %

매우
불만족 불만족   보통   매우
만족 만족

| 3.8 | 23.1 | 53.8 | 15.4 | 3.8 |

첫 직장 만족도

100

100

| 남자 29.4 | 여자 70.6 |

입학생 성비

졸업생 취업률 48.6
졸업생 진학률 10.8
기타 (취업불가능자 등) 40.6
남자 취업률 61.4
여자 취업률 55.1

학과개요

미래 고부가가치산업인 만화애니메이션분야는 순수예술과 고도의 디지털 기술을 접목시킨 영상문화산업으로 조형표현능력과 첨단 매체를 효율적으로 응용·활용할 수 있는 분야이다. 만화애니메이션학과에서는 영상 매체로서의 컴퓨터의 효용성과 실제적 유용성을 인식시키고 교육시킴으로써 영상예술의 질을 향상시킬 수 있는 전문 인력을 양성하고 있다. 학과 주요 분야로 만화애니메이션은 출판만화, 애니메이션 제작에 대한 전과정을 이론과 실습을 통해 공부하며, 다양한 멀티미디어 기법 활용 등도 다룬다.

주요 교육내용

만화애니메이션학과는 저학년에서 만화, 애니메이션, 멀티미디어에 대한 기초교육을 통해 창작미디어 교육의 기초를 다지며, 고학년에서는 이론에 대한 심화학습과 전문적 실습교육을 통해 전문지식을 학습하고 있다. 1·2학년에서는 애니메이션기호, 만화기초, 스토리보드제작, 애니메이션/만화 미학사, 2D캐릭터애니메이션기초, 시나리오연구, 애니메이션제작기법, 단편만화제작 등의 만화와 애니메이션 기초지식을 배운다. 3·4학년에서는 3D컴퓨터모델링, 스톱모션애니메이션, 실험애니메이션, 편집디자인, 만화·애니메이션 워크샵, 디지털콘텐츠연구 등의 과목을 공부하고 있다.

졸업 후 진출 분야

일반기업 애니메이션제작사, 광고대행사, 출판사, 멀티미디어제작업체, 게임소프트웨어개발업체, 팬시상품제작업체 등

관련 직업 | 만화가 및 애니메이터, 일러스트레이터, 애니메이션기획자, 캐릭터디자이너, 게임디자이너
관련 학과 | 만화애니메이션학과, 만화학과, 애니메이션학과, 만화예술학과, 영상만화학과
관련 자격 | 시각디자인산업기사, 사진기능사, 웹디자인 기능사

게임공학과

단위: %

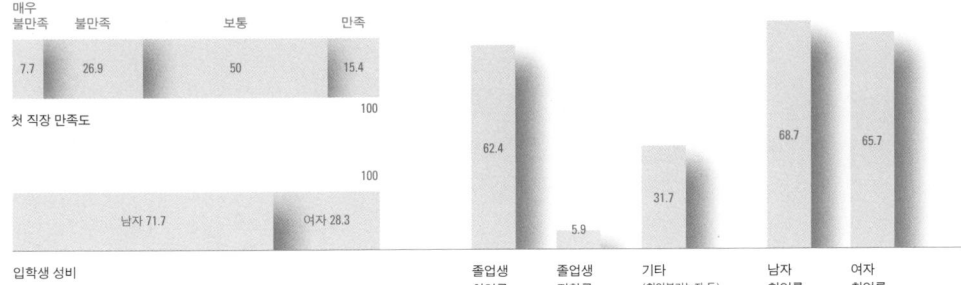

매우 불만족	불만족	보통	만족
7.7	26.9	50	15.4

첫 직장 만족도

남자 71.7	여자 28.3

입학생 성비

졸업생 취업률	졸업생 진학률	기타 (취업불가능자 등)	남자 취업률	여자 취업률
62.4	5.9	31.7	68.7	65.7

학과개요

게임을 통하여 인간의 지성뿐만 아니라 감성을 표현할 수 있어 복잡한 인간 사회에서 발생하는 스트레스 해소와 교육효과의 극대화 할 수 있는 미래지향적인 산업이다. 특히 하드웨어적인 면보다는 소프트웨어적인 면이 중요시되는 미래사회에 적합한 영상과 컴퓨터 소프트웨어를 이용하는 고부가가치의 아이디어 산업이다. 게임공학과는 게임의 특성을 우리생활과 밀접한 산업 활동과 접목시킴으로써 게임논리를 이용한 업무처리에 활용할 수 있는 분야이다. 게임공학과는 산업체에서 필요한 고급게임의 개발 및 연구 인력을 양성하고 있다. 학과 주요 분야로는 게임프로그래밍 분야와 게임기획분야가 있다. 게임프로그래밍 분야는 논리설계, 디지털회로, 마이크로프로세서, 컴퓨터 구조, 컴퓨터·게임프로그래밍 등을 배워 게임서버 프로그래밍을 개발하는 분야이다. 게임기획 분야는 시나리오작성 및 각색, 게임기획 및 연출, 게임스토리텔링, 메인 시스템 디자인, 매뉴얼 디자인과 같은 기획 연출 등을 습득한다.

주요 교육내용

게임공학과는 게임 제작 및 개발에 기본이 될 수 있는 애니메이션과 3D 컴퓨터 그래픽을 익히는 것을 기본으로 습득하고, 게임프로그래밍, 게임기획연출, 프로그래밍언어, 컴퓨터네트워크 등을 통하여 고급 게임 소프트웨어를 개발 할 수 있는 지식을 습득한다. 1·2학년에서는 게임수학, 컴퓨터프로그래밍, 게임총론, 논리회로, 멀티미디어개론 등 전공기초과목에 대해 공부한다. 3·4학년 때에는 그래픽 프로그래밍, 게임프로그래밍, 데이터베이스, 네트워크 프로그래밍, 게임엔진설계, 게임스토리텔링, 게임기획 및 연출 등의 전공심화 과목을 공부한다.

졸업 후 진출 분야

정부 및 공공기관 중앙정부 및 지방자치단체(전송기술직), 한국전자통신연구원, 정보통신정책연구원, 한국전파진흥원, 정보통신진흥연구원 등

일반기업 소프트웨어개발업체(응용소프트웨어, 시스템소프트웨어), 컴퓨터개발업체(하드웨어설계, 주변장치 개발), 웹프로그래밍업체, 웹페이지구축업체, 게임개발업체, 애니메이션관련업체, 영상물제작업체 등

관련 **직업** | 컴퓨터프로그래머, 게임기획자, 프로게이머, 시스템운영관리자
관련 **학과** | 게임공학과, 소프트웨어개발과, 컴퓨터소프트웨어과
관련 **자격** | 전자산업기사, 통신선로산업기사, 사무자동화산업기사

영상·예술학과

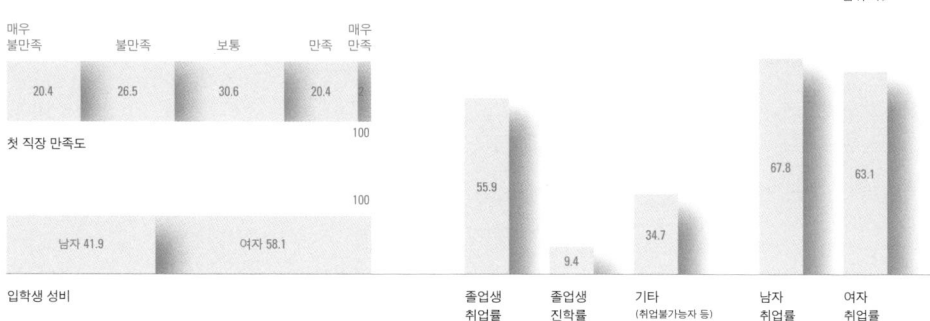

단위: %

매우 불만족 | 불만족 | 보통 | 만족 | 매우 만족
20.4 | 26.5 | 30.6 | 20.4 |

첫 직장 만족도

남자 41.9 | 여자 58.1

입학생 성비

졸업생 취업률 55.9 | 졸업생 진학률 9.4 | 기타 (취업불가능자 등) 34.7 | 남자 취업률 67.8 | 여자 취업률 63.1

학과개요

얼마전 타계한 백남준은 당시로서는 최첨단이었던 비디오를 예술로 끌어들여 비디오아트의 창시자가 되었다. 그를 통해 예술의 영역이 더욱 넓어진 것이다. 비디오를 비롯해 현대에는 사진, 영화, 컴퓨터 등 영상관련 기술이 최고조에 달해 있다. 이러한 영상 매체를 예술과 조화시키고 실질적으로 제작·연출할 수 있는 기술을 습득할 수 있는 학문이 바로 영상·예술 분야이다. 영상·예술학과에서는 영상매체에 대한 새로운 접근을 통해 다양한 영상 콘텐츠를 개발·제작할 전문인을 양성한다. 학과 주요 분야는 영화, 게임, 뮤직비디오, CF 등을 제작·연출하기 위한 기술을 습득할 수 있는 영상 분야와 영상매체를 통해 새로운 예술을 창조하는 예술 분야가 있다.

주요 교육내용

영상·예술학과에서는 첨단영상 분야에서 새로운 이미지를 창출할 수 있도록 인터넷과 같은 양방향 뉴미디어와 지능형 디지털 영상 콘텐츠에 대한 이해를 바탕으로 이를 구체적으로 활용할 수 있는 기량을 연마한다. 영상학 전공은 영상학원론, 영상문화론, 영상미학, 미디어예술론 등의 이론 과목을 공부하며 시나리오 연구를 비롯해 영상 촬영·편집 등 영상물 제작 전반에 대해 배운다.

또한 컴퓨터그래픽영상, 디지털애니메이션, 멀티미디어프로그래밍, 음악·음향실습 등 다양한 실습수업을 하고 있다. 예술학 전공은 최첨단 영상 매체의 특성과 의미는 물론 예술 전반에 대한 이해를 바탕으로 기존의 방식과는 전혀 다르게 영상매체에 접근할 시각을 확보한다. 이를 통해 인간의 미적 요구를 실현하고 생활공간을 예술적으로 승화시킬 새로운 이미지를 창조하고 있다.

졸업 후 진출 분야

정부 및 공공기관 한국방송광고공사, 한국방송영상산업진흥원, 국제방송 교류재단, 영화진흥위원회 등

일반기업 언론사(방송국, 위성 및 지상파 방송국, 인터넷방송업체, 케이블 방송국, 각 기업체 사내방송국, 신문사, 잡지사 등), 멀티미디어 콘텐츠 제작업체, 인터넷콘텐츠 기획 및 제작업체, 영화제작사, 극장 및 극단, 기업체의 홍보실, 이벤트사업체, 오락 및 연예기획사 등

연구소 한국영화교육원, 한국방송개발원, 한국언론연구원 등

관련 직업 | 개그맨, 만화가 및 애니메이터, 모델, 사진작가, 영상·녹화 및 편집기사, 영화감독, 음향 및 녹음기사, 조명기사, 촬영기사, 방송연출가(프로듀서), 공연기획자, 미술가, 학예사(큐레이터), 시각디자이너, 광고 및 홍보전문가

관련 학과 | 공연영상학과, 영상연출학과, 영상음악과, 영상처리학과, 예술경영학과

관련 자격 | 무대음향전문인, 무대조명전문인, 무대기술전문인, 컴퓨터그래픽운용기능사

연극·영화학과

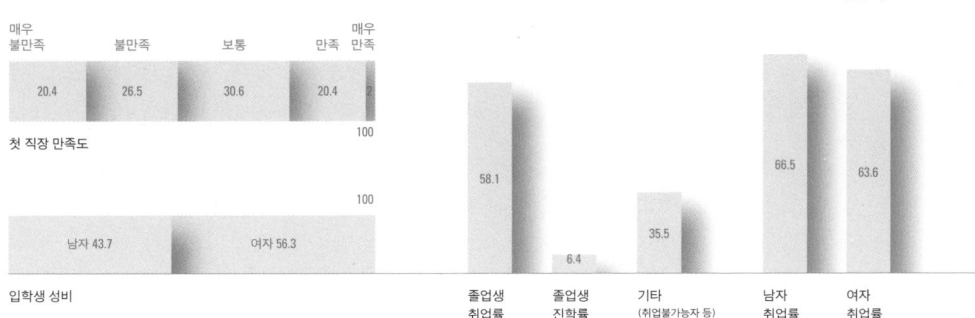

단위: %

매우 불만족	불만족	보통	만족	매우 만족
20.4	26.5	30.6	20.4	2

첫 직장 만족도

남자 43.7	여자 56.3

입학생 성비

졸업생 취업률	졸업생 진학률	기타 (취업불가능자 등)	남자 취업률	여자 취업률
58.1	6.4	35.5	66.5	63.6

학과개요

경제발전과 더불어 문화생활을 누리고자 하는 욕구도 점점 커지고 있다. 연극과 영화는 그 중에서도 가장 많은 대중이 보고 즐기는 것으로 이미 생활 속의 중요한 예술로 자리잡았다고 해도 과언이 아니다. 최근에는 대중영상매체의 발달로 인해 연극과 영화가 더욱 각광을 받고 있으며 그 중요성이 더욱 부각되고 있다. 연극·영화학과는 인문학적 토대 위에서 연극·영화의 이론을 연구하고 실기능력을 개발하여 교양과 지성, 실무능력 등을 두루 갖춘 공연·영상예술 전문가를 양성한다. 학과 주요 분야는 영화·연극배우, 탤런트, 개그맨 등을 조련하는 연기 분야, 무대감독 및 영화연출가의 자질을 키우는 연출 분야, 연극·영화의 대본을 쓰는 희곡·시나리오 분야, 연극·영화에 필요한 제반 기술을 배우는 무대·편집기술 분야 등으로 구분할 수 있다.

주요 교육내용

연극·영화학과에서는 연극과 영화의 문화적 가치를 판단할 수 있도록 인문학적 교양을 쌓는 한편 연극과 영화의 산업적 특성을 이해하기 위한 전문지식을 습득한다. 이를 바탕으로 연극과 영화 분야에 있어 독창적인 표현방법들을 개발한다. 연극 전공은 발성 화술, 신체훈련 등의 과목을 통해 연기력을 키우며 연극 제작기초, 무대장치제작, 무대의상제작, 공연음향제작 등을 통해 제작기법을 익히는데 이를 종합해 무대에 올리는 것을 최종 목표로 한다. 이 외에도 극장건축, 극장경영 등에 대해서도 공부한다. 영화 전공은 영화개론, 영화사, 영상미학, 장르연구, 작품분석, 실험영화, 기록영화 등의 이론과 기획, 시나리오, 연출, 촬영, 조명, 영화미술, 녹음, 편집, 특수효과 등 실습과목을 배우며 영화제작 워크숍을 통해 단편 및 장편영화를 제작한다.

졸업 후 진출 분야

정부 및 공공기관 한국방송광고공사, 한국방송영상산업진흥원, 국제방송교류재단, 영화진흥위원회 등

일반기업 언론사(방송국, 위성 및 지상파 방송국, 인터넷방송업체, 케이블 방송국, 각 기업체 사내방송국, 신문사, 잡지사 등), 멀티미디어 콘텐츠 제작업체, 인터넷콘텐츠 기획 및 제작업체, 영화제작사, 극장 및 극단, 기업체의 홍보실, 이벤트사업체, 오락 및 연예기획사 등

연구소 한국영화교육원, 한국방송개발원, 한국언론연구원 등

관련 직업 | 개그맨, 공연기획자, 레크레이션진행자, 모델, 방송연출가(프로듀서), 성우, 연기자, 영상·녹화 및 편집기사, 영화감독, 아나운서, 쇼핑호스트, 기자, 작가, 광고 및 홍보전문가, 연예인, 매니저

관련 학과 | 무대예술학과, 방송연예학과, 연극학과, 영화예술학과

관련 자격 | 무대음향전문인, 무대조명전문인, 무대기계전문인, 방송통신산업기사

조형학과

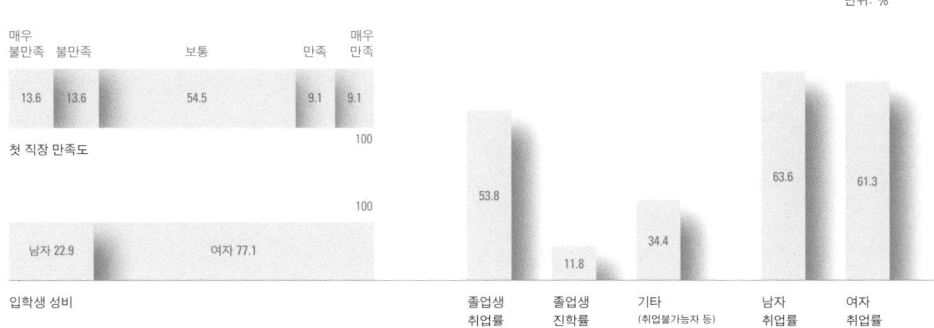

단위: %

매우 불만족	불만족	보통	만족	매우 만족
13.6	13.6	54.5	9.1	9.1

첫 직장 만족도

입학생 성비: 남자 22.9 / 여자 77.1

졸업생 취업률 53.8
졸업생 진학률 11.8
기타 (취업불가능자 등) 34.4
남자 취업률 63.6
여자 취업률 61.3

학과개요

미술이라고 하면 우리는 흔히 그림과 조각을 떠올린다. 그림이 미술의 다양한 분야 중 회화 부문에 속한다면 조각은 조형 부문에 해당한다. 조각을 비롯해 조형 부문에는 조소와 판화도 포함되어 있다. 조형 분야는 회화 분야와 더불어 일반적으로 순수미술로 분류된다. 자연을 그대로 흉내 내어 빚거나 조각하는 게 아니라 인간의 내면을 자연에 투사해 형상화하는 예술인 것이다. 조형학과에서는 조형의 전통성과 현대성을 조화시켜 새로운 조형 예술을 창조하고 예술적 환경을 가꾸어나갈 인재를 양성한다. 학과 주요 분야는 표현방법에 따라 사실, 구상, 추상으로 구분된다. 사실은 사물을 있는 그대로 모방하는 것이며 구상은 모방은 아니나 구체적인 형상은 있는 것을 가리킨다. 추상은 구체적인 형상 없이 재료 자체의 질감, 구도, 움직임만으로 작품화하는 것을 말한다.

주요 교육내용

조형학과에서는 나무, 돌, 점토, 청동, 금속 등 다양한 재료에 따른 표현기법을 배우며 새로운 재료를 발굴해낼 안목도 기른다. 또한 조형의 기본인 인체 조형을 위해 해부학과 소묘에 대해서도 공부하고 있다. 1·2학년에서는 세계미술사, 예술경영론 같은 교양필수과목과 기초드로잉, 소묘, 입체조형, 컴퓨터아트 등의 전공필수과목을 중심으로 공부한 다. 3·4학년에서는 회화, 평면조형, 공간조형 등을 기본적으로 배우며 판화, 사진, 애니메이션 등은 선택적으로 공부한다. 미술비평, 미술행정 등 조형과 관련된 분야를 공부할 수 있는 응용과목들도 전공선택과목에 포함되어 있다. 이 시기에는 무엇보다도 실습수업이 차지하는 비중이 매우 큰 편이다.

졸업 후 진출 분야

일반기업 방송국, 광고회사, 컴퓨터영상제작업체, 무대세트제작업체, 미술관, 박물관, 미술학원 등
학교 중·고등학교

관련 직업 | 광고 및 홍보전문가, 공예원, 인테리어 디자이너, 시각디자이너, 제품디자이너, 학예사(큐레이터)
관련 학과 | 조소학과, 조형미술학과, 캐릭터조형학과, 환경조형학과
관련 자격 | 실기교사, 문화재수리기술자·기능사, 컴퓨터그래픽운용기능사, 시각디자인기사

응용미술학과

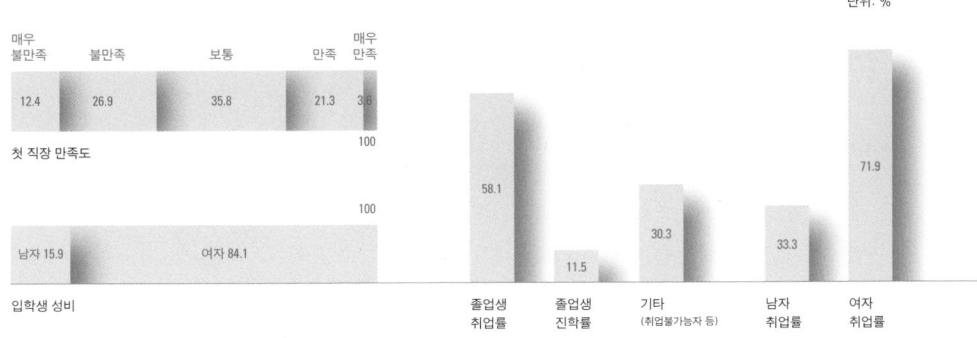

단위: %

매우 불만족	불만족	보통	만족	매우 만족
12.4	26.9	35.8	21.3	3.6

첫 직장 만족도

100

남자 15.9	여자 84.1

입학생 성비

졸업생 취업률	졸업생 진학률	기타 (취업불가능자 등)	남자 취업률	여자 취업률
58.1	11.5	30.3	33.3	71.9

학과개요

어떤 공간이나 사물을 보고 아름답다고 얘기할 때 그 아름다움
이란 대부분 시각적인 정보에 의한 것들이다. 사람의 시각은 다
른 어떤 감각보다도 빠르게 아름다움을 감지해낸다. 이러한 시각
에 호소해 아름다움을 창조하는 것이 바로 미술이다. 응용 미술
은 미술 전반에 걸친 교육을 통해 심미안을 기르고 이를 바탕으
로 다양한 산업기술을 습득해 경제적, 사회적, 환경적 아름다움
과 풍요를 실현할 수 있는 실용학문이다. 응용미술학과에서는 이
를 실천하기 위해 창의력과 기술력을 겸비한 인재를 양성한다.
학과주요분야는 크게 공예 분야와 디자인 분야로 나눌 수 있다.
도자공예, 금속공예, 섬유공예 등이 공예 분야에 속하며 디자인
분야는 시각디자인, 산업디자인 등으로 세분된다. 작품의 개념보
다는 상품에 가깝다는 면에서 순수미술과 구분된다.

주요 교육내용

응용미술학과에서는 미술 전반에 관한 기본적인 지식과 함께 공
예, 디자인 등 각 전공 분야의 이론과 실기를 배운다. 또한 이를
산업현장에서 활용할 수 있도록 새로운 기술에 대한 정보를 습
득하고 실무 중심으로 공부한다. 1·2학년에서는 미술사, 색채학,
미학 등 미술의 기본이론을 배우고 기초제품디자인, 공업디자인

론, 제품기획론 등 각 전공의 기초과목에 대한 지식을 토대로 전
공실기에 들어간다. 3·4학년에서는 공업디자인, 환경디자인, 제
품디자인, 직조공예, 금속공예, 환경도예, 산업도예 등 전공 분야
를 더욱 세밀하게 구분해 집중적으로 실기를 공부한다. 또한 이
를 실무에 활용할 수 있도록 다양한 응용과목을 배우고 실습을
하게 된다.

졸업 후 진출 분야

일반기업 방송국, 광고회사, 컴퓨터영상제작업체, 무대세트제작
업체, 미술관, 박물관, 미술학원, 디자인관련 업체 등
학교 중·고등학교

관련 직업 | 학예사(큐레이터), 만화가 및 애니메이터, 광고 및 홍보전문가, 일러스트레이터, 시각디자이너, 공예원,
관련 학과 | 산업미술학과, 섬유미술학과, 응용미술학과
관련 자격 | 실기교사

회화과

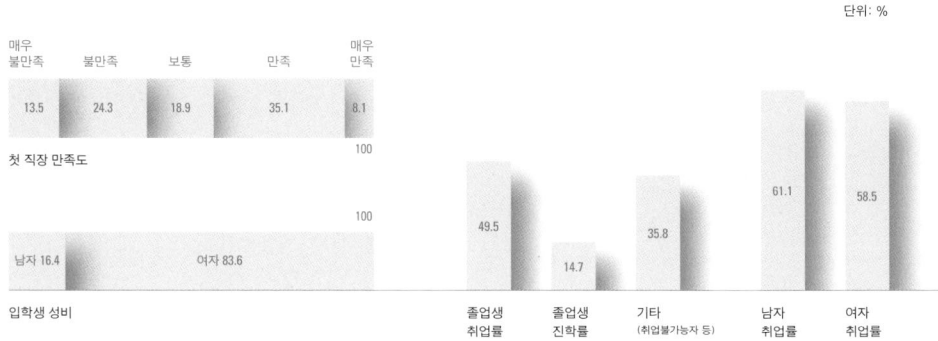

단위: %

매우 불만족	불만족	보통	만족	매우 만족
13.5	24.3	18.9	35.1	8.1

첫 직장 만족도

남자 16.4	여자 83.6

입학생 성비

졸업생 취업률	졸업생 진학률	기타 (취업불가능자 등)	남자 취업률	여자 취업률
49.5	14.7	35.8	61.1	58.5

학과개요

예술로서의 미술은 형식이나 내용에 있어서 다양한 변화를 보이고 있다. 회화형식과 같이 비교적 전통적인 매체와 더불어, 산업문명의 발달로 인한 대중의식의 변화에서 오는 복합적인 매체, 즉 오브제사진비디오컴퓨터와 같은 매체가 자연스럽게 미술에 유입되어 왔다. 이에 회화과는 기초적인 서구 미술의 표현과 현대의 다양한 특성을 이해하는 학과이다. 회화과에서는 회화전반의 기초이론을 폭넓게 습득하고 다양한 표현기법을 탐구하여 자신의 독창적인 미적 세계를 구축하고 이를 표현할 수 있는 전문미술인을 양성하고 있다. 학과 주요 분야는 크게 동양화와 서양화로 나눌 수 있다. 동양화 전공은 동양의 정신세계를 오늘에 재해석하여 전통회화기법을 바탕으로 현대적인 조형체험과 다양한 표현방법 등을 연구하는 분야이다. 서양화 전공은 기초적인 서구 미술의 다양한 회화표현기법과 현대의 다양한 특성을 연구한다.

주요 교육내용

회화과에서는 저학년에서는 동서 미술의 전반적인 기초과정의 실기와 이론을 통해 두 분야를 접하면서 재료기법 등의 이해를 높이고, 고학년에서는 전공에 대한 심도있는 실기와 졸업미전 등을 통해 기량을 평가하는 방식으로 공부하고 있다. 12학년에서는 소묘, 미술감상, 기초조형, 기초동양화, 기초서양화 등의 기초회화이론에 대해 공부한다. 34학년에서는 동양미술사, 미술해부학, 조형실습, 서양미술사, 현대회화론, 컴퓨터아트디지터프린팅, 영상기법, 미술지도, 동양회화, 서양화 등의 전공심화이론과 실기를 공부한다.

졸업 후 진출 분야

일반기업 방송국, 광고회사, 컴퓨터영상제작업체, 무대세트제작업체, 미술관, 박물관, 미술학원 등
학교 중고등학교

관련 직업 | 학예사(큐레이터), 화가, 중등학교교사, 만화가 및 애니메이터, 일러스트레이터
관련 학과 | 동양화과, 미술학과, 서양화과, 회화학과, 전통종교미술학과
관련 자격 | 실기교사

동양화과

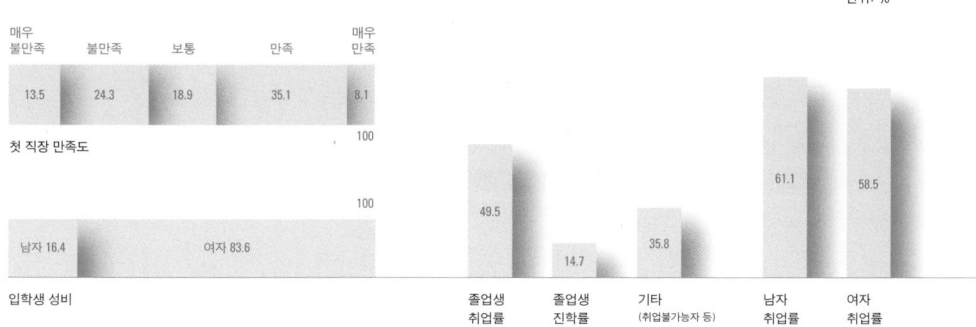

단위: %

매우 불만족	불만족	보통	만족	매우 만족
13.5	24.3	18.9	35.1	8.1

첫 직장 만족도

남자 16.4	여자 83.6

입학생 성비

졸업생 취업률	졸업생 진학률	기타 (취업불가능자 등)	남자 취업률	여자 취업률
49.5	14.7	35.8	61.1	58.5

학과개요

동양화과는 전통회화를 바탕으로 하여 현대회화의 창의적 세계관을 수용하고 새로운 한국미술을 연구하고 발전시키는 학과이다. 따라서 동양화 전반에 관한 광범위한 지식과 회화이념 및 표현방법을 교육함으로써 회화를 통해 기본적인 소양을 함양하고 창의적이며 합리적인 표현능력을 갖춘 전문예술인을 양성하고 있다. 학과 주요 분야로 동양화 분야는 회화의 기초교육, 전통과 현대미술교육, 창조적 교육을 강조하며, 동양적 사고관에 기초한 양식을 이해하고 회화기법과 조형이론 등을 연구·분석한다.

주요 교육내용

동양화과에서는 동양화에 대한 기초이론을 공부하고 수묵화와 채색화 중심의 실기교육에 중점을 두고 공부한다. 기본적으로 전통 산수화와 인문화 및 사의화 등을 배운다. 1·2학년에서는 기초소묘, 묵필소묘, 조형론, 기초표현기법, 동양회화사 등의 전공기초과목을 배운다. 3·4학년에서는 수묵채색화, 수묵화, 산수화, 수묵추상, 동양미술사, 한국미술사, 작가론, 기법 및 창작연구 등의 전공심화과목을 공부한다.

졸업 후 진출 분야

전문작가(화가)

일반기업 방송국, 광고회사, 컴퓨터영상제작업체, 무대세트제작업체, 미술관, 박물관, 미술학원 등

학교 중·고등학교

관련 직업 | 학예사(큐레이터), 화가, 중등학교교사, 일러스트레이터
관련 학과 | 동양화과, 미술학과, 서양화과, 회화학과, 전통종교미술학과
관련 자격 | 실기교사

서양화과

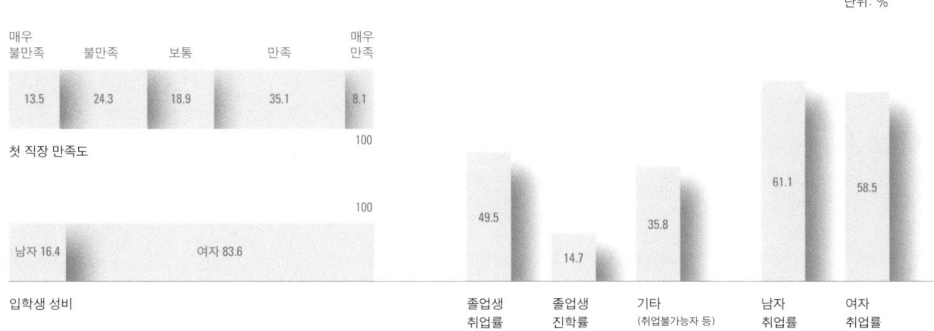

단위: %

첫 직장 만족도

매우 불만족	불만족	보통	만족	매우 만족
13.5	24.3	18.9	35.1	8.1

100

입학생 성비

남자 16.4	여자 83.6

100

졸업생 취업률	졸업생 진학률	기타 (취업불가능자 등)	남자 취업률	여자 취업률
49.5	14.7	35.8	61.1	58.5

학과개요

서양화과는 미술 분야에 있어서 다양한 양식을 지닌 서양화를 그 대상으로 삼아 재료와 기법을 통한 연마와 예술이론을 정립하고, 나아가 서구문명 사회에 대한 이해와 우리의 전통적 사관에 접근하려고하는 학문 분야이다. 서양화과에서는 순수미술에 대한 폭넓은 이론과 실기의 연마를 체계적인 방법으로 교육함으로써 예술을 통한 인격형성을 도모하고 미술을 통하여 사회에 이바지할 수 있는 창조적 예술인을 양성하고 있다. 학과 주요 분야는 서양화 분야가 있다. 서양화 분야에서는 회화의 기본개념을 정립하고 미술사적 맥락과 연계하여 조형원리를 파악하며, 한국현대미술과 세계현대미술의 흐름을 파악하여 그 특성과 연관성을 연구한다.

수묵담채화 등의 다양하고 튼튼한 기초과정과 서양미술사에 대한 이해로 미술에 대한 기본적인 지식을 배운다. 2학년 과정에서는 초급모델실기, 판화기법, 입체조형, 재료와 기법, 서양화 기법, 서양화기초 등의 실기수업으로 다양한 매체를 다룬다. 조형예술론, 미술해부학, 동양미술사 등의 이론교과를 학습하여 실기에 필요한 미술이론과 서양미술과 비교한 동양미술의 흐름과 전통을 공부한다. 전문적이고 심도 있는 3·4학년 과정에서는 저학년 과정에서 습득한 기본적 소양을 바탕으로 모델수업과 서양화창작실기 및 현대회화론, 미학, 미술비평, 한국미술사 등의 전문적인 이론을 통해 현대미술과 예술의 철학적 배경과 사상을 학습한다.

주요 교육내용

서양화과의 교과과정은 이론교육과정과 실기교육과정으로 구분되며, 먼저 이론교육과정은 미술의 이해, 조형론, 서양미술사, 회화론, 영상학, 사진학, 현대미술론 등 현대미술을 공부하는 데 있어서 충분한 이해와 관심을 가질 수 있는 과목들이다. 보다 전문적이고 창조적인 작업을 수행해 나가기 위해 회화 분야의 다양한 실기과정을 체계적으로 교육하고 판화, 입체, 사진, 영상 등 기타 실기과목을 병행하고 있다. 1학년 때에는 기초회화 및 소묘,

졸업 후 진출 분야

일반기업 방송국, 광고회사, 컴퓨터영상제작업체, 무대세트제작업체, 미술관, 박물관, 미술학원(유아미술학원, 입시미술학원, 취미미술학원), 편집디자이너 및 인테리어디자이너업체 등 **학교** 중·고등학교

관련 **직업** | 학예사(큐레이터), 화가, 중등학교교사, 일러스트레이터
관련 **학과** | 동양화과, 미술학과, 서양화과, 회화학과, 전통종교미술학과
관련 **자격** | 실기교사

예체능교육과

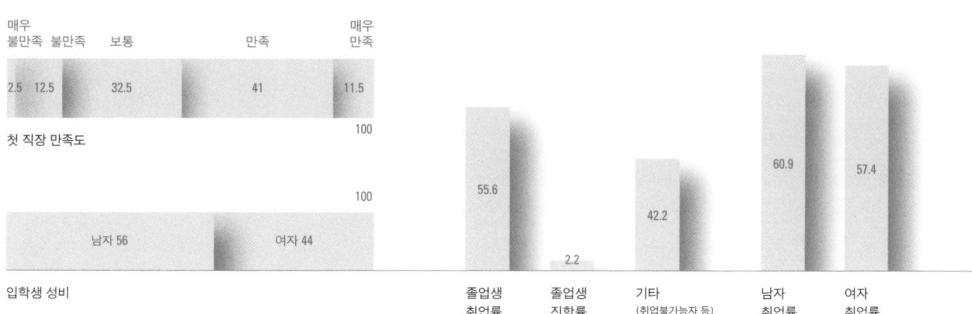

단위: %

매우 불만족	불만족	보통	만족	매우 만족
2.5	12.5	32.5	41	11.5

첫 직장 만족도

남자 56	여자 44

입학생 성비

졸업생 취업률	졸업생 진학률	기타 (취업불가능자 등)	남자 취업률	여자 취업률
55.6	2.2	42.2	60.9	57.4

학과개요

문화의 시대를 맞아 문화예술에 대한 관심이 높아지고 있으며 이를 체계적으로 교육받거나 직업으로 삼고 싶어하는 사람들도 늘어나고 있다. 예체능 교육학과는 음악, 미술, 체육 등 예체능 분야에 대한 교육학적 접근을 통해 우리 사회의 문화예술과 건강생활의 수준을 전반적으로 향상시키기 위한 학과이다. 이를 위해 예체능교육학과에서는 교육에 필요한 품성과 각 분야에 대한 전문지식과 실기능력을 갖춘 교육 담당 인재를 양성하고 있다. 학과 주요 분야는 미술교육학 분야, 음악교육학 분야, 체육교육학 분야 등이 있다. 미술교육학은 다양한 미술 장르에 대한 이해와 실기능력을 토대로 교육자로서의 능력을 습득하는 분야이다. 음악교육학 분야에서는 교육학적 관점에서 음악을 다루고 있으며 체육교육학 분야에서는 교육학적 관점에서 체육학을 다루고 있다.

주요 교육내용

예체능교육학과에서는 교육학에 대한 기본 지식을 바탕으로 음악, 미술, 체육 등 예체능 전공 분야에 대해 공부한다. 예체능 계열인 만큼 각 전공에서는 이론과 실기를 모두 비중있게 공부해야 한다. 이론과목으로는 음악사, 국악개론, 미술사, 미술이론, 운동생리학, 체육심리학 등이 있으며 실기과목으로 악기연주실습, 작곡 및 편곡, 회화, 디자인, 소묘, 판화, 생활체육 등이 있다. 1·2학년에서는 교육학의 기본이론과 전공 분야의 기초지식을 중심으로 공부한다. 교육학개론, 피아노교육의 기초, 한국예술가곡연주, 합창, 수묵화, 서양미술사, 현대미술론, 동양미술사, 한국화기법, 학교체육평가, 체육사, 운동역학 등의 과목이 여기 해당한다. 3·4학년에서는 한국음악사, 연주, 음악교육론, 서양화지도법, 한국화지도법, 미술과 교육론, 교육무용, 댄스스포츠 등의 과목을 공부함으로써 전공 분야에 대해 보다 전문적인 지식과 기술을 익히게 되며 아울러 교육실습도 병행하고 있다.

졸업 후 진출 분야

공무원 교육부(교육행정직), 교육청

학교 중·고등학교

일반기업 사립학교, 학습지 및 교재개발업체, 사설학원, 사회교육원 등

연구소 한국교육개발원, 경기도 교육정보연구원, 대전광역시 교육과학연구원 등

관련 직업 | 중등학교교사, 출판물 기획전문가, 예능계 강사, 시각디자이너
관련 학과 | 미술교육, 음악교육, 체육교육
관련 자격 | 중등학교 2급 정교사, 평생교육사 2급, 경비지도사, 생활체육지도사